国家示范性高等职业院校建设

电力电子应用技术

主　编　蒋瑾瑾
副主编　唐　振
主　审　宋天武　耿道森

黄河水利出版社
·郑　州·

内容提要

本书是国家示范性高等职业院校建设规划教材，是用安徽省财政安排的“支持高等职业学校提升专业服务产业发展能力”项目经费组织编写的。本书根据教育部国家示范性高等职业院校建设计划电气类专业群人才培养方案要求，按照电力电子应用技术课程标准编写完成。全书共分九章，主要内容包括电力电子器件、整流电路、直流斩波电路、逆变电路、交—交变流电路、PWM控制技术、组合变流电路、典型电力电子装置等。本书的最大特点是内容符合高职学生学习的特点，本着够学够用的原则，点到为止，理论结合实践，同时，还注意给学生一定的学习空间，以培养学生的再学习能力。

本书可作为高职高专院校工业自动化、电气自动化、机电一体化等相近专业的教材，也可作为各类成人教育的电气控制相关课程的教材，还可供从事电力电子方面工作的工程技术人员和技术工人学习参考。

图书在版编目(CIP)数据

电力电子应用技术/蒋瑾瑾主编. —郑州：黄河水利出版社，2015. 2

国家示范性高等职业院校建设规划教材

ISBN 978-7-5509-1030-0

Ⅰ. ①电…　Ⅱ. ①蒋…　Ⅲ. ①电力电子技术-高等职业教育-教材　Ⅳ. ①TM1

中国版本图书馆 CIP 数据核字(2015)第 042391 号

组稿编辑：王路平　电话：0371-66022212　E-mail：hhslwlp@163. com

出 版 社：黄河水利出版社

地址：河南省郑州市顺河路黄委会综合楼 14 层　邮政编码：450003

发行单位：黄河水利出版社

发行部电话：0371-66026940、66020550、66028024、66022620(传真)

E-mail：hhslcbs@126. com

承印单位：河南承创印务有限公司

开本：787 mm×1 092 mm　1/16

印张：12

字数：280 千字　　印数：1—4 000

版次：2015 年 2 月第 1 版　　印次：2015 年 2 月第 1 次印刷

定价：27.00 元

前　言

本书是根据《教育部关于全面提高高等职业教育教学质量的若干意见》(教高〔2006〕16号)、《教育部关于推进高等职业教育改革创新引领职业教育科学发展的若干意见》(教职成〔2011〕12号)等文件精神,用安徽省财政安排的“支持高等职业学校提升专业服务产业发展能力”项目经费组织编写的教材。

本套教材以学生能力培养为主线,着重基本概念和基本原理的阐述,注重理论知识的应用,体现出实用性、实践性、创新性的教材特色,是一套紧密联系工程实际的高职高专教育精品规划教材。

本书系统介绍了各种电力电子器件、电力电子变流电路、电力电子装置的基本结构、特性、基本原理、波形和相位的分析及主要参数的计算。在编写过程中紧紧围绕电力电子器件的工程应用,力求将较深的理论与复杂的数学分析归纳和简化,将定量分析转化为定性说明并将其工程实用化,将器件和电路与应用有机结合。在保证必需的理论基础与常规技术的同时,充分考虑在内容上精选、叙述上深入浅出,每章后面都附有习题与思考题,使学生能够及时巩固所学知识。

本书在内容处理上,既注意反映电力电子领域的最新技术,又注意专科学生的知识和能力结构,吸收和借鉴了各地高等职业技术学院教学改革的成功经验,同时参照了劳动部对技能等级考试的要求,立足于高职应用型教育这一特点,以加强基础知识、重视实践技能、培养动手能力为指导思想,强调理论联系实际,注重培养学生的动手能力、分析和解决实际问题的能力。

本书是编者在多年从事本课程及相关课程的教学、教改及科研的基础上编写的,可作为高职高专院校工业自动化、电气工程技术、机械制造及其自动化、机电一体化、数控技术等相近专业的教材(教师可以根据专业需要选择讲解的内容),也可作为各类成人教育的电力电子应用技术相关课程的教材,还可供从事电力电子方面工作的工程技术人员和技术工人参考。

本书由安徽水利水电职业技术学院承担编写工作,编写人员及编写分工如下:唐振编写第1、2章,蒋瑾瑾编写第3~9章。全书由蒋瑾瑾担任主编并负责全书统稿及文稿整理、录入工作;由唐振担任副主编;由宋天武、耿道森担任主审。

借此,向对本书编写给予帮助的同仁表示衷心感谢!

由于编者水平有限,书中难免存在错误或不当之处,恳切希望广大读者批评指正。

编　者

2014年10月

目 录

第1章 绪 论

1.1 电力电子技术与电子技术

什么是电力电子技术？它与模拟电子技术和数字电子技术有什么不同？电力电子技术是用电力电子器件对电能进行变换和控制的技术，即应用于电力领域的电子技术。它与通常所说的信息电子技术（包括模拟电子技术和数字电子技术）同属于电子技术，见图1-1。信息电子技术的任务是进行信息处理，电力电子技术的任务是对电能进行变换和控制，将传统意义上电网发出的“粗电”变成“精电”。

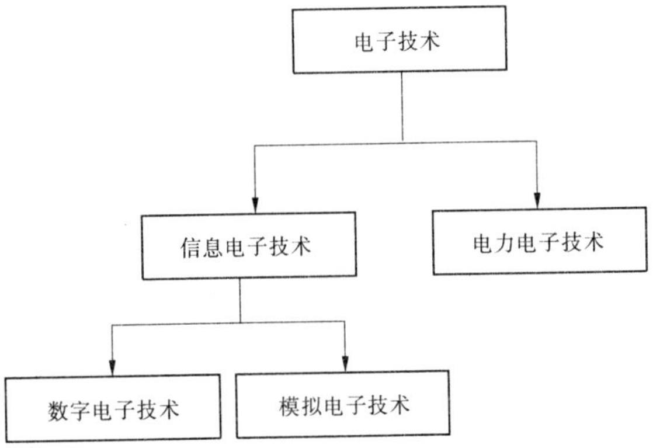

图1-1 电力电子技术与电子技术

目前所用的电力电子器件均由半导体制成，也被称作电力半导体器件。需要注意的是，电力电子技术中的“电力”和电力系统中所指“电力”有一定区别。电力电子技术变换的“电力”，可大到数百兆瓦甚至吉瓦，也可小到数瓦甚至毫瓦级。

1.2 电力电子技术的内容

通常把电力电子技术的内容分为电力电子器件和变流技术两部分。电力电子器件是电力电子技术的基础，没有晶闸管、电力晶体管、IGBT等电力电子器件，也就没有电力电子技术。电力电子器件的理论基础是半导体物理。

而变流技术则是电力电子技术的核心，“变流”不只包括交流与直流之间的变换，还包括直流与直流、交流与交流之间的变换。变流技术是用电力电子器件构成电力变换电路和对其进行控制的技术，以及构成电力电子装置和电力电子系统的技术。变流技术的理论基础是电路理论。

1.3 电力变换的种类和变流技术

通常电力包括交流和直流两种，从公用电网直接得到的是交流，从蓄电池和干电池得到的是直流。从这些电源得到的电力往往不能直接满足要求，需要进行电力变换。

基本的电力变换有四大类，见表1-1：交流变直流（AC－DC），称为整流；直流变交流（DC－AC），称为逆变；直流变直流（DC－DC），称为直流斩波；交流变交流（AC－AC），称为交流电力控制。直流变直流是指一种电压（或电流）的直流变为另一种电压（或电流）的直流，可以用直流斩波电路实现。交流变交流可以是电压或电力的变换，也可以是频率或相数的变换，称作交流电力控制。上述这四种基本电力变换还可以组合成更多形式的其他电力变换种类，比如先整流后逆变就可以实现变频技术。进行上述电力变换的技术称为变流技术。

表1-1　电力变换的种类

输入	输出	
	直流	交流
交流	整流	交流电力控制变频、变相
直流	直流斩波	逆变

1.4 与相关学科的关系

“电力电子学”和“电力电子技术”是分别从学术和工程技术两个不同角度的称呼，其内容没有很大不同。

电力电子学（Power Electronics）名称出现于20世纪60年代；1974年，美国的W. Newell用图1-2所示的倒三角形对电力电子学进行了描述，被全世界普遍接受。

1.4.1 与电子学（信息电子学）的关系

（1）都分为器件和应用两大分支；

（2）器件的材料、工艺基本相同，都采用微电子技术；

（3）应用的理论基础、分析方法、分析软件基本相同；

（4）信息电子电路的器件可工作在开关状态，也可工作在放大状态，电力电子电路的器件一般只工作在开关状态；

（5）二者同根同源。

1.4.2 与电力学（电气工程）的关系

电力电子技术广泛用于电气工程中，如高压直流输电、静止无功补偿、电力机车牵引、交直流电力传动、电解、电镀、电加热、高性能交直流电源等。国内外均把电力电子技术归

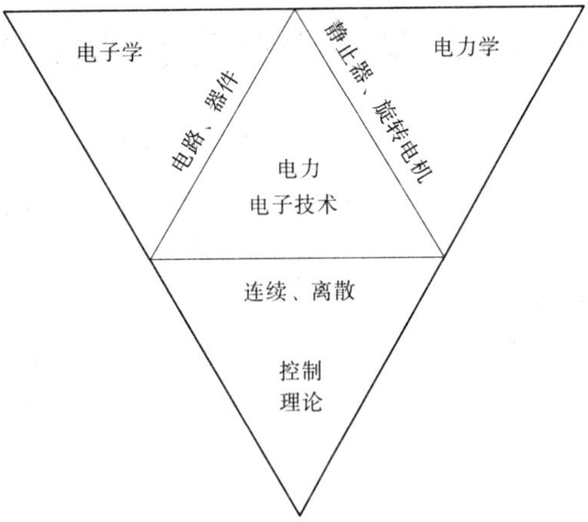

图 1-2 描述电力电子学的倒三角形

为电气工程的一个分支，电力电子技术是电气工程学科中最为活跃的一个分支。

1.4.3 与控制理论（自动化技术）的关系

控制理论广泛用于电力电子系统中，电力电子技术是弱电控制强电的技术，是弱电和强电的接口，控制理论是这种接口的有力纽带，电力电子装置是自动化技术的基础元件和重要支撑。

1.5 电力电子技术的应用

电力电子技术的应用范围十分广泛，从一般工业（如交直流电机、电化学工业、冶金工业）到交通运输（电气化铁道、电动汽车、航空、航海）到电力系统（高压直流输电、柔性交流输电、无功补偿）到电子装置电源（为信息电子装置提供动力）再到家用电器（节能灯、变频空调）。还有其他方面的应用，如 UPS、航天飞行器、新能源、发电装置等。

总之，电力电子技术的应用范围十分广泛，激发了一代又一代的学者和工程技术人员学习、研究并使其飞速发展。

电力电子装置提供给负载的是各种不同的直流电源、恒频交流电源和变频交流电源，因此也可以说，电力电子技术研究的也就是电源技术。

电力电子技术对节省电能有重要意义。特别在大型风机、水泵变频调速方面，在使用量十分庞大的照明电源方面，电力电子技术的节能效果十分显著，因此它也被称为是节能技术。

1.6 电力电子技术的诞生与发展

电力电子技术是 20 世纪后半叶诞生和发展的一门崭新的技术。电力电子技术的发展史是以电力电子器件的发展史为纲的，电力电子器件的发展史见图 1-3。没有电力电子器件的发展,就没有电力电子技术的发展。可以预见,电力电子技术将与以计算机为核心的信息科学一起成为21世纪主导的科学技术之一。

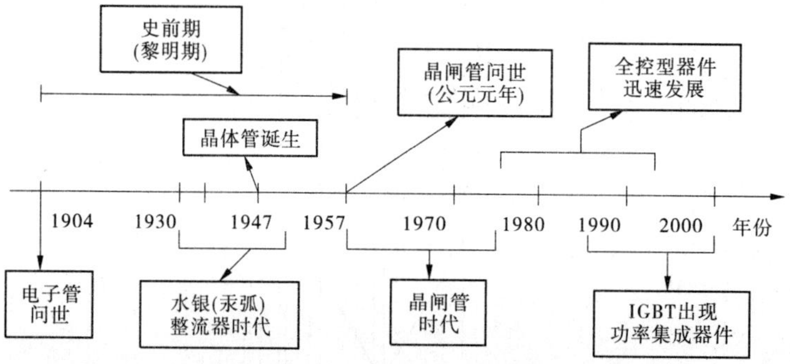

图1-3 电力电子器件的发展史

1.7 本书的内容简介和学习方法

1.7.1 本书的内容简介

本书的内容可分为三大部分,第一部分:电力电子器件(第2章——全书的基础);第二部分:各种电力电子电路(第3~6章和第8章——全书的主体);第三部分:PWM控制技术(第7章)。

1.7.2 课程的性质与学习方法

电力电子技术是一门专业技术性很强且与生产应用实际紧密联系的课程,在高等学校电气工程类专业中被确定为主干课程。

学习本课程时,要注意概念与基本分析方法的学习,理论要结合实践,尽量以器件为基础,以电路为重点并结合其应用。抓住器件导通与截止的变化过程,从而分析电路的波形与相位的变化,从波形的分析中,掌握器件的选取,电路参数的计算、测量、调整,以及故障分析等实践方面的能力。本课程与高等数学、电工基础、电子技术、电机拖动、自动控制等课程相关。学习时要及时复习相关课程内容。本课程推荐课内教学学时为48~56学时。

第2章 电力电子器件

电力电子器件是电力电子电路组成的基础,也即电力电子变流技术的核心。电力电子器件以开关矩阵的形式用在电力电子装置中,帮助电力实现交流-直流、直流-交流、直流-直流及交流-交流的变换。掌握好电力电子器件的特性和使用方法,是学好电力电子技术的前提。

本章主要介绍各种器件的工作原理、基本特性、主要参数,以及选择和使用中应注意的一些问题,然后集中讲述电力电子器件的驱动、缓冲保护和串、并联使用这三个问题。

学习电力电子器件最重要的是掌握其基本特性。此外,还应该掌握电力电子器件的型号命名法,以及其参数和特性曲线的使用方法,这是在实际中正确应用电力电子器件的两个基本要求。

另外,需要说明的是,由于电力电子电路的工作特点和具体情况的不同,可能会对与电力电子器件用于同一主电路的其他电路元件,如变压器、电感、电容、电阻等,有不同于普通电路的要求。我们将在讲电路时进行适当的讨论。

2.1 电力电子器件的概述和分类

2.1.1 电力电子器件概述

电力电子器件(Power Electronic Device)是指可直接用于处理电能的主电路中,用于实现电路中电能变换和控制的电子器件。这里主电路(Main Power Circuit)是指,在电气设备或电力系统中,直接承担电能的变换或控制任务的电路。而这里所讲的“电子器件”与在模拟、数字电子电路中处理信息的电子器件一样,主要由半导体材料硅构成,也常称作电力半导体器件。

与模拟、数字电子电路中处理信息的电子器件相比,电力电子器件主要用于处理电能的主电路中,特征如下:

(1)电力电子器件处理的电功率小到毫瓦级,大至兆瓦级,一般远大于处理信息的电子器件。

(2)电力电子器件一般只工作在开关状态,因为电力电子器件一般处理的电功率较大,工作在放大状态时器件本身损耗太大。电力电子器件或者工作在导通状态,阻抗小,接近短路,管压降小,而电流则由外电路决定;或者工作在阻断状态,阻抗大,接近断路,电流几乎为零,管子两端所承受的电压则由外电路决定。

而在模拟电路中,电子器件一般工作在线性放大状态,主要用来放大微弱的小信号;在数字电路中,电子器件主要工作在开关状态,用开关状态表示不同的信息,如“开”表示

“1”,“关”表示“0”。

此外,在作电路分析时,电力电子器件常常被看作理想器件,即导通时没有管压降,阻断时没有漏电流,很类似广义上的开关。

(3)信息电子器件可以通过驱动电路对其信号放大后驱动电力电子器件。主要是因为信息电子器件与电力电子器件处理的功率等级不同,强弱信号不能直接有电的联系。

(4)大功率电力电子器件往往需要安装散热器,主要是因为实际工作中,电力电子器件并不是理想器件,其在开通时管压降并不为零,关断时漏电流也不为零,以及在开通过程和关断过程中产生的损耗,决定了电力电子器件为了保证正常工作,必须安装散热器。

2.1.2 电力电子器件的系统组成

如图 2-1 所示,电力电子系统一般由控制电路、驱动电路和以电力电子器件为核心的主电路组成。

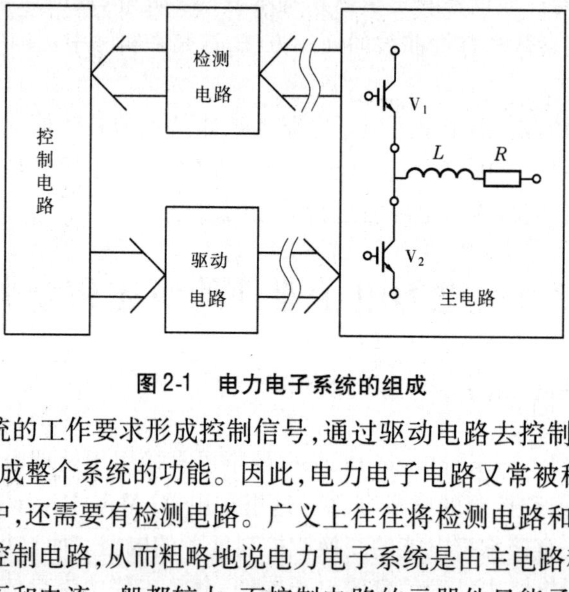

图 2-1 电力电子系统的组成

控制电路按系统的工作要求形成控制信号,通过驱动电路去控制主电路中电力电子器件的通或断,来完成整个系统的功能。因此,电力电子电路又常被称作电力电子系统。有的电力电子系统中,还需要有检测电路。广义上往往将检测电路和驱动电路等主电路之外的电路都归为控制电路,从而粗略地说电力电子系统是由主电路和控制电路组成的。

主电路中的电压和电流一般都较大,而控制电路的元器件只能承受较小的电压和电流,因此在主电路和控制电路连接的路径上,如驱动电路与主电路的连接处,或者驱动电路与控制电路的连接处,以及主电路与检测电路的连接处,一般需要进行电气隔离,而通过其他手段如光、磁等来传递信号。

由于主电路中往往有电压和电流的过冲,而电力电子器件一般比主电路中普通的元器件要昂贵,但承受过电压和过电流的能力要差一些。因此,在主电路和控制电路中附加一些保护电路,以保证电力电子器件和整个电力电子系统正常可靠运行,也往往是非常必要的。

电力电子器件一般有三个端子(或称极或管角),其中两个联结在主电路中,而第三端被称为控制端(或控制极)。器件通断是通过在其控制端和一个主电路端子之间加一定的信号来控制的,这个主电路端子是驱动电路和主电路的公共端,一般是主电路电流流出器件的端子。

2.1.3 电力电子器件的分类

2.1.3.1 按照被控制的程度分类

按照电力电子器件能够被控制电路信号所控制的程度，可以将电力电子器件分为以下三类。

1. 半控型器件

通过控制信号可以控制其导通而不能控制其关断。这类器件主要是指晶闸管(Thyristor，又称 Silicon Controlled Rectifier——SCR)及其大部分派生器件，器件的关断由其在主电路中承受的电压和电流决定。

2. 全控型器件

通过控制信号既可控制其导通又可控制其关断，又称自关断器件。典型代表性器件有绝缘栅双极晶体管(Insulated - Gate Bipolar Transistor——IGBT)、电力场效应晶体管(Power MOSFET——P - MOSFET)、门极可关断晶闸管(Gate - Turn - Off Thyristor——GTO)及电力晶体管(Giant Transistor——GTR)。

3. 不可控器件

不能用控制信号来控制其通断，因此也就不需要驱动电路。通常指电力二极管(Power Diode)，其只有两个端子，器件的通和断是由其在主电路中承受的电压和电流决定的。

2.1.3.2 按照信号性质分类

按照驱动电路加在器件控制端和公共端之间信号的性质，电力电子器件(除二极管)可以分为以下两类。

1. 电流驱动型

通过从控制端注入或者抽出电流来实现导通或者关断的控制，如 SCR、GTR、GTO 等。

2. 电压驱动型

仅通过在控制端和公共端之间施加一定的电压信号就可实现导通或者关断的控制。由于电压驱动型主要是利用加在两个端子之间的电场来改变流过器件的电流大小和通断状态，所以电压驱动型器件常常又被称为场控型器件，如 P - MOSFET、IGBT 等。

2.1.3.3 按照载流子参与导电的情况分类

按照电力电子器件内部电子和空穴两种载流子参与导电的情况，可以将电力电子器件(除二极管)分为以下三类。

1. 单极型器件

由一种载流子参与导电的器件，如 P - MOSFET。

2. 双极型器件

由电子和空穴两种载流子参与导电的器件，如 SCR、GTO、GTR。

3. 复合型器件

由单极型器件和双极型器件集成混合而成的器件，如 IGBT 。

2.1.3.4 **按照驱动类型分类**

按照驱动电路加在电力电子器件上的驱动信号类型,可以将电力电子器件分为以下两类。

1. 脉冲触发型

通过在控制端施加一个电压或电流脉冲信号来实现器件的开通或关断的控制,不必持续施加控制信号来维持其状态。

2. 电平控制型

必须通过持续施加在控制端和公共端之间的一定电平的电压或电流信号来使器件维持在导通或阻断状态。

2.2 电力二极管

电力二极管(Power Diode)虽然是不可控器件,但其结构和原理简单,工作可靠,自20世纪50年代初期就替代汞弧整流器,直到现在广泛应用于许多电气设备中,分布在中、高频整流和逆变,以及低压高频整流的场合。特别是快恢复二极管和肖特基二极管,具有不可替代的地位。

2.2.1 PN结与电力二极管的工作原理

电力二极管的基本结构和工作原理与信息电子电路中的二极管一样,都是以半导体PN结为基础,由一个面积较大的PN结和两端引线及封装组成的。从外形上看,主要有螺栓型和平板型两种封装,如图2-2(a)所示。

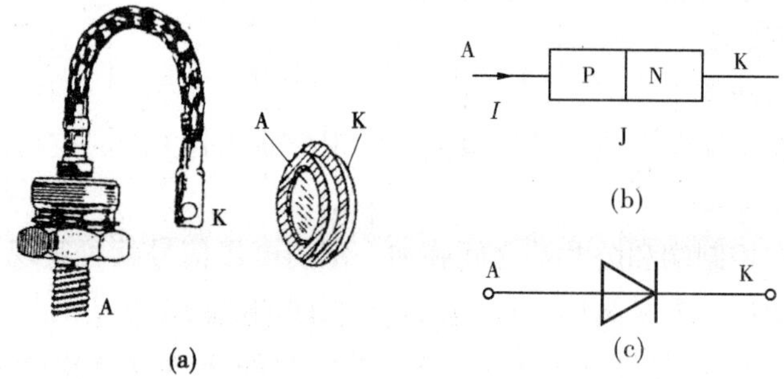

图2-2 电力二极管的外形、基本结构和电气图形符号

如图2-3所示,N型半导体和P型半导体掺杂后在交界面处,由于载流子浓度的差异,会形成扩散运动,即P区的空穴向N区扩散,N区的自由电子向P区扩散,在交界面处形成了PN结。交界面处只留下不带空穴的负离子区和不带自由电子的正离子区,形成了所谓的空间电荷区。

当电源正极接P区、负极接N区时,称为给PN结加正向电压或正向偏置,如图2-4(a)所示,此时外电源建立的外电场削弱内电场,使得空间电荷区变窄,而在外电路上则形成自P区流向N区的电流,称之为正向电流I,这就是PN结的正向导通状态。正向导

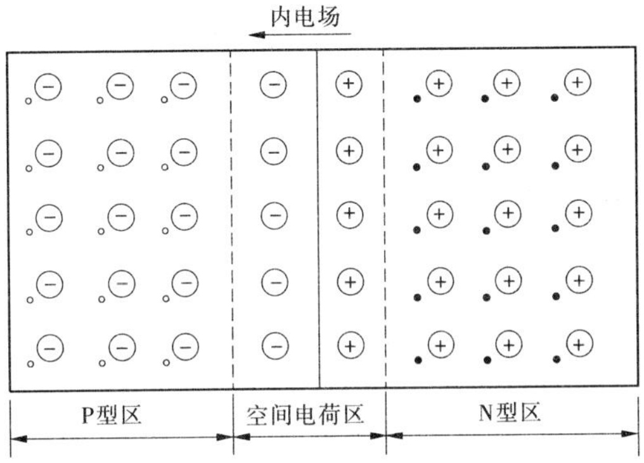

图 2-3 PN 结的形成

通的 PN 结,具有电导调制效应,使得 PN 结在正向电流较大时压降仍然很低,维持在 1 V 左右,所以正向偏置的 PN 结表现为低阻态。

当电源负极接 P 区、正极接 N 区时,称为给 PN 结加反向电压或反向偏置,如图 2-4(b)所示,此时外电源建立的外电场与内电场同向,使得空间电荷区变宽,而在外电路上则形成自 N 区流向 P 区的近似为零的反向电流, PN 结表现为高阻态,被称为 PN 结的反向阻断状态。

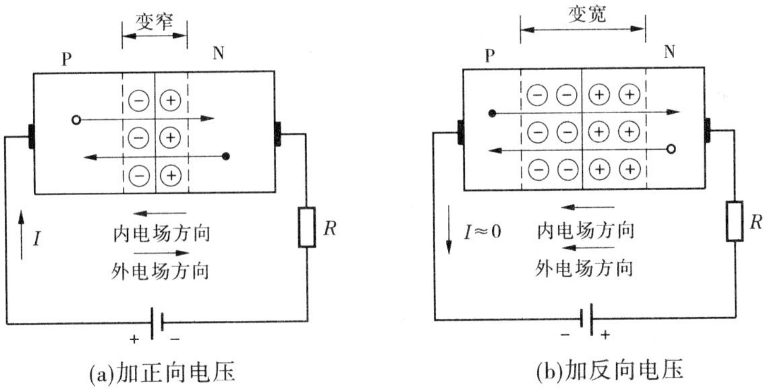

图 2-4 PN 结的正向特性和反向特性

2.2.2 电力二极管的伏安特性

电力二极管的基本特性主要指其伏安特性,如图 2-5 所示。当电力二极管承受的正向电压大到一定值(门槛电压 U_{TO})时,正向电流才开始明显增加,处于稳定导通状态。与正向电流 I_F 对应的电力二极管两端的电压 U_F 即为其正向压降。当电力二极管承受反向电压时,只有少子引起的微小而数值恒定的反向漏电流。

此外,电力二极管还有其开关特性,反映的是电力二极管通态和断态之间的转换过程,不能用伏安特性来描述。简单地说,电力二极管由开通状态转为关断状态的过程被称作关断过程,如图 2-6(a)所示。电力二极管关断时有极小的漏电流,导通时管压降较低,电流由外电路决定,往往数值较管压降大,这不光是电力二极管的特性,也是电力电子器

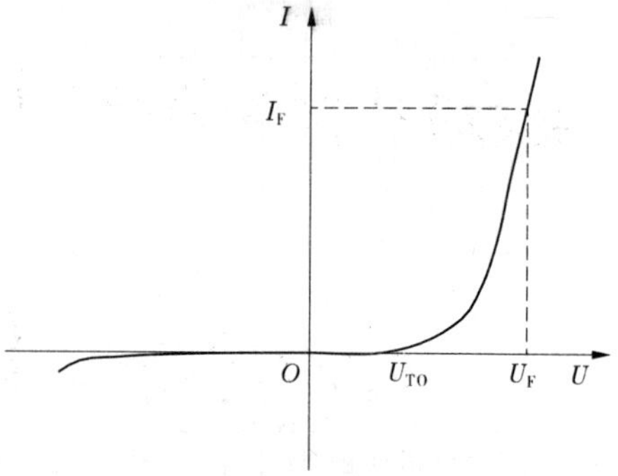

图 2-5 电力二极管的伏安特性

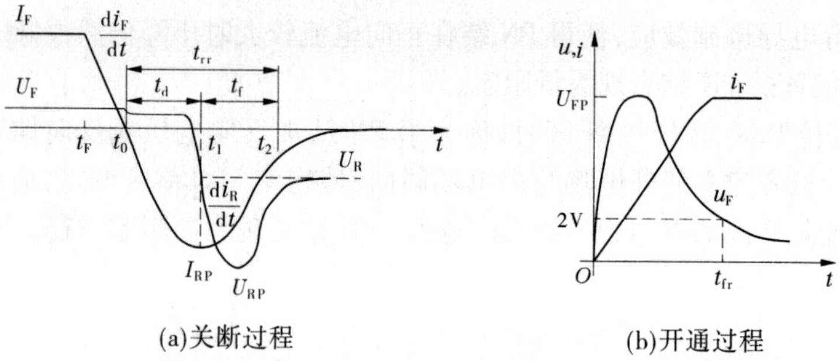

图 2-6 电力二极管的动态过程波形

件的通性。当对已经导通的电力二极管施加反向电压时,须经过一段短暂的时间才能重新获得反向阻断能力,进入截止状态。

电力二极管由关断状态转为开通状态的过程称为开通过程,如图 2-6(b)所示,电力二极管关断时电流几乎为零,管子两端所承受的电压则由外电路决定,往往数值较此时管子的电流大,这几乎是所有电力电子器件关断时的通性。

2.2.3 电力二极管的主要参数

2.2.3.1 正向平均电流 $I_{F(AV)}$

正向平均电流 $I_{F(AV)}$ 指电力二极管长期运行时,在指定的管壳温度(简称壳温,用 T_C 表示)和散热条件下,其允许流过的最大工频正弦半波电流的平均值。可以看出,这是标称其额定电流的参数。正向平均电流是按照电流的发热效应来定义的,因此使用时应按有效值相等的原则来选取电流定额,并应留有一定的裕量。如某电力二极管的正向平均电流为 $I_{F(AV)}$,即它所允许流过的最大工频正弦半波电流的平均值是 $I_{F(AV)}$,则该电力二极管允许流过的最大电流有效值是 $1.57I_{F(AV)}$;反之,如果某电力二极管在电路中需要流过某种波形有效值为 I_D 的电流,则至少应该选择额定电流(正向平均电流)为 $I_D/1.57$ 的电力二极管。

2.2.3.2 正向压降 U_F

正向压降 U_F 指电力二极管在指定温度下,流过某一指定的稳态正向电流时对应的正向压降,有时参数表中也给出在指定温度下流过某一瞬态正向大电流时器件的最大瞬时正向压降。

2.2.3.3　反向重复峰值电压 U_{RRM}

反向重复峰值电压 U_{RRM} 指对电力二极管所能重复施加的反向最高峰值电压,通常是其雪崩击穿电压 U_B 的 2/3,使用时往往按照电路中电力二极管可能承受的反向最高峰值电压的 2 倍来选定。

2.2.3.4　最高工作结温 T_{JM}

结温是指管芯 PN 结的平均温度,用 T_J 表示。

最高工作结温 T_{JM} 是指在 PN 结不致损坏的前提下所能承受的最高平均温度。T_{JM} 通常在 125 ~ 175 ℃范围之内。

2.2.3.5　浪涌电流 I_{FSM}

浪涌电流 I_{FSM} 指电力二极管所能承受最大的连续一个或几个工频周期的过电流。

2.2.4　电力二极管的主要类型

按照正向压降、反向耐压、反向漏电流等性能,特别是反向恢复特性的不同进行介绍。在应用时,应根据不同场合的不同要求选择不同类型的电力二极管。

电力二极管性能上的不同是由半导体物理结构和工艺上的差别造成的。

2.2.4.1　普通二极管(General Purpose Diode)

普通二极管又称整流二极管(Rectifier Diode),多用于开关频率不高(1 kHz 以下)的整流电路中。其反向恢复时间较长,一般在 5 μs 以上,这在开关频率不高时并不重要。但其正向电流定额和反向电压定额可以达到很高,分别可达数千安和数千伏以上。

2.2.4.2　快恢复二极管(Fast Recovery Diode——FRD)

快恢复二极管指恢复过程很短特别是反向恢复过程很短(5 μs 以下)的二极管,也简称快速二极管,工艺上多采用了掺金措施,有的采用 PN 结型结构,有的采用改进的 PiN 结构。采用外延型 PiN 结构的快恢复外延二极管(Fast Recovery Epitaxial Diode——FRED),其反向恢复时间更短(可低于 50 ns),正向压降也很低(0.9 V 左右),但其反向耐压多在 400 V 以下。不管什么结构,从性能上可分为快速恢复和超快速恢复两个等级。前者反向恢复时间为数百纳秒或更长,后者则在 100 ns 以下,甚至达到 20 ~ 30 ns。

2.2.4.3　肖特基二极管

以金属和半导体接触形成的势垒为基础的二极管称为肖特基势垒二极管(Schottky Barrier Diode——SBD),简称为肖特基二极管。肖特基二极管在信息电子技术中早就得到了应用,但在电力电子电路中,直到 20 世纪 80 年代以后,由于工艺的发展才得以广泛应用。

肖特基二极管的弱点是:当反向耐压提高时其正向压降也会高得不能满足要求,因此多用于 200 V 以下的低压场合;反向漏电流较大且对温度敏感,因此反向稳态损耗不能忽略,而且必须更严格地限制其工作温度。肖特基二极管的优点在于反向恢复时间很短(10 ~ 40 ns),正向恢复过程中也不会有明显的电压过冲;在反向耐压较低的情况下其正向压降也很小,明显低于快恢复二极管。因此,其开关损耗和正向导通损耗都比快恢复二极管还要小,效率高。

2.3 晶闸管

晶闸管(Thyristor)是晶体闸流管的简称,又称作可控硅整流器(Silicon Controlled Rectifier——SCR),以前被简称为可控硅。在电力二极管开始得到应用后不久,1956年美国贝尔实验室(Bell Lab)发明了晶闸管,1957年美国通用电气公司(GE)开发出第一只晶闸管产品,并于1958年达到商业化。从此开辟了电力电子技术迅速发展和广泛应用的崭新时代,其标志就是以晶闸管为代表的电力半导体器件的广泛应用,有人称之为继晶体管之后的又一次电子技术革命。自20世纪80年代以来,晶闸管开始被性能更好的全控型器件取代,但由于能承受的电压和电流容量最高,工作可靠,因此在大容量的场合具有重要地位。

晶闸管往往专指晶闸管的一种基本类型——普通晶闸管,广义上讲,晶闸管还包括其许多类型的派生器件。本节将主要介绍普通晶闸管的工作原理、基本特性和主要参数,最后再对其派生器件进行介绍。

2.3.1 晶闸管的结构与工作原理

晶闸管的外形、结构和电气图形符号如图2-7所示。从外形上看,晶闸管主要有螺栓型和平板型两种封装,都引出阳极A、阴极K和门极(控制端)G三个连接端。对于螺栓型封装,通常螺栓是其阳极,能与散热器紧密连接且安装方便;另一端较粗的端子为阴极,最细的那个端子为门极。平板型封装的晶闸管可由两个散热器将其夹在中间,两个平面分别为阳极和阴极,引出的细长端子为门极。

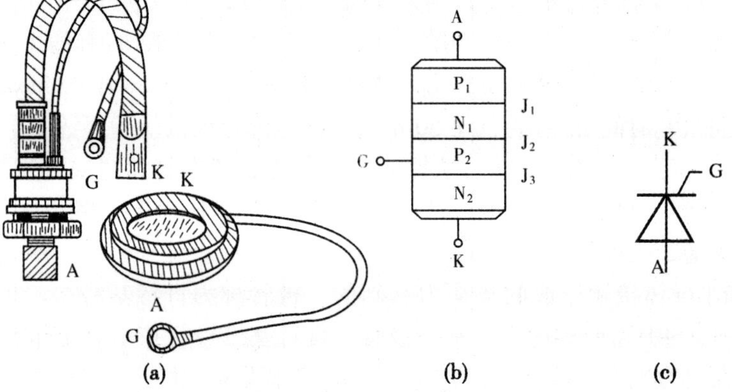

图2-7　晶闸管的外形、结构和电气图形符号

晶闸管从内部的结构看是四层三端半导体结构,分别为P_1、N_1、P_2、N_2,如图2-7(b)所示,P_1区引出阳极A,P_2区引出门极G,N_2区引出阴极K。四层结构形成三个PN结:J_1、J_2和J_3。如果施加正向电压于阳极和阴极间(阳极电位高于阴极),则J_2结反向偏置,器件处于阻断状态,只有很小的漏电流流过;如果在阳极与阴极之间施加反向电压(阴极电

位高于阳极)，则 J_1、J_3 结都反向偏置，器件仍然处于阻断状态，仅有很小的漏电流流过。

晶闸管的导通工作原理可以用双晶体管模型来解释，如图 2-8 所示。在器件上取一斜截面，则晶闸管可以看成由两个晶体管 $P_1N_1P_2$ 和 $N_1P_2N_2$ 组成的。

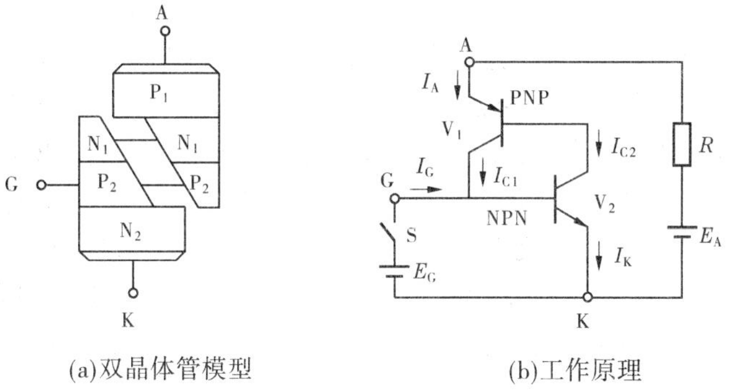

图 2-8　晶闸管的双晶体管模型及其工作原理

现在我们来做一个实验，如图 2-8(b)所示，阳极与阴极之间接 E_A 正电源，门极与阴极之间接 E_G 正电源，合上开关 S，外电路向门极注入电流 I_G，I_G 流入 V_2 的基极，放大形成 V_2 的集电极电流 I_{C2}，它构成了 V_1 的基极电流，产生其集电极电流 I_{C1}，又进一步增大 V_2 的基极电流，如此形成强烈的正反馈，最后 V_1 和 V_2 进入深饱和状态，即晶闸管导通。此时若撤掉门极电流 I_G，晶闸管仍然维持导通。若想关断晶闸管，必须去掉阳极与阴极之间施加的正向电压，或者在阳极与阴极之间施加反向电压，或者设法使流过晶闸管的电流降到接近于零的某一数值以下，晶闸管才能被关断。

晶闸管在以下几种情况下也有可能被触发导通：阳极电压升高至相当高的数值造成雪崩效应；阳极电压上升率 du/dt 过高；结温较高；光直接照射硅片，即光触发。

光触发可以保证控制电路与主电路之间的良好绝缘而应用于高压电力设备中，其他都因不易控制而难以应用于实践，只有门极触发(包括光触发)是最精确、迅速而可靠的控制手段。光触发的晶闸管称为光控晶闸管(Light Triggered Thyristor——LTT)，将在晶闸管派生器件中作简单介绍。

2.3.2　晶闸管的基本特性

总结前面介绍的工作原理，可以简单归纳晶闸管正常工作时的特性如下：

(1)当晶闸管承受反向电压时，不论门极是否有触发电流，晶闸管都不会导通。

(2)当晶闸管承受正向电压时，仅在门极有触发电流的情况下晶闸管才能导通。

(3)晶闸管一旦导通，门极就失去控制作用。

(4)要使晶闸管关断，只能使晶闸管的电流降到接近于零的某一数值以下 。

以上特点反映到晶闸管的伏安特性上则如图 2-9 所示。位于第 Ⅰ 象限的是正向特性，位于第Ⅲ象限的是反向特性。

当 $I_G=0$ 时，器件两端施加正向电压，晶闸管处于正向阻断状态，只有很小的正向漏电流流过。如果正向电压超过临界极限即正向转折电压 U_{BO}，则漏电流急剧增大，器件导通。随着门极电流幅值的增大，正向转折电压降低。导通后晶闸管特性和二极管的正向

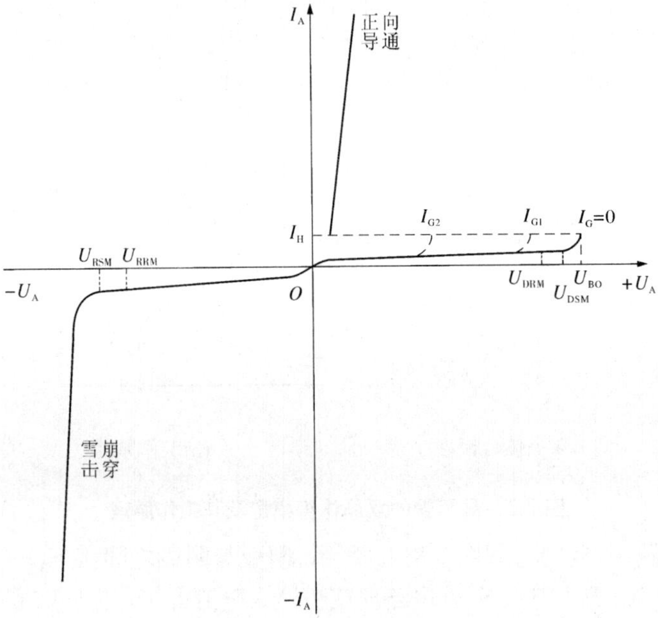

图 2-9　晶闸管的伏安特性($I_{G2}>I_{G1}>I_G$)

特性相仿。即使通过较大的阳极电流，晶闸管本身的压降也很小，在 1 V 左右。导通期间，如果门极电流为零，并且阳极电流降至接近于零的某一数值 I_H 以下，则晶闸管又回到正向阻断状态，I_H 称为维持电流。当在晶闸管上施加反向电压时，晶闸管的伏安特性类似二极管的反向特性。晶闸管处于反向阻断状态时，只有极小的反相漏电流流过。当反向电压超过一定限度，达到反向击穿电压后，外电路如无限制措施，则反向漏电流急剧增加，导致晶闸管发热损坏。

2.3.3　晶闸管的主要参数

没有损坏的普通晶闸管，在反向稳定工作状态下，往往都是处于阻断状态的。而晶闸管正向工作时则可能处于导通状态也可能处于阻断状态。因此，在这里我们提到的晶闸管"断态"和"通态"参数是针对其正向工作时不同的状态，而省略了"正向"二字。另外，实际应用时，应该注意参考器件参数和特性曲线的具体规定，必须在额定结温内使用，才能保障管子不被损坏。

2.3.3.1　电压定额

(1)断态重复峰值电压 U_{DRM}：在门极断路而结温为额定值时，允许重复加在器件上的正向峰值电压。

(2)反向重复峰值电压 U_{RRM}：在门极断路而结温为额定值时，允许重复加在器件上的反向峰值电压。

(3)通态(峰值)电压 U_T：晶闸管通以某一规定倍数的额定通态平均电流时的瞬态峰值电压。

通常取晶闸管的 U_{DRM} 和 U_{RRM} 中较小的作为该器件的额定电压。选用时，一般取额定电压为正常工作时晶闸管所承受峰值电压的 2～3 倍，取 100 V 整数倍为一个等级。

2.3.3.2 **电流定额**

(1)通态平均电流 $I_{T(AV)}$:晶闸管在环境温度为40 ℃和规定的冷却状态下,稳定结温不超过额定结温时所允许流过的最大工频正弦半波电流的平均值,为标称其额定电流的参数。

【例2-1】 正弦半波电流波形如图2-10所示,求其平均电流、有效电流和波形系数。

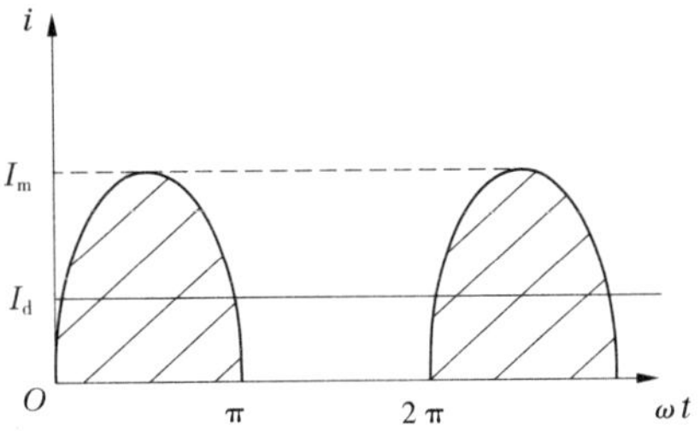

图2-10 正弦半波电流

平均电流

$$I_{T(AV)} = \frac{1}{2\pi}\int_0^{\pi} I_m \sin\omega t \mathrm{d}(\omega t) = \frac{I_m}{\pi} \tag{2-1}$$

有效电流

$$I_{Tn} = \sqrt{\frac{1}{2\pi}\int_0^{\pi}(I_m \sin\omega t)^2 \mathrm{d}(\omega t)} = \frac{I_m}{2} \tag{2-2}$$

波形系数(额定情况下,某电流波形的有效值与平均值之比)

$$K_f = \frac{I_{Tn}}{I_{T(AV)}} = \frac{\pi}{2} = 1.57 \tag{2-3}$$

一只额定电流为 $I_{T(AV)} = 100$ A的晶闸管,其额定电流有效值 $I_{Tn} = K_f I_{T(AV)} = 157$ A,即

$$K_f = \frac{I}{I_d} \tag{2-4}$$

实际电流(电流波形不一定为正弦半波)的平均电流,按有效值相等的原则确定,即

$$I = K_f I_d = 1.57 I_{T(AV)} = I_{Tn} \tag{2-5}$$

【例2-2】 通过一只晶闸管的实际电流额定有效值为157 A,求其额定电流(考虑1.5~2.0的安全裕量)。

$$I_{T(AV)} = (1.5 \sim 2.0)\frac{I_{Tn}}{1.57} = (1.5 \sim 2.0)\frac{157}{1.57}\ \mathrm{A}$$
$$= (150 \sim 200)\ \mathrm{A}$$

(2)维持电流 I_H:使晶闸管维持导通所必需的最小电流,一般为几十到几百毫安,与结温有关。结温越高,则 I_H 越小。

(3)擎住电流 I_L:晶闸管刚从断态转入通态并移除触发信号后,能维持导通所需的最小电流。对同一晶闸管来说,通常 I_L 为 I_H 的2~4倍。

(4)浪涌电流 I_{TSM}:由于电路异常情况引起的并使结温超过额定结温的不重复性最大正向过载电流。

2.3.3.3 动态参数

除开通时间 t_{gt} 和关断时间 t_q 外，动态参数还包括以下几个。

1. 断态电压临界上升率 du/dt

当在阻断的晶闸管两端施加的电压具有正向的上升率时，相当于一个电容的 J_2 结会有充电电流流过，这个电流被称为位移电流。此电流流经 J_3 结时，起到类似门极触发电流的作用。如果电压上升率过大，使充电电流足够大，就会使晶闸管误导通。

2. 通态电流临界上升率 di/dt

如果电流上升太快，则晶闸管刚一开通，便会有很大的电流集中在门极附近的小区域内，从而造成局部过热而使晶闸管损坏。

2.3.3.4 晶闸管的型号

K—闸流特性，P—普通（K—快速型，S—双向型，N—逆导型，G—可关断型），通常表示形式为：KP[电流]-[电压/100][ ]。

如 KP100-12G 表示：额定电流为 100 A，额定电压为 1 200 V，管压降（通态平均电压）为 1 V 的普通晶闸管。

2.3.4 晶闸管的派生器件

2.3.4.1 快速晶闸管

快速晶闸管（Fast Switching Thyristor——FST）包括所有专为快速应用而设计的晶闸管，有常规的快速晶闸管和高频晶闸管。管芯结构和制造工艺进行了改进，开关时间及 du/dt 和 di/dt 耐量都有明显改善。

普通晶闸管关断时间达数百微秒，快速晶闸管为数十微秒，高频晶闸管在 10 μs 左右。

高频晶闸管的不足在于其电压和电流定额都不易做高。由于工作频率较高，选择通态平均电流时不能忽略其开关损耗的发热效应。

2.3.4.2 双向晶闸管

双向晶闸管（Triode AC Switch——TRIAC 或 Bidirectional Triode Thyristor）可认为是一对反并联连接的普通晶闸管的集成，有两个主电极 T_1 和 T_2，一个门极 G，见图 2-11。正反两方向均可触发导通，所以双向晶闸管在第Ⅰ和第Ⅲ象限有对称的伏安特性；其与一对反并联晶闸管相比是经济的，且控制电路简单，在交流调压电路、固态继电器（Solid State Relay——SSR）和交流电机调速等领域应用较多；通常用在交流电路中，因此不用平均值而用有效值来表示其额定电流值。

2.3.4.3 逆导晶闸管

将晶闸管反并联一个二极管制作在同一管芯上形成的功率集成器件，称为逆导晶闸管（Reverse Conducting Thyristor——RCT）。其具有正向压降小、关断时间短、高温特性好、额定结温高等优点。逆导晶闸管的额定电流有两个，一个是晶闸管电流，另一个是反并联二极管的电流。逆导晶闸管的电气图形符号和伏安特性见图 2-12。

2.3.4.4 光控晶闸管

光控晶闸管（Light Triggered Thyristor——LTT）又称光触发晶闸管，是利用一定波长

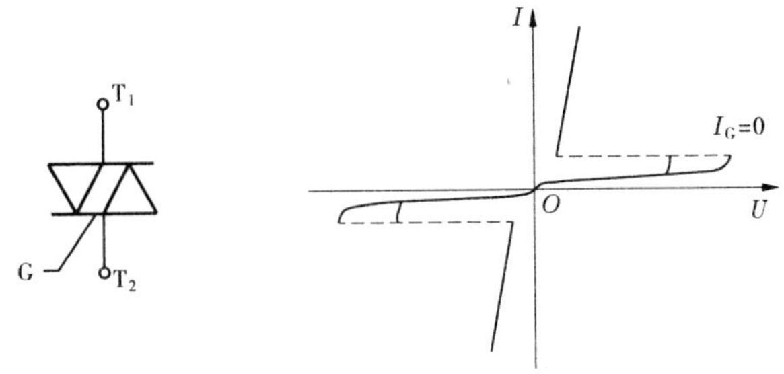

(a)电气图形符号　　　　(b)伏安特性

图 2-11 双向晶闸管的电气图形符号和伏安特性

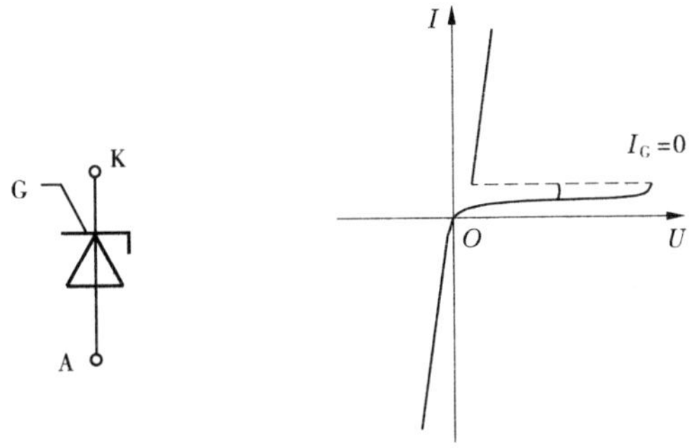

(a)电气图形符号　　　　(b)伏安特性

图 2-12 逆导晶闸管的电气图形符号和伏安特性

的光照信号触发导通的晶闸管。其电气图形符号和伏安特性见图 2-13。

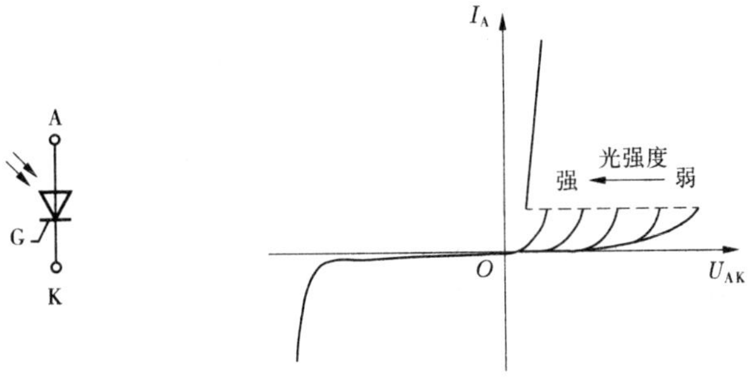

(a)电气图形符号　　　　(b)伏安特性

图 2-13 光控晶闸管的电气图形符号和伏安特性

小功率光控晶闸管只有阳极和阴极两个端子;大功率光控晶闸管则还带有光缆,光缆上装有作为触发光源的发光二极管或半导体激光器。

光触发保证了主电路与控制电路之间的绝缘,且可避免电磁干扰的影响,因此光控晶闸管目前在高压大功率的场合,如高压直流输电和高压核聚变装置中,占据重要的地位。

2.4　全控型电力电子器件

门极可关断晶闸管在晶闸管问世后不久出现。20 世纪 80 年代以来,信息电子技术与电力电子技术在各自发展的基础上相结合产生了一代高频化、全控型、采用集成电路制造工艺的电力电子器件,从而将电力电子技术又带入了一个崭新时代。

门极可关断晶闸管、电力晶体管、电力场效应晶体管、绝缘栅双极晶体管就是全控型电力电子技术的典型代表。

2.4.1　门极可关断晶闸管

门极可关断晶闸管(Gate - Turn - Off Thyristor)简称 GTO,也是晶闸管的一种派生器件,是一种通过门极来控制器件导通和关断的电力半导体器件。GTO 既具有普通晶闸管的优点(耐压高,电流大,耐浪涌能力强,价格便宜),同时又具有电力晶体管(GTR)的优点(自关断能力强,无需辅助关断电路,使用方便)。GTO 是目前应用于高压、大容量场合中的一种大功率开关器件,广泛应用于电力机车的逆变器、电网动态无功补偿和大功率直流斩波调速等领域。

2.4.1.1　GTO 的结构和工作原理

GTO 与普通晶闸管一样,是 PNPN 四层半导体结构,外部也是引出阳极、阴极和门极。但和普通晶闸管不同的是,其是一种多元的功率集成器件,内部包含数十个甚至数百个共阳极的小 GTO 元,这些 GTO 元的阴极和门极则在器件内部并联在一起。这种特殊结构是为了便于实现门极控制关断而设计的。图 2-14(a)、(b)分别给出了典型的 GTO 各单元阴极、门极间隔排列的图形和并联单元结构的断面示意图,图 2-14(c)是 GTO 的电气图形符号。

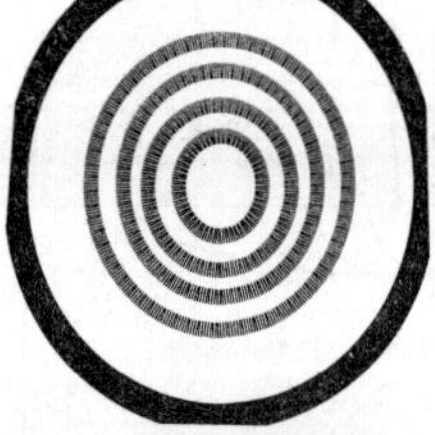

(a)各单元的阴极、门极间隔排列的图形

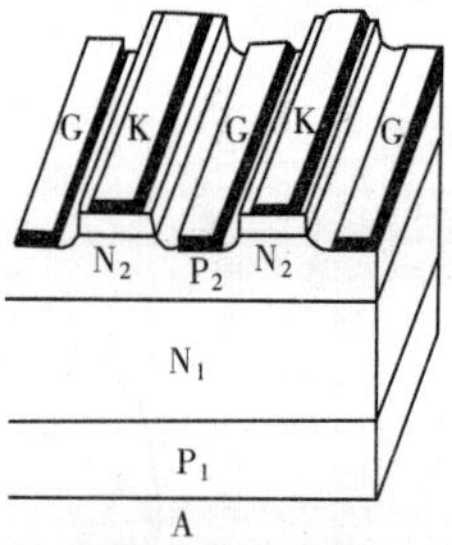

(b)并联单元结构断面示意图

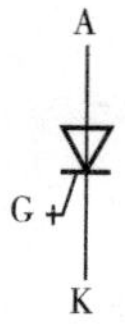

(c)电气图形符号

图 2-14　GTO 的内部结构和电气图形符号

与普通晶闸管一样,可以用图 2-8 所示的双晶体管模型来分析。

由 $P_1N_1P_2$ 和 $N_1P_2N_2$ 构成的两个晶体管 V_1 和 V_2 分别具有共基极电流增益 α_1 和 α_2。由普通晶闸管分析可以看出,$\alpha_1+\alpha_2=1$ 是器件临界导通的条件。当 $\alpha_1+\alpha_2>1$ 时,两个等效晶体管过饱和而使器件导通;当 $\alpha_1+\alpha_2<1$ 时,不能维持饱和导通而关断。GTO 能够通过门极关断的原因是其与普通晶闸管有如下区别:

(1)设计 α_2 较大,使晶体管 V_2 控制灵敏,易于 GTO 关断。

(2)导通时 $\alpha_1+\alpha_2$ 更接近1,导通时饱和不深,接近临界饱和,有利门极控制关断,但导通时管压降增大。

(3)多元集成使 GTO 元阴极面积很小,门极、阴极间距大为缩短,使得 P_2 基区横向电阻很小,能从门极抽出较大电流。

所以,GTO 的导通过程与普通晶闸管一样,有同样的正反馈过程,只是导通时饱和程度较浅,而关断过程中给门极加负脉冲形成强烈正反馈,如图2-15所示。从门极抽出电流,则 I_{B2} 减小,使 I_K 和 I_{C2} 减小,I_{C2} 的减小又使 I_A 和 I_{C1} 减小,又进一步减小了 V_2 的基极电流。

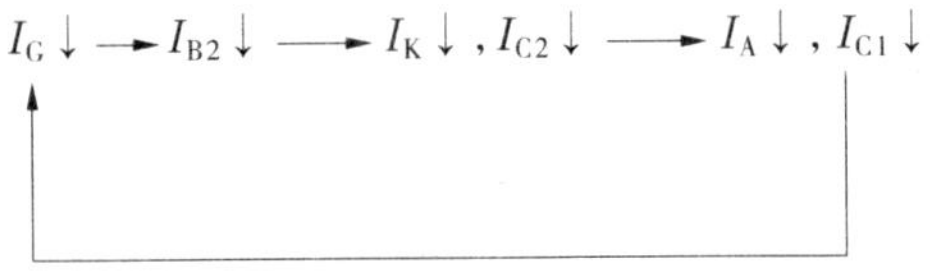

图2-15 GTO 的正反馈开通过程

当 I_A 和 I_K 的减小使 $\alpha_1+\alpha_2<1$ 时,器件退出饱和而关断。GTO 的多元集成结构还使 GTO 比普通晶闸管开通过程快,承受阳极电流上升率 di/dt 能力强。

2.4.1.2 GTO 的主要参数

(1)最大可关断阳极电流 I_{ATO},用来标称 GTO 的额定电流。

(2)电流关断增益 β_{off}:I_{ATO} 与门极负脉冲电流最大值 I_{GM} 之比,即

$$\beta_{off}=\frac{I_{ATO}}{I_{GM}} \tag{2-6}$$

β_{off} 一般很小,只有5左右,这是 GTO 的一个主要缺点。1 000 A 的 GTO 关断时门极负脉冲电流峰值要200 A。

(3)开通时间 t_{on}:开通时间指延迟时间与上升时间之和。

(4)关断时间 t_{off}:关断时间一般指储存时间和下降时间,而不包括尾部时间。

2.4.2 电力晶体管

电力晶体管简称 GTR(Giant Transistor)或 BJT(Bipolar Junction Transistor),是一种耐高电压、大电流的双极型晶体管,英文有时候也称为 Power BJT。电力晶体管具有控制方便、开关时间短、通态压降低、高频特性好等优点,因此常应用于交流电动机调速、不间断电源(UPS)及家用电器等中小容量的变流装置中。电力电子技术中普遍应用的主要是高电压、大电流的达林顿晶体管模块。自20世纪80年代以来,电力晶体管在中、小功率范围内逐渐取代了晶闸管,但目前又大多被绝缘栅双极晶体管和电力场效应晶体管取代。

2.4.2.1 GTR 的结构和工作原理

GTR 的工作原理与普通的双极结型晶体管基本原理是一样的。但 GTR 的主要特性是耐压高、电流大、开关特性好。GTR 通常采用至少由两个晶体管按达林顿接法组成的单元结构,同 GTO 一样采用集成电路工艺将许多这种单元并联而成。GTR 由三层半导体

形成的两个 PN 结构成，多采用 NPN 结构。

图 2-16(a)和(b)分别给出了 NPN 型 GTR 的内部结构示意图和电气图形符号。

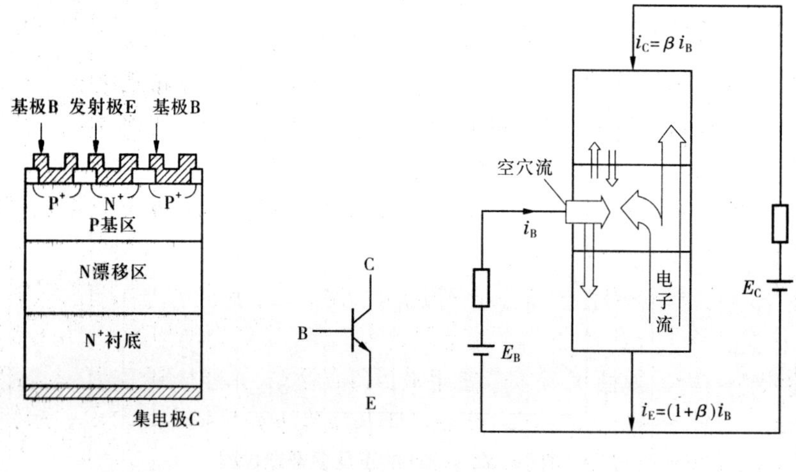

(a)内部结构　(b)电气图形符号　(c)工作原理

图 2-16　GTR 的结构、电气图形符号和工作原理

在应用中，GTR 一般采用共发射极接法。图 2-16(c) 给出了在此接法下 GTR 的电流放大关系。电流放大系数反映了基极电流对集电极的控制能力，即

$$\beta = \frac{i_C}{i_B} \tag{2-7}$$

当考虑到集电极和发射极间的漏电流 I_{CEO} 时，i_C 和 i_B 的关系为 $i_C = \beta i_B + I_{CEO}$，GTR 产品说明书中通常给出了直流电流增益 h_{FE}，它是在直流工作情况下集电极电流与基极电流之比。一般可认为 $\beta \approx h_{FE}$。单管 GTR 的 β 值比小功率的晶体管小得多，通常为 10 左右，采用达林顿接法可有效增大电流增益。

2.4.2.2　GTR 的输出特性

图 2-17 给出了 GTR 在共发射极接法时的典型输出特性：分为截止区、放大区和饱和区。在电力电子电路中，GTR 工作在开关状态，即工作在截止区或饱和区。但在开关过程中，即在截止区和饱和区之间过渡时，要经过放大区。

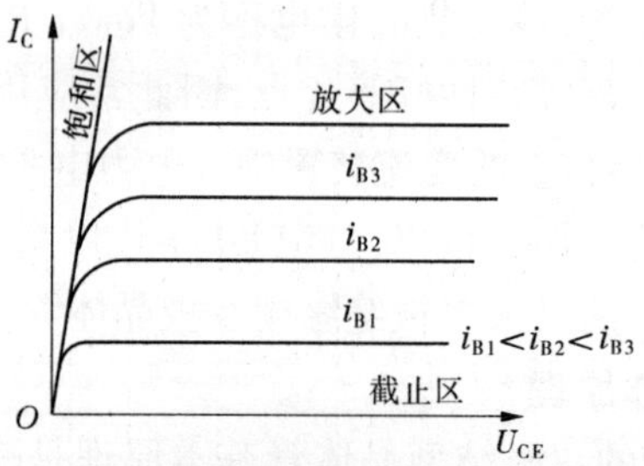

图 2-17　共发射极接法时 GTR 的输出特性

2.4.2.3 GTR 的主要参数

除了前面讲到的一些参数,如电流放大倍数 β、直流电流增益 h_{FE}、集射极间漏电流 I_{CEO}、集射极间饱和压降 U_{CES}、开通时间 t_{on} 和关断时间 t_{off} 外,GTR 的主要参数还包括:

(1)最高工作电压:GTR 上电压超过规定值时会发生击穿,击穿电压不仅与晶体管本身特性有关,还与外电路接法有关。有发射极开路时集电极和基极间的反向击穿电压 BU_{CBO},基极开路时集电极和发射极间的击穿电压 BU_{CEO},发射极和基极间用电阻连接或短路连接时集电极和发射极间的击穿电压 BU_{CER} 和 BU_{CES},以及发射结反向偏置时集电极和发射极间的击穿电压 BU_{CEX}。这些击穿电压间的关系为 $BU_{CBO} > BU_{CEX} > BU_{CES} > BU_{CER} > BU_{CEO}$。

实际使用时,为确保安全,最高工作电压要比 BU_{CEO} 低得多。

(2)集电极最大允许电流 I_{CM}:通常规定为 h_{FE} 下降到规定值的 1/2 ~ 1/3 时所对应的 I_C 为集电极最大允许电流 I_{CM},实际使用时要留有裕量,只能用到 I_{CM} 的一半或稍多一点。

(3)集电极最大耗散功率 P_{CM}:指最高工作温度下允许的耗散功率。产品说明书中给出 P_{CM} 的同时也给出了壳温 T_C,间接表示了最高工作温度。

2.4.2.4 GTR 的二次击穿现象与安全工作区

一次击穿:当集电极电压升高至击穿电压时,I_C 迅速增大,出现雪崩击穿,被称为一次击穿。出现一次击穿后只要 I_C 不超过最大允许耗散功率相对应的限度,GTR 一般不会损坏,工作特性也不变。

二次击穿:一次击穿发生时如不有效地限制电流,I_C 增大到某个临界点时会突然急剧上升,同时伴随电压的陡然下降,这种现象称为二次击穿。二次击穿常常立即导致器件的永久损坏,或者工作特性明显衰变 ,因而对 GTR 危害极大。

安全工作区(Safe Operating Area——SOA):GTR 工作时不仅不能超过最高电压 U_{CEM}、集电极最大电流 I_{CM}、最大耗散功率 P_{CM},也不能超过二次击穿临界线限定。这些限制条件就规定了 GTR 的安全工作区,如图 2-18 的阴影区所示。

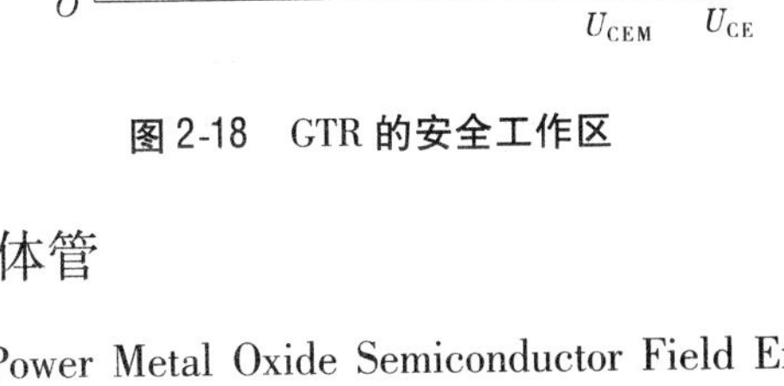

图 2-18 GTR 的安全工作区

2.4.3 电力场效应晶体管

电力场效应晶体管(Power Metal Oxide Semiconductor Field Effect Transistor——Power MOSFET)简称电力 MOSFET,是一种单极型电压控制器件。它具有自关断能力,且输入阻抗高、驱动功率小、开关速度快,工作频率可达 1 MHz,不存在二次击穿问题,安全工作区域宽。但其电压和电流容量小,故在高频小功率的电力电子装置中得到广泛使用。

2.4.3.1 电力 MOSFET 的结构和工作原理

电力 MOSFET 的种类和结构繁多,按导电沟道可分为 P 沟道型和 N 沟道型。当栅极电压为零时漏源极之间就存在导电沟道的称为耗尽型;对于 N(P)沟道器件,栅极电压大于(小于)零时才存在导电沟道的称为增强型。

在电力 MOSFET 中,主要是 N 沟道增强型。电力 MOSFET 在导通时只有一种极性的载流子参与导电,是单极型晶体管。小功率 MOS 管是横向导电器件,而目前电力MOSFET大都采用垂直导电结构,又称为 VMOSFET(Vertical MOSFET),这大大提高了MOSFET器件的耐压和耐电流能力。按垂直导电结构的差异,又分为利用 V 型槽实现垂直导电的 VVMOSFET 和具有垂直导电双扩散 MOS 结构的 VDMOSFET(Vertical Double - Diffused MOSFET)。这里主要以 VDMOSFET 器件为例进行讨论。

图 2-19(a)给出了 N 沟道增强型 VDMOSFET 中一个单元的截面图。电力 MOSFET 的电气图形符号如图 2-19(b)所示。

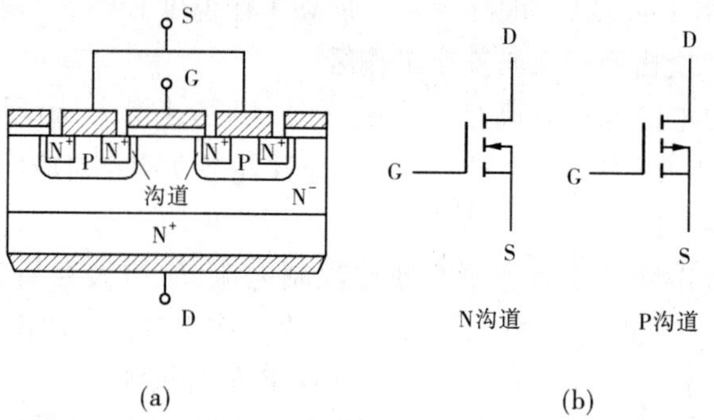

图 2-19 电力 MOSFET 的内部结构断面示意图和电气图形符号

N 沟道增强型 VDMOSFET 的工作原理如下:

截止:漏源极间加正电源,栅源极间电压为零。P 基区与 N 漂移区之间形成的 PN 结 J_1 反偏,漏源极之间无电流流过。

导电:在栅源极间加正电压 U_{GS},栅极是绝缘的,所以不会有栅极电流流过。但栅极的正电压会将其下面 P 区中的空穴推开,而将 P 区中的少子——电子吸引到栅极下面的 P 区表面。

当 U_{GS}大于 U_T(开启电压或阈值电压)时,栅极下 P 区表面的电子浓度将超过空穴浓度,使 P 型半导体反型成 N 型而成为反型层,该反型层形成 N 沟道而使 PN 结 J_1 消失,漏极和源极导电。

2.4.3.2 电力 MOSFET 的基本特性

1. 静态特性

漏极电流 I_D 和栅源间电压 U_{GS}的关系称为电力 MOSFET 的转移特性,如图 2-20(a)所示。

I_D 较大时,I_D 与 U_{GS}的关系近似线性,曲线的斜率定义为跨导 G_{fs}。

$$G_{fs} = \frac{dI_D}{dU_{GS}} \tag{2-8}$$

电力 MOSFET 是电压控制型器件，输入阻抗高，输入电流非常小。

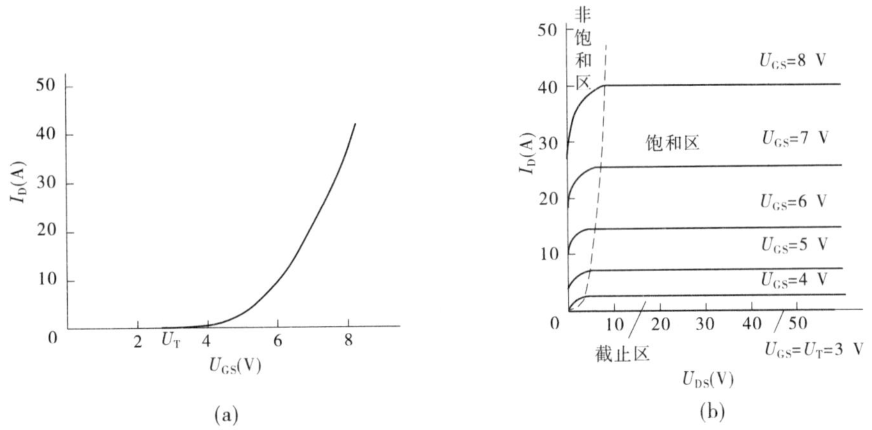

图 2-20 电力 MOSFET 的转移特性和输出特性

图 2-20(b)是电力 MOSFET 的漏极伏安特性，即输出特性。从图中可以看到分为截止区（对应于 GTR 的截止区）、饱和区（对应于 GTR 的放大区）、非饱和区（对应于 GTR 的饱和区）。电力 MOSFET 工作在开关状态，即在截止区和非饱和区之间来回转换。

由于电力 MOSFET 本身结构所致，其漏源极之间有寄生二极管，漏源极间加反向电压时器件导通。

电力 MOSFET 的通态电阻具有正温度系数，这一点对器件并联时的均流有利。

2. 动态特性

用图 2-21(a)所示电路来测试电力 MOSFET 的开关特性。

开通过程主要由开通延迟时间和上升时间两部分组成。

开通延迟时间 $t_{d(on)}$ 指 u_p 前沿时刻到 $u_{GS}=u_T$ 并开始出现 i_D 的时刻间的时间段。

上升时间 t_r 指 u_{GS} 从 u_T 上升到 MOSFET 进入非饱和区的栅压 u_{GSP} 的时间段。

i_D 稳态值由漏极电源电压 U_E 和漏极负载电阻决定。

u_{GSP} 的大小和 i_D 的稳态值有关。

u_{GS} 达到 u_{GSP} 后，在 u_p 作用下继续升高直至达到稳态，但 i_D 已不变。

开通时间 t_{on} 是开通延迟时间与上升时间之和，即

$$t_{on} = t_{d(on)} + t_r \tag{2-9}$$

关断过程由关断延迟时间和下降时间组成。

关断延迟时间 $t_{d(off)}$ 指 u_p 下降到零起，至输入电容 C_{in} 通过 R_s 和 R_G 放电，u_{GS} 按指数曲线下降到 u_{GSP} 时，i_D 开始减小止的时间段。

下降时间 t_f 指 u_{GS} 从 u_{GSP} 继续下降起，至 i_D 减小，到 $u_{GS}=u_T$ 时沟道消失，i_D 下降到零为止的时间段。

关断时间 t_{off} 是关断延迟时间与下降时间之和，即

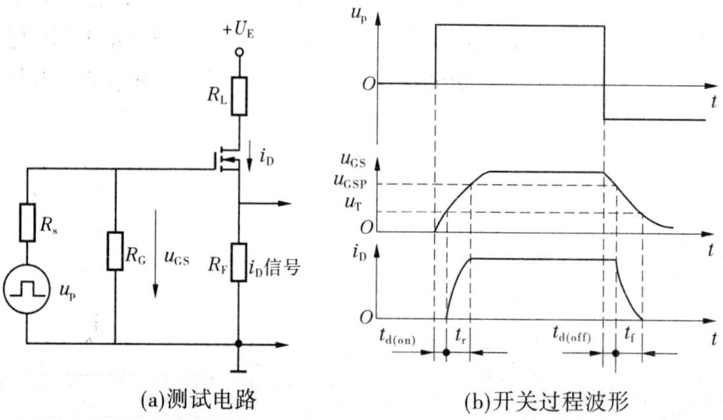

u_p—矩形脉冲信号源；R_s—信号源内阻；R_G—栅极电阻；
R_L—漏极负载电阻；R_F—检测漏极电流用电阻；u_T—开启电压或阈值电压

图 2-21 电力 MOSFET 的开关过程

$$t_{off} = t_{d(off)} + t_f \tag{2-10}$$

从上面的开关过程可以看出，MOSFET 的开关速度和 C_{in}充放电有很大关系。使用者无法降低 C_{in}，但可降低驱动电路内阻 R_s，减小时间常数，加快开关速度。

MOSFET 只靠多子导电，不存在少子储存效应，因而关断过程非常迅速。开关时间在 10～100 ns，工作频率可达 100 kHz 以上，是主要电力电子器件中最高的。场控器件静态时几乎不需输入电流，但在开关过程中需对输入电容充放电，仍需一定的驱动功率。开关频率越高，所需要的驱动功率越大。

2.4.4 绝缘栅双极晶体管

GTR 和 GTO 的特点是双极型，电流驱动，有电导调制效应，通流能力很强，开关速度较低，所需驱动功率大，驱动电路复杂。

电力 MOSFET 的优点是单极型，电压驱动，开关速度快，输入阻抗高，热稳定性好，所需驱动功率小而且驱动电路简单。两类器件取长补短结合而成的复合器件为 Bi－MOS 器件。

绝缘栅双极晶体管（Insulated－Gate Bipolar Transistor——IGBT 或 IGT）综合了 GTR 和电力 MOSFET 的优点，既具有输入阻抗高、工作速度快、热稳定性好和驱动简单的特点，又有通态电压低、耐压高和承受电流大等优点。因此，自 1986 年投入市场后，取代了 GTR 和一部分电力 MOSFET 的市场，成为中小功率电力电子设备的主导器件。并在继续提高电压和电流容量，以期再取代 GTO 的地位。

2.4.4.1 IGBT 的结构和工作原理

IGBT 也是三端器件：栅极 G、集电极 C 和发射极 E。

图 2-22（a）所示为 N 沟道 VDMOSFET 与 GTR 组合而成的 N 沟道 IGBT（N－IGBT）结构剖面图。

IGBT 比 VDMOSFET 多一层 P^+ 注入区，形成了一个大面积的 P^+N 结 J_1。这样使

IGBT导通时由 P^+ 注入区向 N 基区发射少子，从而对漂移区电导率进行调制，使得 IGBT 具有很强的通流能力。简化等效电路（见图 2-22(b)）表明，IGBT 是 GTR 与 MOSFET 组成的达林顿结构，一个由 MOSFET 驱动的厚基区 PNP 晶体管。图中 R_N 为晶体管基区内的调制电阻。

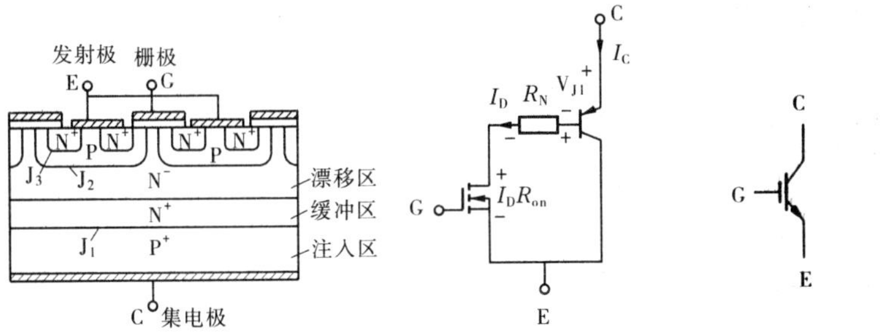

(a)IGBT的结构剖面图　(b)简化等效电路　(c)电气图形符号

图 2-22　IGBT 的结构、简化等效电路和电气图形符号

IGBT 的驱动原理与电力 MOSFET 基本相同，为场控器件，通断由栅射极电压 U_{GE} 决定。

导通：U_{GE} 大于开启电压 $U_{GE(th)}$ 时，MOSFET 内形成沟道，为晶体管提供基极电流，IGBT导通。

导通压降：电导调制效应使电阻 R_N 减小，使通态压降小。

关断：栅射极间施加反向电压或不加信号时，MOSFET 内的沟道消失，晶体管的基极电流被切断，IGBT 关断。

2.4.4.2　IGBT 的基本特性

图 2-23(a)所示为 IGBT 的转移特性，其反映了 I_C 与 U_{GE} 间的关系，与 MOSFET 的转移特性类似。

开启电压 $U_{GE(th)}$ 指 IGBT 能实现电导调制而导通的最低栅射极电压。$U_{GE(th)}$ 随温度升高而略有下降，在 25 ℃时，$U_{GE(th)}$ 的值一般为 2 ~6 V。

图 2-23(b)所示为 IGBT 的输出特性，也称伏安特性。输出特性（伏安特性）反映了以 U_{GE} 为参考变量时，I_C 与 U_{CE} 间的关系，分为三个区域：正向阻断区、有源区和饱和区，分别与 GTR 的截止区、放大区和饱和区相对应。此外 $U_{CE}<0$ 时，IGBT 为反向阻断工作状态。

2.4.4.3　IGBT 的主要参数

除前面提到的各参数值外，IGBT 的主要参数还包括：

(1) 最大集射极间电压 U_{CES}：由内部 PNP 晶体管的击穿电压确定。

(2) 最大集电极电流：包括额定直流电流 I_C 和 1 ms 脉宽最大电流 I_{CP}。

(3) 最大集电极功耗 P_{CM}：正常工作温度下允许的最大功耗。

IGBT 的特性和参数特点可以总结如下：

(1) 开关速度高，开关损耗小。在电压 1 000 V 以上时，开关损耗只有 GTR 的 1/10，与电力 MOSFET 相当。

(2) 相同电压和电流定额时，安全工作区比 GTR 大，且具有耐脉冲电流冲击能力。

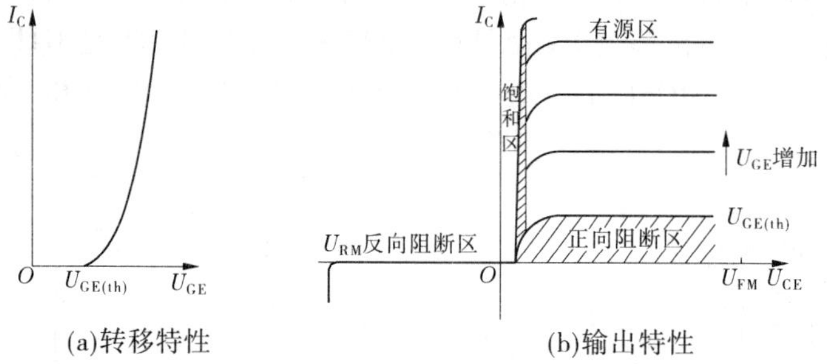

图 2-23 IGBT 的转移特性和输出特性

(3)通态压降比 VDMOSFET 低,特别是在电流较大的区域。

(4)输入阻抗高,输入特性与电力 MOSFET 类似。

(5)与电力 MOSFET 和 GTR 相比,耐压和通流能力还可以进一步提高,同时保持开关频率高的特点。

2.4.5 其他新型电力电子器件

2.4.5.1 MOS 控制晶闸管 MCT

MCT(MOS Controlled Thyristor)是将 MOSFET 与晶闸管组合而成的复合器件。MCT 结合了 MOSFET 的高输入阻抗、低驱动功率、快速的开关过程和晶闸管的高电压大电流、低导通压降的特点。一个 MCT 器件由数以万计的 MCT 元组成,每个元的组成为:一个 PNPN 晶闸管、一个控制该晶闸管开通的 MOSFET 和一个控制该晶闸管关断的 MOSFET。

总之,MCT 曾一度被认为是一种最有发展前途的电力电子器件。因此,20 世纪 80 年代以来一度成为研究的热点。但经过十多年的努力,其关键技术问题没有大的突破,电压和电流容量都远未达到预期的数值,未能投入实际应用。

2.4.5.2 静电感应晶体管 SIT

SIT(Static Induction Transistor)诞生于 1970 年,实际上是一种结型场效应晶体管。

将用于信息处理的小功率 SIT 器件的横向导电结构改为垂直导电结构,即可制成大功率的 SIT 器件。SIT 是一种多子导电的器件,工作频率与电力 MOSFET 相当,甚至更高,功率容量更大,因而适用于高频大功率场合。在雷达通信设备、超声波功率放大、脉冲功率放大和高频感应加热等领域获得应用。

但是,SIT 在栅极不加信号时导通,加负偏压时关断,称为正常导通型器件,使用不太方便。此外,SIT 通态电阻较大,通态损耗也大,因而 SIT 还未在大多数电力电子设备中得到广泛应用。

2.4.5.3 静电感应晶闸管 SITH

SITH(Static Induction Thyristor)诞生于 1972 年,是在 SIT 的漏极层上附加一层与漏极导电类型不同的发射极层而得到的。因为其工作原理与 SIT 类似,门极和阳极电压均能通过电场控制阳极,因此 SITH 又被称为场控晶闸管(Field Controlled Thyristor——FCT)。由于比 SIT 多了一个具有少子注入功能的 PN 结, SITH 是两种载流子导电的双极型器件,具有电导调制效应,通态压降低、通流能力强。其很多特性与 GTO 类似,但开关速度比 GTO 高得多，是大容量的快速器件。

SITH 一般也是正常导通型，但也有正常关断型。此外，其制造工艺比 GTO 复杂得多，电流关断增益较小，因而其应用范围还有待拓展。

2.4.5.4 集成门极换流晶闸管 IGCT

IGCT（Integrated Gate - Commutated Thyristor），也称 GCT（Gate - Commutated Thyristor），即门极换流晶闸管，是 20 世纪 90 年代后期出现的新型电力电子器件，结合了 IGBT 与 GTO 的优点，容量与 GTO 相当，但开关速度快 10 倍，且可省去 GTO 庞大而复杂的缓冲电路，只不过所需的驱动功率仍很大。目前 IGCT 正在与 IGBT 等新型器件激烈竞争，试图最终取代 GTO 在大功率场合的位置。

2.4.5.5 功率模块与功率集成电路

自 20 世纪 80 年代中后期开始，模块化趋势逐渐流行，按照典型电力电子电路所需要的拓扑结构，将多个相同的电力电子器件或多个相互配合使用的不同电力电子器件封装在一个模块中，可缩小装置体积，降低成本，提高可靠性，更重要的是对工作频率高的电路，可大大减小线路电感，从而简化对保护和缓冲电路的要求。这种模块被称为功率模块，或者按照主要器件的名称命名，如 IGBT 模块。

更进一步，如果将器件与逻辑、控制、保护、传感、检测、自诊断等信息电子电路制作在同一芯片上，称为功率集成电路（Power Integrated Circuit——PIC）。与功率集成电路类似的还有许多名称，但实际上各有侧重。高压集成电路（High Voltage IC——HVIC）一般指横向高压器件与逻辑或模拟控制电路的单片集成，智能功率集成电路（Smart Power IC——SPIC）一般指纵向功率器件与逻辑或模拟控制电路的单片集成，智能功率模块（Intelligent Power Module——IPM）则专指 IGBT 及其辅助器件与其保护和驱动电路的单片集成，也称智能 IGBT（Intelligent IGBT）。

高低压电路之间的绝缘问题及温升和散热的处理，一度是功率集成电路的主要技术难点。因此，以前功率集成电路的开发和研究主要在中小功率应用场合，如家用电器、办公设备电源、汽车电器等。智能功率模块在一定程度上回避了上述两个难点，只将保护盒驱动电路与 IGBT 器件封装在一起，最近几年获得了迅速发展。

功率集成电路实现了电能和信息的集成，成为机电一体化的理想接口，具有广阔的应用前景。

2.5 电力电子集成模块

早期的电力电子产品由分立元器件（Discrete Device）组成，功率器件安装在散热器上，附近安装驱动、检测、保护等印刷电路板（PCB），还有分立的无源元件。用分立元器件制造电力电子产品，设计周期长、加工劳动强度大、可靠性差、成本也高。因此，电力电子产品逐步向模块化、集成化方向发展，其目的是使尺寸紧凑，实现电力电子系统的小型化，缩短设计周期，并减小互连导线的寄生参数等。

电力电子器件的模块化和集成化，先后经历了功率模块、单片集成式模块、智能功率模块（IPM）等发展阶段。其中，功率模块与驱动、保护、控制电路是分立的，而单片集成式模块和 IPM 中的功率器件与驱动、保护、控制等功能集成为一体。

但是,电力电子集成技术和集成电路技术也有十分显著的不同之处,这是由二者的性质不同引起的。集成电路所在的微电子领域主要是用电子电路来处理信息的,而电力电子技术则是处理能量。因此,与集成电路技术相比,电力电子集成技术的不同主要体现在三个方面:

(1)主电路处于高电压状态,控制电路处于低电压状态,需要进行电压隔离。

(2)主电路器件会产生大量的热,其本身也可承受较高的温度,而一般控制电路可承受的温度要低很多,因此需要进行热隔离。

(3)主电路的开关元件在动作时一般会产生较高的电压和较大的电流变化应力,产生较强的电磁干扰,从而影响控制驱动电路的正常工作。

因此,电力电子集成技术并不能简单照搬集成电路技术,而必须进行新的技术研究和开发。

一般来说,电力电子集成技术可分为功率模块、单片集成、混合封装集成三类。

2.5.1 功率模块

电力电子变换器常常需要由多个功率器件组成,例如一个双向开关至少需要两个功率器件和两个二极管;考虑串并联,单相、三相半桥或全桥开关电路要用几个甚至几十个功率器件和一些辅助器件(如快速二极管 FD)。电力电子变换器的功率器件间的互连引线多,寄生电感大。为了使其结构紧凑、体积小、加工方便,更为了缩短开关器件间的互连导线、减小电感,功率器件必须实现模块化、集成化,称为功率模块。一个三相全桥整流模块有 3 个输入接线端,接三相电源;有 2 个输出接线端,接负载。将若干功率开关器件和快速二极管组合成标准的功率模块(Power Module),是集成电力电子技术发展进程中最初步的集成化、模块化,因为这种功率模块没有与驱动、控制、保护、检测、通信等功能集成。现在国内外已经开发出功率 MOS 管、可控整流元件或晶闸管(SCR)、双极型功率晶体管及 IGBT 等功率模块。

图 2-24(a)为最简单的功率模块,是单相功率因数校正用的 Boost PFC 功率模块,它包含一个 IGBT(或功率 MOS 管)与一个 Boost 二极管及 4 个整流管组成的单相桥,将其封装,有 8 个接线端,按照图 2-24(b)电路图配以电感元件、电容元件、电阻元件及驱动电路控制器就可以组装成单相 Boost PFC 主电路,十分简便。此外,变频器主电路也有专用的功率器件标准模块,可以灵活地组装成各种单相、三相半桥或全桥逆变器。

2.5.2 单片集成

单片集成是将主电路、驱动电路、控制电路及其他附属电路都集成在一个芯片上,这实际上是微电子领域的集成电路技术在电力电子领域的延伸。这种技术适用于小功率场合,以 TopSwitch 为代表的单片集成电源已经取得了很大的成功,广泛用于各种电子设备中。手机和其他移动电子设备中用的电源芯片也都属于该技术范畴。当功率较大、电压较高时,由于电压隔离、热隔离、电磁干扰三大因素,实现单片集成技术还有很多困难。单片集成技术工艺简单,成本较低,基本可移植集成电路技术成功经验。它是电力电子集成

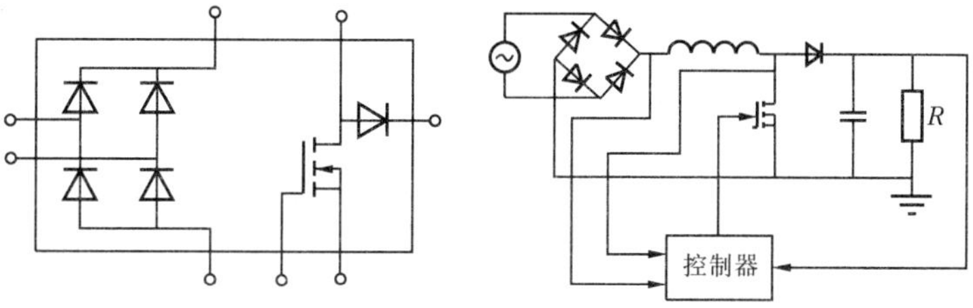

(a)　　(b)

图 2-24　最简单的功率模块

技术的一个主要发展方向。随着技术的不断进步，单片集成的功率范围将不断扩大。如果能在材料和半导体工艺方面取得突破，单片集成技术会有十分美好的发展前景。

2.5.3　混合封装集成

混合封装集成是把多个主电路芯片、驱动芯片和控制芯片集成在一起，适用于几百瓦及千瓦级的功率范围。混合封装技术的研究是根据电力电子技术的特点而展开的。目前，全世界有关电力电子集成技术的研究主要集中在混合封装技术方面。一个完整的电力电子变换器可以看作由许多不同的功能部件和封装部件构成，目前这些部件采用不同的生产工艺和步骤，由不同的厂家生产，缺乏综合优化考虑，这也是目前产品成本较高及体积较大的重要原因之一。从某种意义来讲，集成技术就是要在保证甚至提高整体变换器性能的情况下，尽可能地减少功能部件和封装部件的数量。

智能功率模块 IPM(Intelligent Power Module)是一种混合集成方法，20 世纪 80 年代即已开发。东芝、富士电机、欧洲电力电子公司、佛山赛米控、昆山宝誉斯等公司都生产 IPM。将具有驱动、控制、自保护、自诊断功能的 IC 与电力电子器件集成，封装在一个绝缘外壳中，形成相对独立、有一定功能的模块。IPM 在千瓦级小功率电力电子系统中应用广泛。

2.6　电力电子器件的串并联、驱动和保护

电力电子器件的串并联、驱动和保护是电力电子器件在接入电路中附加的电路环节，尤其是驱动和保护是必须加的电路环节，本节针对这三个附加的电路环节一一简单说明，以便我们容易看懂电力电子装置的电路部分。

2.6.1　电力电子器件的串并联

对较大的电力电子装置，当单个电力器件的电压或电流额定值不能满足要求时，往往需要将电力电子器件串联或并联起来工作，或者将电力电子装置串联或并联起来工作。下面以晶闸管为例，简要说明电力电子器件串并联会遇到的问题及采取的措施，然后简要说明电力 MOSFET 及 IGBT 并联的一些特点。

2.6.1.1　晶闸管的串联

晶闸管串联时，当然是希望器件分压相等，但是实际使用过程中，会因制造工艺很难

使两个晶闸管的特性完全相同,这样两个晶闸管的特性存在差异,使器件电压分配不均匀。电压分配不均匀有静态不均压和动态不均压。静态不均压是指串联的器件流过的漏电流相同,但因静态伏安特性的分散性,各器件分压不等。动态不均压是指由于器件动态参数和特性的差异造成的不均压。这时需采取措施,尽量能满足要求。

图 2-25 表示两个晶闸管串联时,漏电流是相同的,但是两个晶闸管的静态伏安特性图形不重叠,在相同漏电流的作用下所承受的正向电压是不同的。若外加电压继续升高,则承受电压高的 VT_1 首先达到转折电压而导通,使 VT_2 承担全部电压也导通,两个器件都失去控制作用。同理,反向时,因伏安特性不同而不均压,可能使其中一个器件先反向击穿,另一个随之击穿。这就是静态不均压。

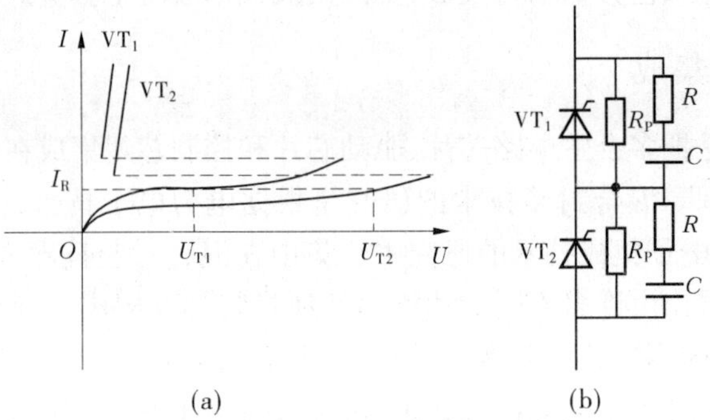

图 2-25　晶闸管的串联

为了达到静态均压,首先应选用参数和特性尽量一致的器件。此外,在上述使用的电路中采用电阻均压,如图 2-25(b)中的 R_P,均压电阻 R_P 的阻值应比器件阻断时的正、反向电阻小得多。

类似地,为了达到动态均压,首先应选用参数和特性尽量一致的器件。另外,还可以在每个晶闸管的两端并联一个 RC 支路作动态均压电路,如图 2-25(b)所示。对于晶闸管还可以采用门极强脉冲触发,以减小开通时间上的差异。

2.6.1.2　晶闸管的并联

对较大的电力电子装置,常用多个电力器件并联来承担大的电流,在并联中就会分别因静态和动态特性参数的差异而使电流分配不均匀。电流分配不均匀往往会使有的器件的电流不足,有的器件的电流过载,影响到装置的输出,从而影响到使用性能。

为了达到均流,首先要挑选特性参数尽量一致的器件,还可采用均流电抗器。另外,对于晶闸管的触发,用门极强脉冲触发也有助于动态均流。

当需要同时串联和并联晶闸管时,通常采用先串后并的方法连接。

2.6.1.3　电力 MOSFET 和 IGBT 并联运行的特点

电力 MOSFET 的通态电阻 R_{on} 具有正温度系数,具有电流自动均衡的能力,容易并联。但是,选用时要注意选用通态电阻 R_{on}、开启电压 U_T、跨导 G_{fs} 和输入电容 C_{iss} 尽量相近的器件并联。同时,电路走线和布局应尽量对称。为了更好地均流,有时可在源极电路中串入小电感,起到均流电抗器的作用。

IGBT 在 1/2 或 1/3 额定电流以下的区段,通态压降具有负温度系数;在 1/2 或 1/3

额定电流以上的区段,通态压降则具有正温度系数。因而IGBT并联使用时也具有电流的自动均衡能力,易于并联。实际使用时,器件的参数应尽量一致,电路走线和布局也应尽量对称。

2.6.2 电力电子器件的驱动

驱动电路是主电路与控制电路之间的接口,使电力电子器件工作在较理想的开关状态,缩短开关时间,减小开关损耗,对装置的运行效率、可靠性和安全性都有重要的意义。

对器件或整个装置的一些保护措施也往往设在驱动电路中,或通过驱动电路实现。驱动电路还要提供控制电路与主电路之间的电气隔离环节,一般采用光隔离或磁隔离。

按照驱动电路加在电力电子器件控制端和公共端之间信号的性质,可分为电流驱动型和电压驱动型。

驱动电路可为分立元件的,但目前的趋势是采用专用集成驱动电路,如双列直插式集成电路及将光耦隔离电路也集成在内的混合集成电路。为达到参数最佳配合,首选所用器件生产厂家专门开发的集成驱动电路。

2.6.2.1 驱动电路的基本任务

(1)按控制目标的要求施加开通或关断的信号:对半控型器件只需提供开通控制信号;对全控型器件则既要提供开通控制信号,又要提供关断控制信号。

(2)提供控制电路与主电路之间的电气隔离环节,一般采用光隔离或磁隔离。在电路中光隔离一般采用光耦合器,而磁隔离元件通常是脉冲变压器。

2.6.2.2 晶闸管的触发电路

晶闸管触发电路的作用是产生符合要求的门极触发脉冲,保证晶闸管在需要的时刻由阻断转为导通。

晶闸管触发电路应满足下列要求:

(1)脉冲的宽度应保证晶闸管可靠导通。

(2)触发脉冲应有足够的幅度。

(3)不超过门极电压、电流和功率定额,且在可靠触发区域之内。

(4)有良好的抗干扰性能、温度稳定性及与主电路的电气隔离。

由上述要求,可以得到理想的晶闸管的触发脉冲,如图2-26所示。

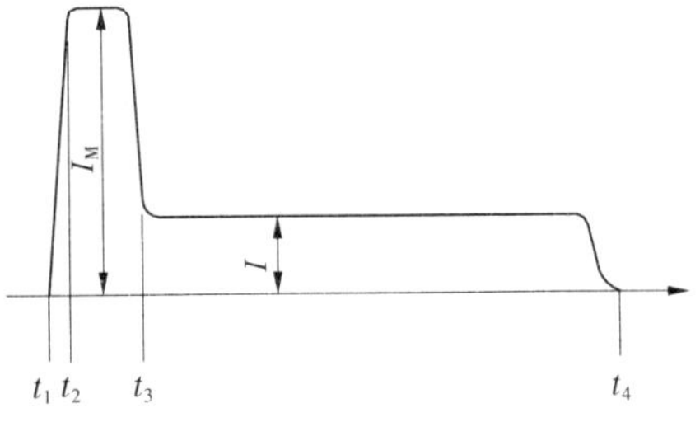

图2-26 理想的晶闸管的触发脉冲

图2-27为常见的晶闸管触发电路,由V_1、V_2和脉冲变压器TM组成,它能产生脉冲,但不是强脉冲。为了能产生强脉冲,电路中还要添加其他环节。

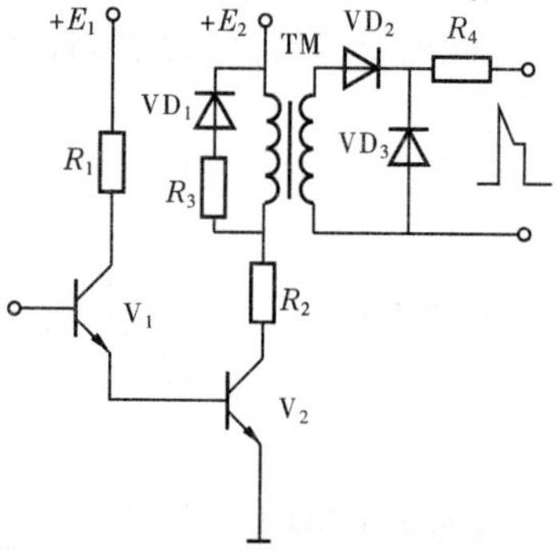

图 2-27　常见的晶闸管触发电路

2.6.2.3　典型全控型器件的驱动电路

1. GTO

GTO 的开通控制与普通晶闸管相似,但对触发脉冲前沿的幅值和陡度要求高,且一般需在整个导通期间施加正门极电流。使 GTO 关断需施加负门极电流,对其幅值和陡度的要求更高,幅值需达阳极电流的 1/3 左右,陡度需达到 50 A/μs, 强负脉冲宽度约 30 μs, 负脉冲总宽约 100 μs 。

关断后还应在门极施加约 5 V 的负偏压,以提高抗干扰能力。推荐的 GTO 门极电压、电流波形如图 2-28 所示。

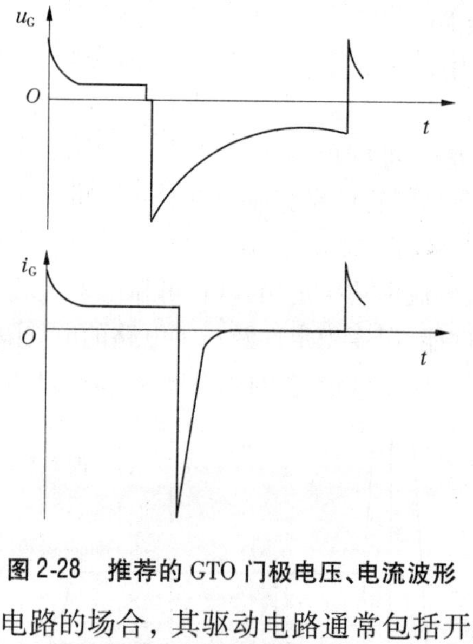

图 2-28　推荐的 GTO 门极电压、电流波形

GTO 一般用于大容量电路的场合, 其驱动电路通常包括开通驱动电路、关断驱动电路和门极反偏电路三部分,可分为脉冲变压器耦合式和直接耦合式两种类型。直接耦合式驱动电路可避免电路内部的相互干扰和寄生振荡,可得到较陡的脉冲前沿,目前应用较广,但其功耗大,效率较低。

2. GTR

使 GTR 开通的基极驱动电流应使 GTR 处于准饱和导通状态,使之不进入放大区和深饱和区。关断 GTR 时,施加一定的负基极电流有利于减小关断时间和关断损耗。关断后同样应在基射极之间施加一定幅值(6 V 左右)的负偏压。推荐的 GTR 基极驱动电流波形如图 2-29 所示。

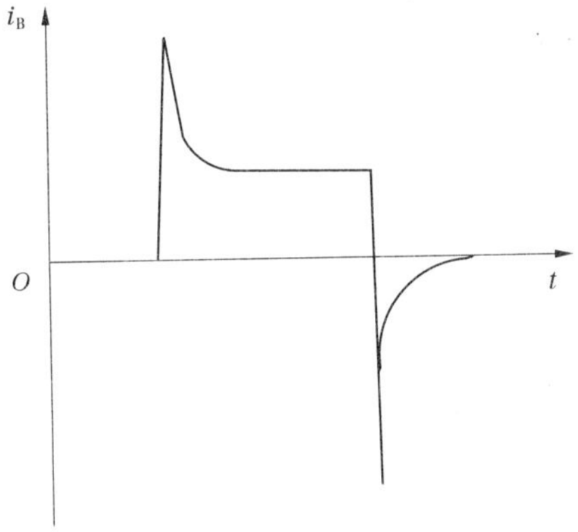

图 2-29　推荐的 GTR 基极驱动电流波形

一般 GTR 的驱动电路包括电气隔离和晶体管放大电路两部分,具体可查阅相关资料,常见的有托马斯公司的 UAA4002 和三菱公司的 M57215BL 集成驱动电路。

3. 电力 MOSFET 和 IGBT

电力 MOSFET 的栅源极之间和 IGBT 的栅射极之间都有数千皮法左右的极间电容,为了快速建立驱动电压,要求驱动电路输出电阻小。使电力 MOSFET 开通的驱动电压一般为 10 ~ 15 V,使 IGBT 开通的驱动电压一般为 15 ~ 20 V。关断时施加一定幅值的负驱动电压(一般取 -5 ~ -15 V),有利于减小关断时间和关断损耗。在栅极串入一只低值电阻可以减小寄生振荡。该电阻阻值应随被驱动器件电流额定值的增大而减小。

常见的专为驱动电力 MOSFET 设计的混合集成电路有三菱公司的 M57918L,其输入信号电流幅值为 16 mA,输出最大脉冲电流为 +2 A 和 -3 A,输出驱动电压为 +15 V 和 -10 V。IGBT 的驱动多采用专用的混合集成驱动器。

2.6.3　电力电子器件的保护

在电力电子电路中,除电力电子器件参数选择合适、驱动电路设计良好外,还需要采用合适的过电压保护、过电流保护、du/dt 保护和 di/dt 保护。

2.6.3.1　过电压保护

电力电子装置中可能发生的过电压分为外因过电压和内因过电压两类。外因过电压主要来自雷击和系统操作过程等,主要有以下两种:

(1)操作过电压:由分闸、合闸等开关操作引起的过电压。

(2)雷击过电压:由雷击引起的过电压。

内因过电压主要来自电力电子装置内部器件的开关过程,包括:

(1)换相过电压:由于晶闸管或与全控型器件反并联的续流二极管在换相结束后,不能立刻恢复阻断能力,反向电流急剧减小,会由线路电感在器件两端感应出过电压。

(2)关断过电压:全控型器件关断时,正向电流迅速降低而由线路电感在器件两端感应出过电压。

图 2-30 为过电压抑制措施原理图,各电力电子装置可视具体情况只用其中的几种。图中 F 为避雷针,D 为变压器静电屏蔽层,RC_1 为阀侧浪涌过电压抑制用 RC 电路,RC_2 为阀侧浪涌过电压抑制用反向阻断式 RC 电路,RV 为压敏电阻过电压抑制器,RC_3 为阀器件换相过电压抑制用 RC 电路,RC_4 为直流侧 RC 抑制电路,RCD 为阀器件关断过电压抑制用 RCD 电路。

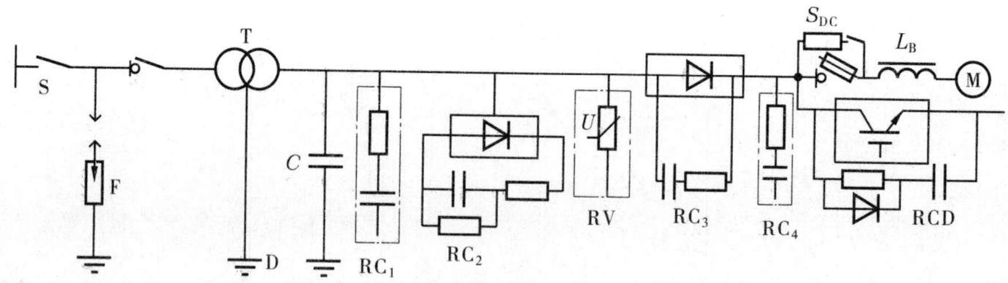

图 2-30　过电压抑制措施

从图 2-30 中我们知道,RC_3 和 RCD 为内因过电压抑制措施。那么,外因过电压抑制措施中,RC 过电压抑制电路最为常见,RC 过电压抑制电路可接于供电变压器的两侧(供电网一侧称网侧,电力电子电路一侧称阀侧),或电力电子电路的直流侧。其 RC 连接方式不再说明,感兴趣的可以查阅其他资料。遇到大容量电力电子装置时,可采用反向阻断式 RC 电路,见图 2-31。此外还有其他措施:用雪崩二极管、金属氧化物压敏电阻、硒堆和转折二极管(BOD)等非线性元器件限制或吸收过电压。

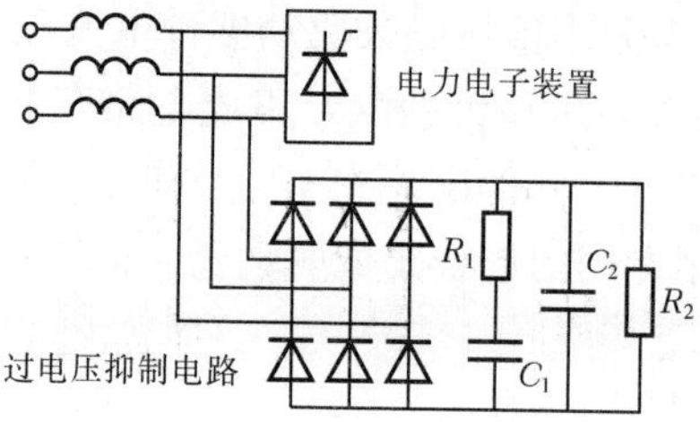

图 2-31　反向阻断式 RC 电路

2.6.3.2　过电流保护

电路运行不正常或发生故障时,会发生过电流。过电流有过载和短路两种情况。

图 2-32 所示为过电流保护措施,其采用了快速熔断器、直流快速断路器、过电流继电器等常用措施。一般电力电子装置中都会采用几种过电流保护措施,以提高可靠性和合理性。在选择各种保护措施时应注意相互协调。通常,电子保护电路作为第一保护措施,快速熔断器仅作为短路时的部分区段的保护,直流快速断路器整定在电子保护电路动作之后实现保护,过电流继电器整定在过载时动作。

采用快速熔断器是电力电子装置中最有效、应用最广的一种过电流保护措施。选择

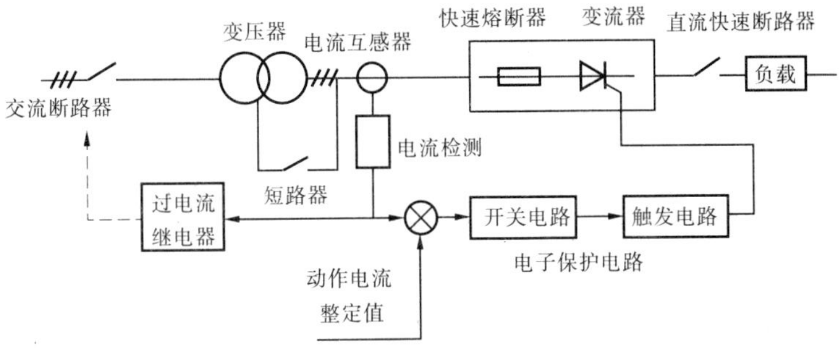

图 2-32　过电流保护措施

快速熔断器时应考虑：

(1) 电压等级根据熔断后快速熔断器实际承受的电压确定。

(2) 电流容量按其在主电路中的接入方式和主电路联结形式确定。

(3) 快速熔断器的额定电流有效值应小于被保护器件的电流额定有效值。

(4) 为保证熔体在正常过载情况下不熔化，应考虑其时间—电流特性。

快速熔断器作为过电流保护措施，分为全保护和短路保护两种。其中全保护是指过载、短路均由快速熔断器进行保护，适用于小功率装置或器件裕度较大的场合；短路保护是指快速熔断器只在短路电流较大的区域起保护作用。

对重要的且易发生短路的晶闸管设备，或全控型器件，需采用电子电路进行过电流保护。

常在全控型器件的驱动电路中设置过电流保护环节，这对过电流的响应最快 。

2.6.3.3　缓冲电路

缓冲电路又称吸收电路，其作用是对器件的内因过电压或内因过电流进行保护，最重要的是防止电压和电流变化太快，也就是 du/dt 的保护和 di/dt 的保护。缓冲电路又分关断缓冲电路和开通缓冲电路。关断缓冲电路（又称 du/dt 抑制电路）用于吸收器件的关断过电压和换相过电压，抑制 du/dt，减小关断损耗。开通缓冲电路（又称 di/dt 抑制电路）用于抑制器件开通时的电流过冲和 di/dt，减小器件的开通损耗。将关断缓冲电路和开通缓冲电路结合在一起，就是复合缓冲电路。缓冲电路还有另外的分类法，按能量的去向分类，分为耗能式缓冲电路和馈能式缓冲电路（无损吸收电路）。

通常，缓冲电路专指关断缓冲电路，将开通缓冲电路叫作 di/dt 抑制电路。

下面我们来分析缓冲电路的作用。图 2-33(a) 所示为缓冲电路和 di/dt 抑制电路，图 2-33(b) 所示为集电极电压 u_{CE} 和集电极电流 i_C 的波形图，其中实线部分为有缓冲电路和 di/dt 抑制电路的波形图，虚线部分为没有缓冲电路的波形图。从图 2-33(b) 可以看出，di/dt 抑制电路抑制了器件在开通过程中的电流变化过快，缓冲电路抑制了器件在关断过程中的电压变化过快。

一般缓冲电路有不同的电路形式，根据容量不同，采用不同的形式。如充放电型 RCD 缓冲电路，适用于中等容量的场合。

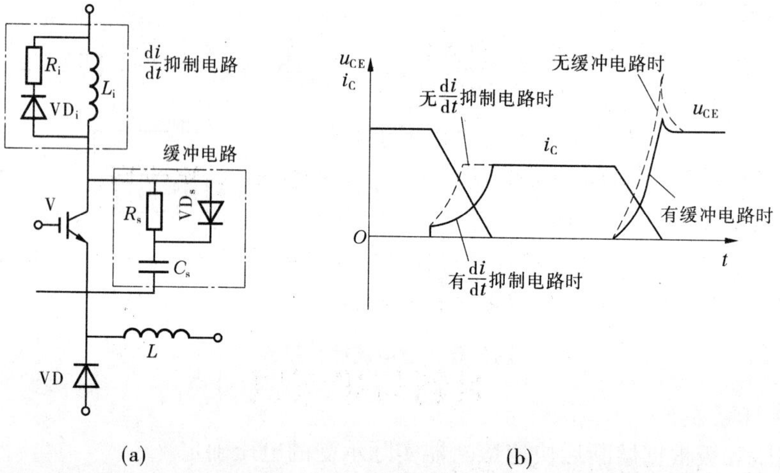

图 2-33 缓冲电路和 di/dt 抑制电路及其电流电压波形图

本章小结

本章主要介绍了各种主要电力电子器件的基本结构、工作原理、基本特性和主要参数等内容,大致归纳如下:

(1)电力电子器件与主电路的关系。

主电路是指能够直接承担电能变换或控制任务的电路。而电力电子器件则是指应用于主电路中,能够实现电能变换或控制的电子器件。

(2)电力电子器件一般都工作于开关状态,以减小本身损耗。

(3)电力电子系统基本组成与工作原理。

电力电子系统一般由主电路、控制电路、检测电路、驱动电路、保护电路等组成。

检测电路将检测到的主电路中的信号送入控制电路,控制电路依据这些信号,并按照系统工作要求,形成电力电子器件的工作信号,再通过驱动电路去控制主电路中电力电子器件的导通或关断。

同时,在主电路和控制电路中附加一些保护电路,以保证系统正常可靠运行。

(4)电力电子器件的分类。

根据控制信号所控制的程度分类:

①半控型器件:通过控制信号可以控制其导通而不能控制其关断的电力电子器件,如 SCR。

②全控型器件:通过控制信号既可以控制其导通,又可以控制其关断的电力电子器件,如 GTO、GTR、MOSFET 和 IGBT。

③不可控器件:不能用控制信号来控制其通断的电力电子器件,如电力二极管。

根据驱动信号的性质分类:

①电流型器件:通过从控制端注入或抽出电流的方式来实现导通或关断的电力电子

器件，如 SCR、GTO、GTR。

②电压型器件：通过在控制端和公共端之间施加一定电压信号的方式来实现导通或关断的电力电子器件，如 MOSFET、IGBT。

根据器件内部载流子参与导电的情况分类：

①单极型器件：内部由一种载流子参与导电的器件，如 MOSFET。

②双极型器件：由电子和空穴两种载流子参与导电的器件，如 SCR、GTO、GTR。

③复合型器件：由单极型器件和双极型器件集成混合而成的器件，如 IGBT。

(5) 电力电子器件的驱动、保护和串并联。

习题与思考题

2-1 使晶闸管导通的条件是什么？

2-2 维持晶闸管导通的条件是什么？怎样才能使晶闸管由导通变为关断？

2-3 图 2-34 中阴影部分为晶闸管处于通态区间的电流波形，各波形的电流最大值均为 I_m，试计算各波形的电流平均值 I_{d1}、I_{d2}、I_{d3} 与电流有效值 I_1、I_2、I_3。

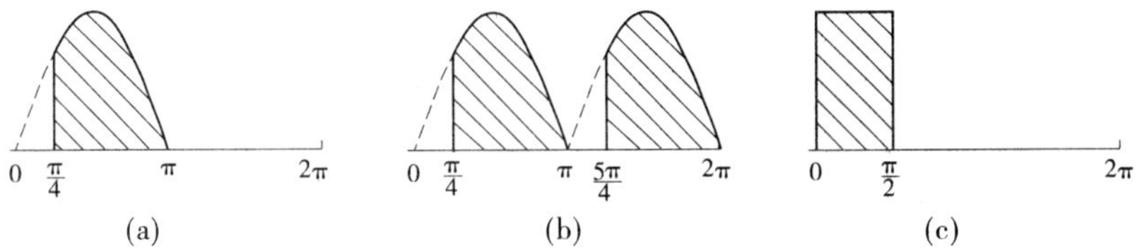

图 2-34

2-4 题 2-3 中如果不考虑安全裕量，100 A 的晶闸管能送出的平均电流 I_{d1}、I_{d2}、I_{d3} 各为多少？这时，相应的电流最大值 I_{m1}、I_{m2}、I_{m3} 各为多少？

2-5 如何防止电力 MOSFET 因静电感应引起的损坏？

2-6 IGBT、GTR、GTO 和电力 MOSFET 的驱动电路各有什么特点？

2-7 全控型器件的缓冲电路的主要作用是什么？试分析 RCD 缓冲电路中各元件的作用。

2-8 试说明 IGBT、GTR、GTO 和电力 MOSFET 各自的优缺点。

2-9 什么是晶闸管的额定电流？

2-10 为什么要限制晶闸管关断电压上升率 du/dt？

2-11 为什么要限制晶闸管导通电流上升率 di/dt？

2-12 电力电子器件工作时产生过电压的原因及防止措施有哪些？

第 3 章 整流电路

整流电路(Rectifier)是出现的最早的电力电子电路,它的作用是将交流电能变为直流电能供给直流用电设备。生产与生活中,大量需要这种直流电源(可调直流电源),如电机调速、同步电机励磁、通信系统、电焊、电镀等。

整流电路的分类方法很多,按组成的器件可分为不可控、半控、全控三种;按电路结构可分为桥式电路和零式电路;按交流输入相数分为单相电路和多相电路;按变压器二次侧电流的方向是单向或双向,又分为单拍电路和双拍电路。

本章主要介绍几种最基本最常用的可控整流电路,分析和研究其工作原理、基本数量关系、不同性质的负载对电路的影响等。

掌握好整流电路,是学习其他变流电路的基础。学习整流电路,要能够根据电路中元器件的通断状态及交流电源的波形和负载的性质,分析其输出的直流电压、电路中元器件的电压和电流波形,从而得出整流输出直流平均电压与交流输入电压及移相控制角的关系,掌握整流电路输出直流平均电压可调的工作原理。

3.1 单相可控整流电路

典型的单相可控整流电路包括单相半波可控整流电路、单相桥式全控整流电路、单相全波可控整流电路及单相桥式半控整流电路。本节主要介绍不同负载情况下,各种单相可控整流电路的工作原理、续流二极管的作用及有关波形分析及计算。

3.1.1 单相半波可控整流电路

3.1.1.1 带电阻负载的工作情况

图 3-1 为单相半波可控整流电路的原理图与波形图。图 3-1(a)中,变压器 T 起变换电压和隔离的作用,变压器一次侧二次侧电压瞬时值分别用 u_1 和 u_2 表示,有效值分别用 U_1 和 U_2 表示,输出直流电压电流用 u_d、i_d 表示其瞬时值,U_d、I_d 表示其平均值。交流正弦电压波形的横坐标为电角度 ωt,其周期为 2π rad 或 360°电角度,用时间表示为 50 Hz 的交流电周期是 20 ms。

工业生产中很多负载属于纯电阻负载,比如电阻加热炉、电解、电镀等。电阻负载的特点是电压与电流成正比,两者波形相同。分析整流电路时,假设晶闸管为理想器件,导通时管压降为零,阻断时漏电流为零。

由图 3-1(a)知,u_2 正半周晶闸管承受正向电压,触发脉冲到来之前($0 \sim \omega t_1$),晶闸管无法导通,负载电阻 R_d 两端输出 $u_d = 0$,晶闸管 VT 承受电源电压,$u_{VT} = u_2$;$\omega t_1 \sim \pi$ 这段区间,触发脉冲的到来使得晶闸管 VT 导通,电源电压 u_2 全部加在负载电阻 R_d 两端,$u_d =$

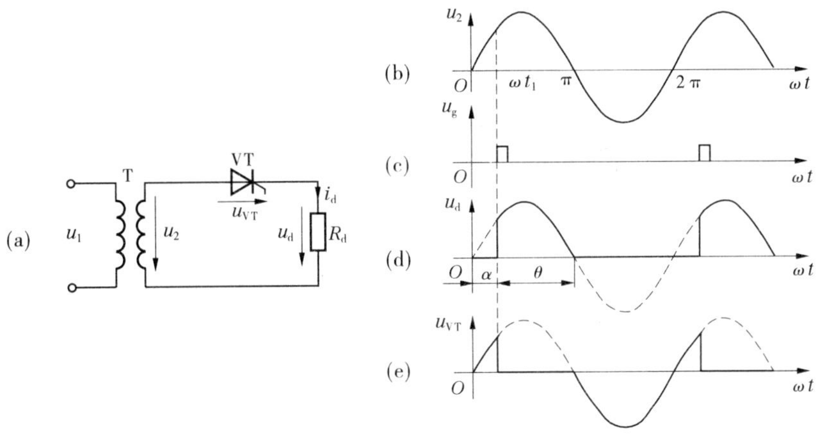

图 3-1 单相半波可控整流电路及波形

u_2，晶闸管 VT 导通时管压降为零，$u_{VT}=0$；$\pi \sim 2\pi$ 这段区间，晶闸管 VT 承受反向电压阻断，负载电阻 R_d 上没有电流流通，$u_d=0$，晶闸管 VT 承受电源电压，因此 $u_{VT}=u_2$。直至下一个周期，再加上触发脉冲，晶闸管重新导通，负载电阻 R_d 输出直流平均电压。

改变触发时刻，u_d 和 u_{VT} 的波形随之改变，u_d 只在电源正半周内出现，为一脉动直流，故称半波整流。由于采用了可控器件晶闸管，且交流输入为单相，故该电路为单相半波可控整流电路。整流电压 U_d 波形在一个电源周期中只脉动 1 次，故该电路为单脉波整流电路。

从晶闸管开始承受正向阳极电压起到施加触发脉冲止的电角度，用 α 表示，也称触发角或控制角。晶闸管在一个电源周期中处于通态的电角度称为导电角或导通角，用 θ 表示。单相半波整流电路，触发角与导电角满足关系式：$\theta=\pi-\alpha$。直流输出电压平均值为

$$U_d = \frac{1}{2\pi}\int_{\alpha}^{\pi}\sqrt{2}U_2\sin\omega t\mathrm{d}(\omega t) = \frac{\sqrt{2}U_2}{2\pi}(1+\cos\alpha) = 0.45U_2\frac{1+\cos\alpha}{2} \tag{3-1}$$

由式(3-1)知，$\alpha=0$ 时，$U_d=0.45U_2$，为最大值，α 增大到 π 时，$U_d=0$ 。可见，直流电压 U_d 是连续可调的，晶闸管 VT 的触发角(α)的移相范围为 $0° \sim 180°$

这种通过控制触发脉冲的相位来控制直流输出电压大小的方式称为相位控制方式，简称相控方式。

由式(3-1)可得直流回路的平均电流为

$$I_d = \frac{U_d}{R} = 0.45\frac{U_2}{R}\frac{1+\cos\alpha}{2} \tag{3-2}$$

选择导线截面面积、晶闸管、熔断器及计算负载电阻的有功功率时，都需要以电流的有效值来计算。回路中的电流有效值为

$$I = I_2 = I_T = I_R = \sqrt{\frac{1}{2\pi}\int_{\alpha}^{\pi}\left(\frac{\sqrt{2}U_2}{R}\sin\omega t\right)^2\mathrm{d}(\omega t)}$$

$$= \frac{U_2}{R}\sqrt{\frac{1}{4\pi}\sin2\alpha + \frac{\pi-\alpha}{2\pi}} \tag{3-3}$$

由式(3-2)、式(3-3)可得流过晶闸管的电流波形系数

$$K_f = \frac{I}{I_d} = \frac{\sqrt{2\pi\sin2\alpha + 4\pi(\pi - \alpha)}}{2(1 + \cos\alpha)} \tag{3-4}$$

$\alpha=0$ 时,$K_f \approx 1.57$。

电源供给的有功功率为

$$P = I_R^2 R = UI_2 \tag{3-5}$$

其中 U 为 R 上的电压有效值

$$U = \sqrt{\frac{1}{2\pi}\int_{\alpha}^{\pi}(\sqrt{2}U_2\sin\omega t)^2 d(\omega t)} = U_2\sqrt{\frac{1}{4\pi}\sin2\alpha + \frac{\pi - \alpha}{2\pi}} \tag{3-6}$$

电源侧的输入功率为

$$S = S_2 = U_2 I_2 \tag{3-7}$$

功率因数为

$$\cos\varphi = \frac{P}{S} = \sqrt{\frac{1}{4\pi}\sin2\alpha + \frac{\pi - \alpha}{2\pi}} \tag{3-8}$$

当 $\alpha=0$ 时,功率因数 $\cos\varphi$ 最大为 0.707,$\alpha=\pi$ 时,$\cos\varphi=0$。可见,尽管是电阻负载,由于存在谐波电流,电源的功率因数也不为 1,而且当 α 越大时,$\cos\varphi$ 越低。移相控制时导致负载电流波形发生畸变,大量的高次谐波成分减小了有功功率输出,却占据了电路容量,这是单相半波电路的缺陷。

【例 3-1】 一单相半波可控整流电路,电阻负载,由 220 V 交流电源直接供电。负载要求的最高平均电压为 60 V,相应平均电流为 20 A,试选择晶闸管元件,并计算在最大输出情况下的功率因数。

解:(1)先求出最大输出时的控制角 α,根据式(3-1)可得

$$\cos\alpha = \frac{2U_d}{0.45U_2} - 1 = \frac{2\times60}{0.45\times220} - 1 = 0.212$$

$$\alpha = 77.8°$$

(2)求回路中的电流有效值,根据式(3-4)可得

$$K_f = \frac{I_2}{I_d} = 2.06$$

$$I_T = I_2 = 2.06\times20 = 41.2(A)$$

(3)求晶闸管两端承受的正、反向峰值电压 U_m

$$U_m = \sqrt{2}U_2 = 311(V)$$

(4)选择晶闸管。

晶闸管通态平均电流,可按下式计算与选择:

$$I_{T(AV)} = (1.5 \sim 2)\frac{I_T}{1.57} = 39.4 \sim 52.5(A)$$

取 $I_{T(AV)}=50$ A。

晶闸管电压定额可按下式计算与选择:

$$U_{TN} = (2\sim3)U_m = 622 \sim 933(V)$$

取 $U_{TN}=1\ 000$ V。

可选用 KP50－10 型晶闸管。

(5)由式(3-8)计算最大输出情况下功率因数：

$$\cos\varphi=\frac{P}{S}=\sqrt{\frac{1}{4\pi}\sin2\alpha+\frac{\pi-\alpha}{2\pi}}=0.562$$

3.1.1.2 带阻感负载的工作情况

实际生产中，有很多负载既有电阻的特性也有电感的特性，当负载中感抗 ωL 与电阻 R 相比不可忽略时即为阻感负载。若 $\omega L\gg R$ 则负载主要呈现为电感，称为电感负载，比如电机的励磁绕组。电感对电流变化有抗拒作用。如果流过电感的电流发生突变，则在电感两端有感应电动势 $L\mathrm{d}i/\mathrm{d}t$，当电流增加时，感应电动势的极性阻碍电流的增大，当电流减小时，感应电动势的极性阻碍电流的减小。这样就使得流过电感的电流不能发生突变，这是阻感负载的特点，也是理解阻感负载工作情况的关键之一。

如图 3-2 所示，$\alpha(0\sim\omega t_1)$期间，晶闸管虽然承受正向电压，但没有门极触发脉冲，晶闸管阻断承受全部电源电压。$\alpha\sim\pi+\alpha$ 期间，管子被触发导通，电源电压全部加到负载上。在此期间，由于电感 L 的作用，负载电流 i_d 只能从零开始逐渐增大，由于电感电流滞后电感电压一定相位，负载电压 u_d 到了 π 时刻过零变负时，负载电流 i_d 还未衰减到0，晶闸管保持导通，直到 $\pi+\alpha$ 时刻，$i_d=0$，晶闸管关断。

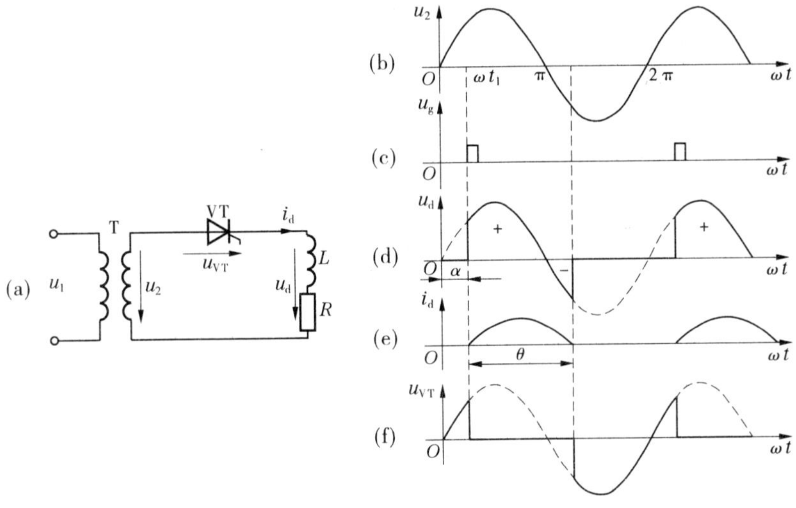

图 3-2 阻感负载的单相半波电路及其波形

由上述分析可见，电路串联电感后，i_d 的变化滞后 u_d 的变化，使晶闸管导通时间延长，负载端出现负电压。电感 L 使电流波形平稳，起到平波的作用。实际使用中，为了使负载上获得平稳的电流波形，往往特地外接电感量很大的平波电抗器。

由于电感存在使负载电压波形出现负电压，电感 L 越大导通角也越大。当 L 增大使电压波形的负面积接近正面积时，整流输出的直流电压 $U_d\approx0$。因此，单相半波整流电路当电感 L 很大时，不管 α 如何变化，U_d 总是很小，电路是无法工作的。

如图 3-3 所示，为避免 U_d 太小，在整流电路的负载两端并联续流二极管。与没有续流二极管时的情况比较，在 u_2 正半周时两者工作情况一样。当 u_2 过零变负时，VD_R 导通，u_d 为零。此时为负的 u_2 通过 VD_R 向 VT 施加反压使其关断。下面给出续流二极管上电流有效值公式，其他公式读者可自行推导：

$$I_{VD_R} = \sqrt{\frac{1}{2\pi}\int_{\pi}^{2\pi+\alpha} I_d^2 d(\omega t)} = \sqrt{\frac{\pi + \alpha}{2\pi}} I_d \tag{3-9}$$

单相半波可控整流电路虽有线路简单、调整方便等优点，但只有半周工作，存在直流波形差，整流输出脉动大，变压器利用率低，变压器二次侧电流中含直流分量，造成变压器铁芯直流磁化等缺点，实际上很少应用此种电路。为了使电源负半周也能工作，实现双半波整流，在负载上得到全波整流电压，在实用中大量采用单相全波与桥式全控整流电路。分析单相半波电路的主要目的在于利用其简单易学的特点，建立起整流电路的基本概念。

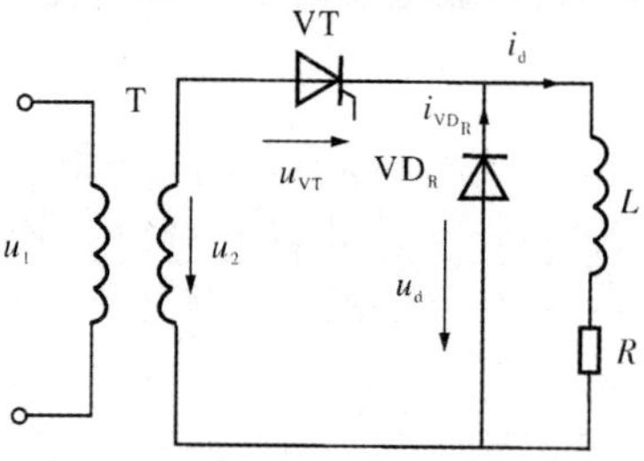

(a)

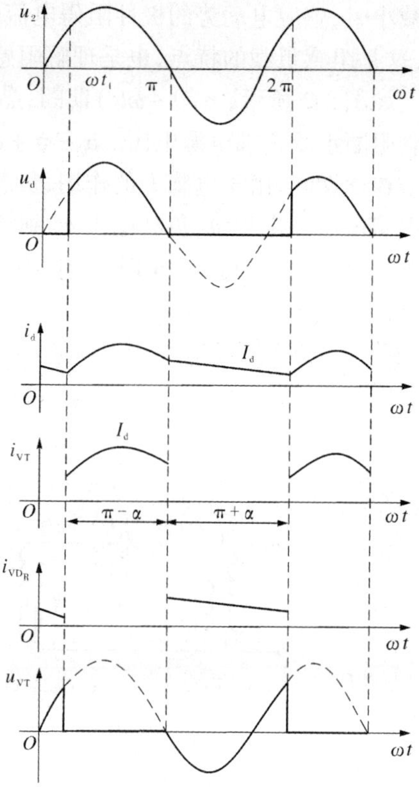

(b)

图 3-3　单相半波带阻感负载有续流二极管的电路及波形

3.1.2　单相桥式(Bridge)全控整流电路

3.1.2.1　带电阻负载的工作情况

单相桥式全控整流电路中带电阻负载时工作原理及波形分析见图 3-4。

桥式电路中 VT_1 和 VT_3 阴极相连为共阴极接法，VT_2 和 VT_4 阳极相连为共阳极接法。共阴极接法的两只管子，即使同时被触发也只能使阳极电位高的管子导通，导通后使另一只管子承受反向电压而关断。同样，共阳极接法的两只管子，即使同时被触发也只能使得

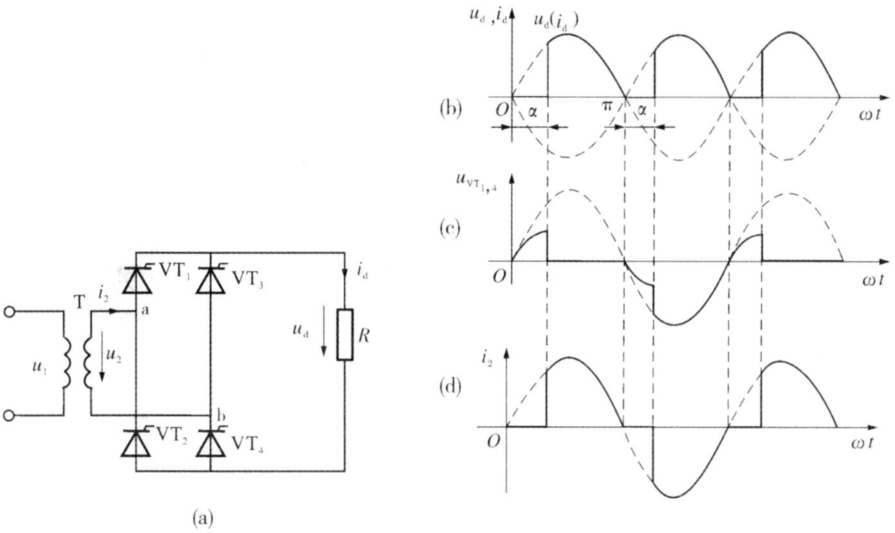

图 3-4 单相桥式全控带电阻负载时的电路及波形

阴极电位低的导通，导通后使得另一只管子承受反向电压而关断。VT_1 和 VT_4 组成一对桥臂，在 u_2 正半周承受电压 u_2，得到触发脉冲即导通，电流从 a 端经 VT_1、负载 R 、VT_4 流回 b 端，当 u_2 过零时关断，VT_2 和 VT_3 组成另一对桥臂，在 u_2 负半周承受电压 $-u_2$，得到触发脉冲即导通，电流从 b 端经 VT_3、负载 R、VT_2 流回 a 端，当 u_2 过零时关断。

由上述分析可知，交流电压经过桥式整流电路变成负载 R 上的脉动直流，如图 3-4(b)所示，电流 i_2 一个周期内正负半周对称如图 3-4(d)所示。因此，在桥式电路中变压器二次侧没有直流成分，不存在直流磁化的问题，变压器的利用率也比较高。晶闸管两端电压波形如图 3-4(c)所示，以 VT_1 为例，VT_1 和 VT_4 导通时，$u_{VT_1}=0$；VT_2 和 VT_3 导通时，u_{VT_1} 承受全部反向电源电压。在 α 期间四管均未导通时，若管子阻断电阻均相等，则管子各自承担一半电源电压。整流输出直流电压 U_d 由下式积分求得

$$U_d = \frac{1}{\pi}\int_{\alpha}^{\pi}\sqrt{2}U_2\sin\omega t\,d(\omega t) = \frac{2\sqrt{2}U_2}{\pi}\frac{1+\cos\alpha}{2} = 0.9U_2\frac{1+\cos\alpha}{2} \tag{3-10}$$

$\alpha=0°$时 $U_d=0.9U_2$；$\alpha=180°$时 $U_d=0$。所以，晶闸管触发脉冲的移相范围为 0° ~ 180°。

整流输出直流电流（负载电流）I_d 为

$$I_d = \frac{U_d}{R} = \frac{2\sqrt{2}U_2}{\pi R}\frac{1+\cos\alpha}{2} = 0.9\frac{U_2}{R}\frac{1+\cos\alpha}{2} \tag{3-11}$$

晶闸管电流平均值

$$I_{dT} = \frac{1}{2}I_d = 0.45\frac{U_2}{R}\frac{1+\cos\alpha}{2} \tag{3-12}$$

负载电流有效值 I 与交流输入（变压器二次侧）电流 I_2 相同，为

$$I = I_2 = \sqrt{\frac{1}{\pi}\int_{\alpha}^{\pi}\left(\frac{\sqrt{2}U_2}{R}\sin\omega t\right)^2 d(\omega t)} = \frac{U_2}{R}\sqrt{\frac{1}{2\pi}\sin2\alpha + \frac{\pi-\alpha}{\pi}} \tag{3-13}$$

晶闸管电流有效值为

$$I_T = \sqrt{\frac{1}{2\pi}\int_{\alpha}^{\pi}\left(\frac{\sqrt{2}U_2}{R}\sin\omega t\right)^2 d(\omega t)} = \frac{U_2}{\sqrt{2}R}\sqrt{\frac{1}{2\pi}\sin 2\alpha + \frac{\pi-\alpha}{\pi}} \tag{3-14}$$

$$I_T = \frac{1}{\sqrt{2}}I \tag{3-15}$$

不考虑变压器的损耗时,要求变压器的容量为 $S = U_2 I_2$。

电路的功率因数为

$$\cos\varphi = \frac{P}{S} = \frac{UI}{U_2 I_2} = \frac{U}{U_2} = \sqrt{\frac{1}{2\pi}\sin 2\alpha + \frac{\pi-\alpha}{\pi}} \tag{3-16}$$

功率因数最大可以为 1,表明 i_2 波形没有畸变,为完整的正弦交流。

3.1.2.2　带阻感负载的工作情况

当整流电路输出端串接平波电抗器的电感量 L 足够大,使负载电流 i_d 波形基本上是水平直线时,这种负载称为大电感负载,电路和波形如图 3-5 所示。为便于讨论,假设电路已工作于稳态,负载电感很大,负载电流 i_d 连续且波形近似为一水平线,u_2 过零变负时,由于电感的作用,晶闸管 VT_1 和 VT_4 中仍流过电流 i_d,并不关断。至 $\omega t = \pi + \alpha$ 时刻,给 VT_2 和 VT_3 加触发脉冲,因 VT_2 和 VT_3 本已承受正电压,故两管导通。VT_2 和 VT_3 导通后,u_2 通过 VT_2 和 VT_3 分别向 VT_1 和 VT_4 施加反向电压使 VT_1 和 VT_4 关断,流过 VT_1 和 VT_4 的电流迅速转移到 VT_2 和 VT_3 上,此过程称换相,亦称换流。输出直流电压为

$$U_d = \frac{1}{\pi}\int_{\alpha}^{\pi+\alpha}\sqrt{2}U_2\sin\omega t\, d(\omega t) = \frac{2\sqrt{2}}{\pi}U_2\cos\alpha = 0.9U_2\cos\alpha \tag{3-17}$$

晶闸管移相范围为 0°～90°,晶闸管承受的最大正反向电压均为 $\sqrt{2}U_2$。晶闸管导通角 θ 与 α 无关,均为 180°。

变压器二次侧电流 i_2 的波形为正负各 180° 的矩形波,其相位由 α 角决定,有效值 $I_2 = I_d$,晶闸管电流平均值 $I_{dT} = 1/2 I_d$。

3.1.2.3　带反电动势负载时的工作情况

蓄电池充电、直流电动机等负载本身具有一定的直流电动势,对相控整流电路来说是一种反电动势负载。

反电动势负载电路及波形如图 3-6 所示,在 $|u_2| > E$ 时,才有晶闸管承受正电压,有导通的可能,导通之后,$u_d = u_2 = E + i_d R$,直至 $|u_2| = E$,i_d 即降至 0,使得晶闸管关断,此后 $u_d = E$。因此,在反电动势负载时,电流不连续,负载端直流电压 U_d 升高。

即使整流电路直流电压平均值 U_d 小于反电动势 E,只要 u_d 的峰值大于 E,在直流回路电阻 R 很小时,仍可以有相当大的电流输出,输出电流的瞬时值为

$$i_d = \frac{u_d - E}{R} \tag{3-18}$$

在 α 角相同时,整流输出电压比电阻负载时大。如图 3-6(b)所示,i_d 波形在一周期内有部分时间为 0 的情况,称为电流断续。与此对应,若 i_d 波形不出现为 0 的情况,称为电流连续。当触发脉冲到来时,晶闸管承受负电压,不可能导通。为了使晶闸管可靠导

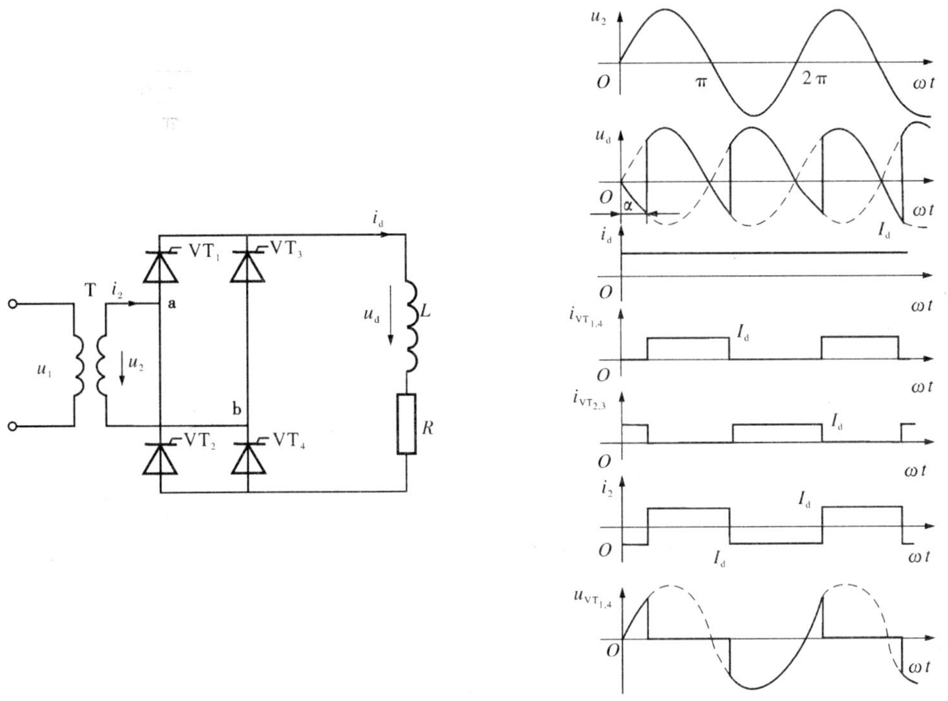

(a)电路图　　　　(b)波形图

图 3-5　单相全控桥式带阻感负载时的电路及波形

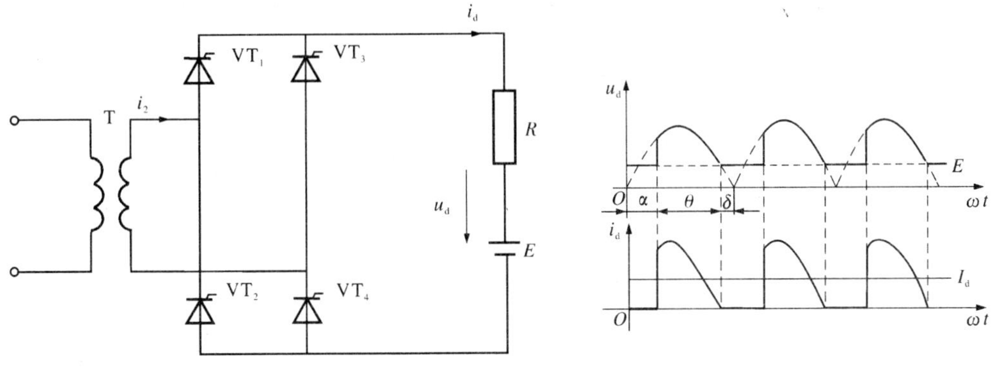

(a)电路图　　　　(b)波形图

图 3-6　单相桥式全控整流电路接反电动势—电阻负载时的电路及波形

通，要求触发脉冲有足够的宽度，保证当 $\omega t=\delta$ 时刻有晶闸管开始承受正电压时，触发脉冲仍然存在。这样，相当于触发角被推迟为 δ。与电阻负载时相比，晶闸管提前了电角度 δ 停止导电，δ 称为停止导电角。

负载为直流电动机时，如果出现电流断续则电动机的机械特性将很软。为了克服此缺点，一般在主电路中直流输出侧串联一个平波电抗器，用来减小电流的脉动和延长晶闸管导通的时间，见图 3-7。

这时整流电压 u_d 的波形和负载电流 i_d 的波形与电感负载电流连续时的波形相同，u_d

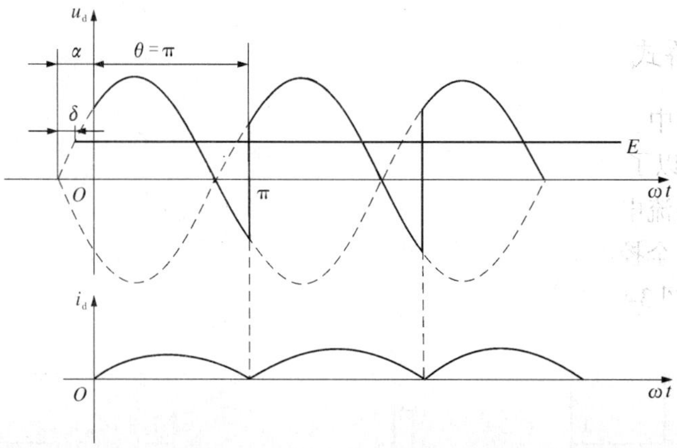

图 3-7　单相桥式全控整流电路带反电动势负载串平波电抗器，电流连续的临界情况

的计算公式亦一样。

为保证电流连续所需的电感量 L 可由下式求出

$$L = \frac{2\sqrt{2}U_2}{\pi\omega I_{dmin}} = 2.87\times10^{-3}\frac{U_2}{I_{dmin}} \tag{3-19}$$

3.1.3　单相全波可控整流电路

单相全波与单相全控桥从直流输出端或从交流输入端看均是基本一致的。电路与波形如图 3-8 所示。

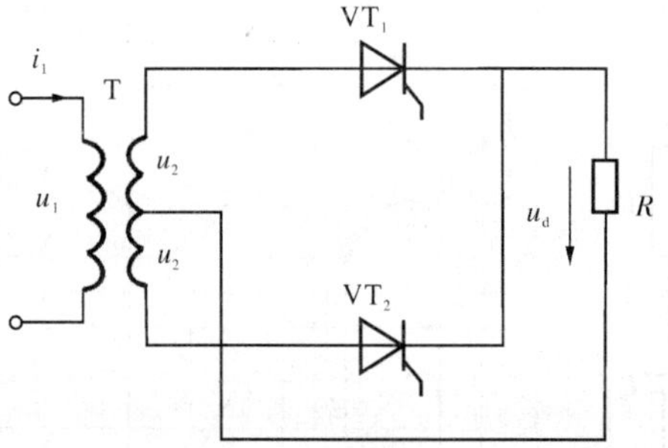

(a)电路图

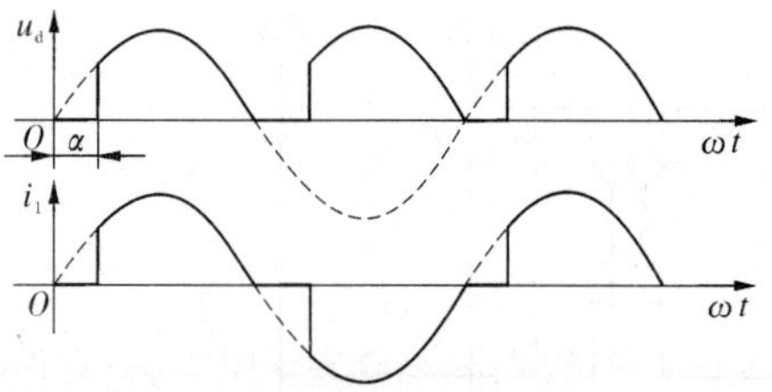

(b)波形图

图 3-8　单相全波可控整流电路及波形

两者的区别主要有以下几点：

(1)单相全波可控整流电路中变压器结构较复杂，二次绕组带中心抽头，绕组及铁芯对铜、铁等材料的消耗多。

(2)单相全波可控整流电路只用 2 个晶闸管，比单相全控桥式整流电路少 2 个，相应地，门极驱动电路也少 2 个；但是晶闸管承受的最大电压为 $2\sqrt{2}U_2$，是单相全控桥式整流电路的 2 倍。

(3)单相全波可控整流电路导电回路只含 1 个晶闸管，比单相全控桥式整流电路少 1 个，因而管压降也少一半。

从上述(2)、(3)考虑，单相全波电路有利于在低输出电压的场合应用。

3.1.4 单相桥式半控整流电路

单相全控桥中,每个导电回路中有2个晶闸管,为了对每个导电回路进行控制,只需1个晶闸管就可以了,另1个晶闸管可以用二极管代替,从而简化整个电路。如此即成为单相桥式半控整流电路(先不考虑 VD_R)。

半控电路与全控电路在电阻负载时的工作情况相同,下面仅介绍单相半控桥带阻感负载的情况,见图3-9,假设负载中电感很大,且电路已工作于稳态。

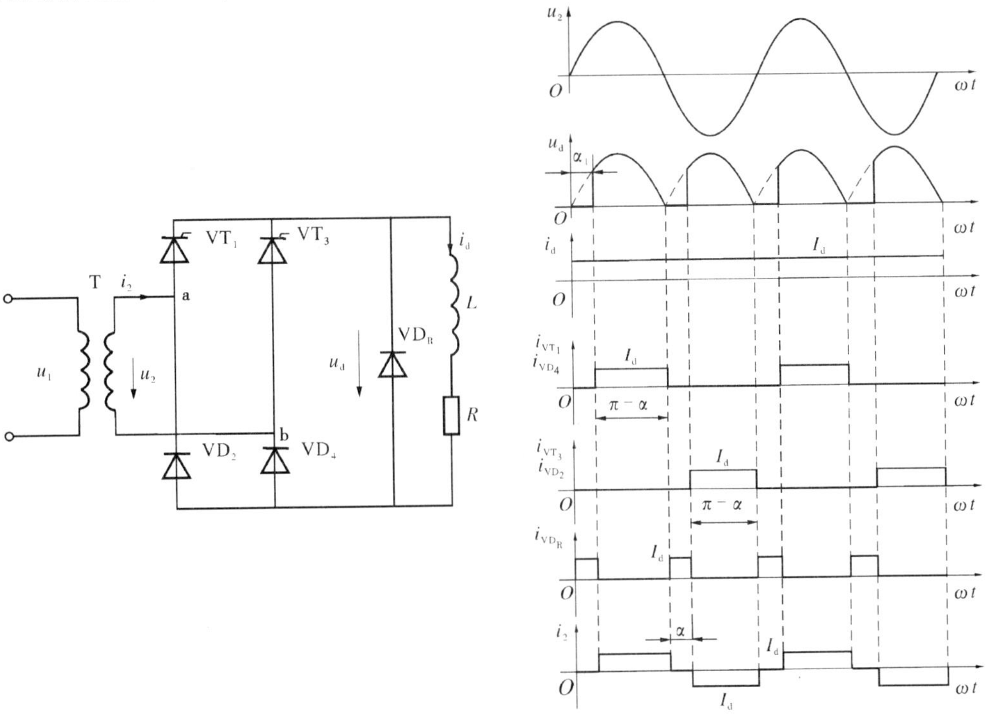

(a)电路图　　(b)波形图

图3-9 单相桥式半控整流电路,有续流二极管,阻感负载时的电路及波形

在 u_2 正半周,触发角 α 处给晶闸管 VT_1 加触发脉冲,u_2 经 VT_1 和 VD_4 向负载供电。u_2 过零变负时,因电感作用使电流连续,VT_1 继续导通。但因 a 点电位低于 b 点电位,使得电流从 VD_4 转移至 VD_2,VD_4 关断,电流不再流经变压器二次绕组,而是由 VT_1 和 VD_2 续流。在 u_2 负半周,触发角 α 时刻触发 VT_3,VT_3 导通,则向 VT_1 加反向电压使之关断,u_2 经 VT_3 和 VD_2 向负载供电。u_2 过零变正时,VD_4 导通,VD_2 关断。VT_3 和 VD_4 续流,u_d 又为零。

若无续流二极管,则当 α 突然增大至180°或触发脉冲丢失时,会发生一个晶闸管持续导通而两个二极管轮流导通的情况,这使 u_d 成为正弦半波,即半周期 u_d 为正弦,另外半周期 u_d 为零,其平均值保持恒定,称为失控。

有续流二极管 VD_R 时,续流过程由 VD_R 完成,晶闸管关断,避免了某一个晶闸管持续导通从而导致失控的现象。同时,续流期间导电回路中只有一个管压降,有利于降低损耗。单相桥式半控整流电路的另一种接法如图3-10所示,相当于把图3-4(a)中的VT_3和VT_4换为二极管VD_3和VD_4,这样可以省去续流二极管VD_R,续流由VD_3和VD_4来实现。

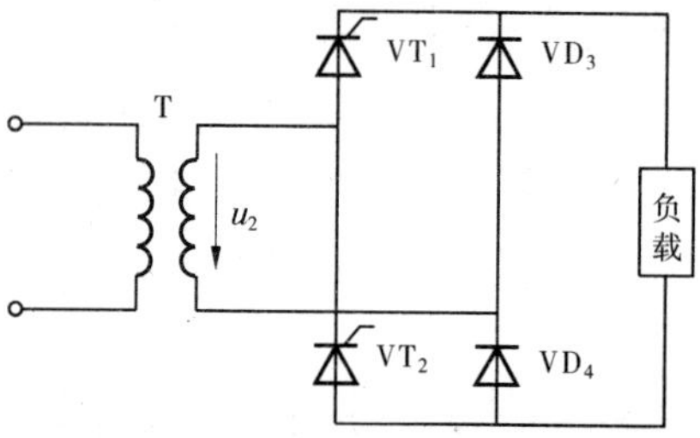

图3-10 单相桥式半控整流电路的另一接法

3.2 三相可控整流电路

当整流负载容量较大,或要求直流电压脉动较小、易滤波时,应采用三相整流电路,最基本的是三相半波可控整流电路,而三相桥式全控整流电路应用最广。本节首先分析三相半波可控整流电路,然后分析三相桥式全控整流电路。带平衡电抗器的双反星形电路将在本章3.5节讲述。

3.2.1 三相半波可控整流电路

3.2.1.1 电阻负载

三相半波可控整流电路如图3-11(a)所示。变压器二次侧接成星形可以得到零线,而一次侧接成三角形,可以避免3次谐波流入电网。三个晶闸管分别接a、b、c三相电源,它们的阴极连接在一起称为共阴极接法。

$\alpha=0°$时,假设将电路中的晶闸管换作二极管,成为三相半波不可控整流电路。此时,相电压最大的一个所对应的二极管导通,并使另两相的二极管承受反向电压关断,输出的整流电压即为该相的相电压。在一个周期中,电路中器件工作情况如下:在$\omega t_1\sim\omega t_2$期间,VT_1导通,$u_d=u_a$;在$\omega t_2\sim\omega t_3$期间,VT_2导通,$u_d=u_b$;在$\omega t_3\sim\omega t_4$期间,VT_3导通,$u_d=u_c$。二极管换相对时刻为自然换相点,是各相晶闸管能触发导通的最早时刻,将其作为计算各晶闸管触发角α的起点,即$\alpha=0°$。改变触发角使其变大时,沿着时间轴向右移动。回顾单相半波整流电路知道,所有单相可控整流电路的自然换向点都是变压器二次侧电压的过零点。

变压器二次侧a相绕组和晶闸管VT_1的电流波形如图3-11(e)所示,另外两相电流波形形状相等,相位依次滞后120°,可见三相半波整流电路变压器二次绕组电流有直流分量。

晶闸管VT_1的电压波形,由3段组成:

第1段,VT_1导通期间,为一管压降,可近似为$u_{VT_1}=0$;第2段,在VT_1关断后,VT_2导通期间，$u_{VT_1}=u_a-u_b=u_{ab}$，为一段线电压；第 3 段，在 VT_3 导通期间，$u_{VT_1}=u_a-u_c=u_{ac}$，为另一段线电压。其他两管上电压波形形状相同，相位依次相差 120°。

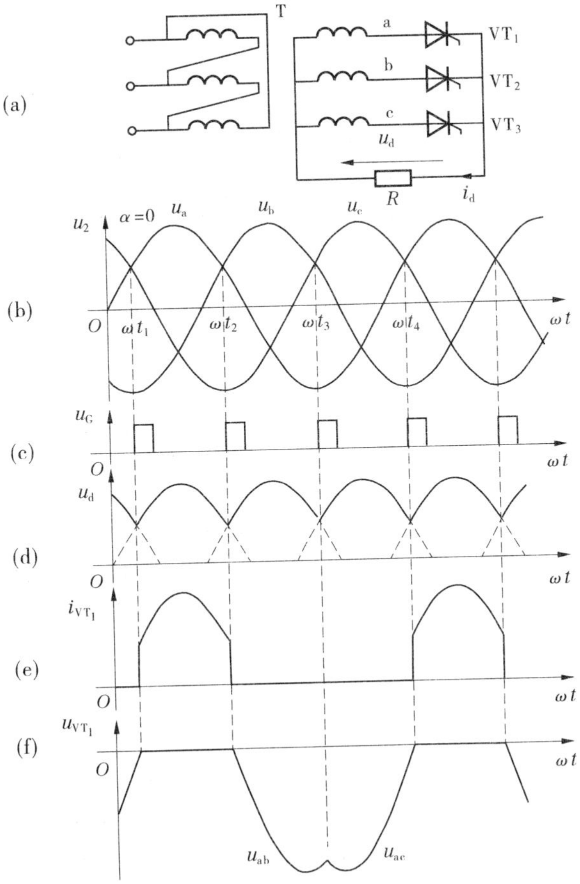

图 3-11 三相半波可控整流电路共阴极接法电阻负载时的电路及 $\alpha=0°$ 时的波形

增大 α 值，将脉冲后移，整流电路的工作情况相应地发生变化。如图 3-12 所示为 $\alpha=30°$ 时的波形。负载电流处于连续和断续之间的临界状态，各相仍导通 120°。$\alpha>30°$ 时如图 3-13 所示，$\alpha=60°$ 时，负载电流断续，各晶闸管导通角小于 120°。若 α 角继续增大，整流电压将越来越小，$\alpha=150°$ 时，整流输出电压为零。所以，电阻负载时，α 角的移相范围为 0° ~150°。

整流电压平均值的计算分下面两种情况：

(1) $\alpha\leqslant30°$ 时，负载电流连续，当 $\alpha=0°$ 时，U_d 最大，此时有：

$$U_d=\frac{1}{\frac{2\pi}{3}}\int_{\frac{\pi}{6}+\alpha}^{\frac{5\pi}{6}+\alpha}\sqrt{2}U_2\sin\omega t\,d(\omega t)=\frac{3\sqrt{6}}{2\pi}U_2\cos\alpha=1.17U_2\cos\alpha \tag{3-20}$$

(2) $\alpha>30°$ 时，负载电流断续，晶闸管导通角减小，此时有：

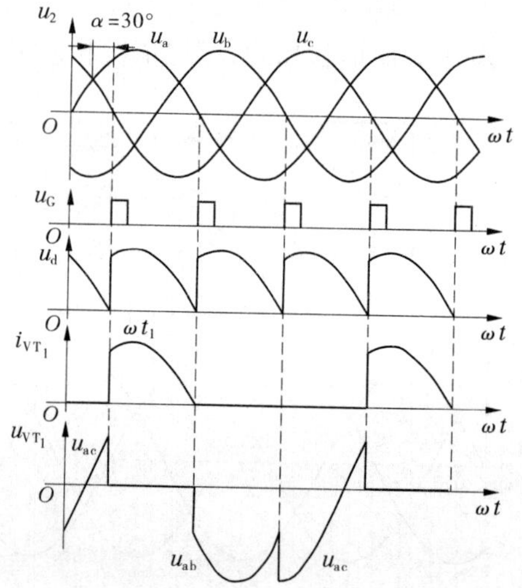

图 3-12　三相半波可控整流电路，电阻负载，$\alpha=30°$时

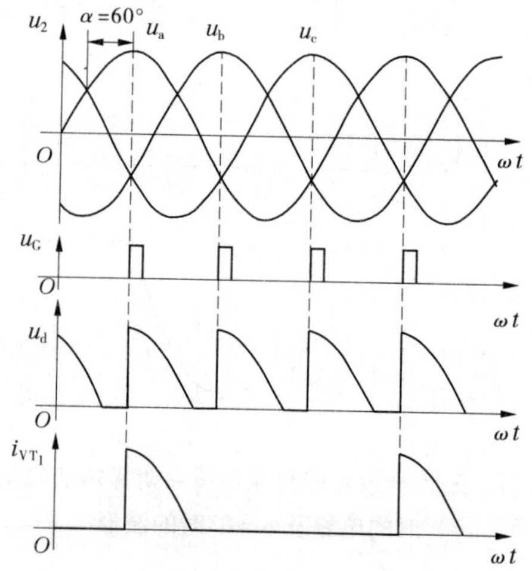

图 3-13　三相半波可控整流电路，电阻负载，$\alpha=60°$时

$$U_d=\frac{1}{\frac{2\pi}{3}}\int_{\frac{\pi}{6}+\alpha}^{\pi}\sqrt{2}U_2\sin\omega t\mathrm{d}(\omega t)=\frac{3\sqrt{2}}{2\pi}U_2\left[1+\cos\left(\frac{\pi}{6}+\alpha\right)\right]=0.675U_2\left[1+\cos\left(\frac{\pi}{6}+\alpha\right)\right] \tag{3-21}$$

U_d/U_2 随 α 变化的规律如图 3-14 中的曲线 1 所示，曲线 2 是电感负载，曲线 3 是阻感负载。

负载电流平均值为

$$I_d=\frac{U_d}{R} \tag{3-22}$$

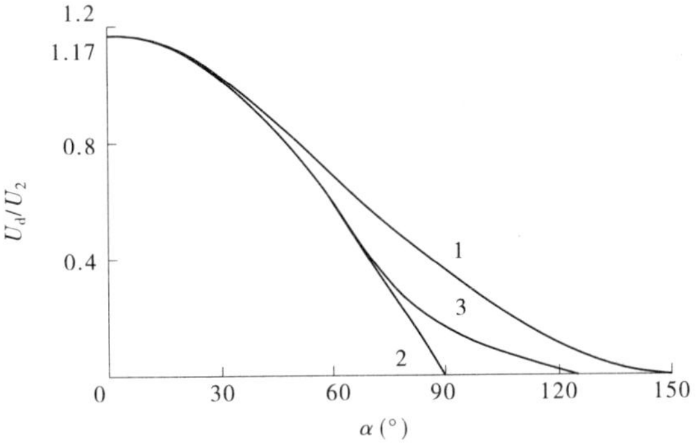

图 3-14 三相半波可控整流电路 U_d/U_2 与 α 的关系

由图 3-13 不难看出，晶闸管承受的最大反向电压为变压器二次侧线电压峰值，即

$$U_{RM} = \sqrt{2} \times \sqrt{3} U_2 = \sqrt{6} U_2 = 2.45 U_2 \quad (3\text{-}23)$$

由于晶闸管阴极与零点间的电压即为整流输出电压 u_d，其最小值为零，而晶闸管阳极与零点间的最高电压等于变压器二次侧相电压的峰值，因此晶闸管阳极与阴极间的最大电压等于变压器二次侧相电压的峰值，即

$$U_{FM} = \sqrt{2} U_2 \quad (3\text{-}24)$$

3.2.1.2 阻感负载

如果负载为阻感负载，且 L 值很大，则如图 3-15 所示，整流电流 i_d 波形基本是平直的，流过晶闸管的电流波形接近矩形。

$\alpha \leqslant 30°$时，整流电压波形与电阻负载时相同。

$\alpha > 30°$时（如 $\alpha = 60°$时的波形如图 3-15 所示），u_2 过零时，VT_1 不关断，直到 VT_2 的脉冲到来才换流，由 VT_2 导通向负载供电，同时向 VT_1 施加反向电压使其关断——u_d 波形中出现负的部分，阻感负载时的移相范围为 0°～90°。

由于负载电流连续，U_d 可由下式求出

$$U_d = 1.17 U_2 \cos\alpha$$

U_d/U_2 与 α 成余弦关系，如图 3-14 中的曲线 2 所示。如果负载中的电感量不是很大，则当 $\alpha > 30°$后，u_d 中负的部分减少，U_d 略为增加，U_d/U_2 与 α 的关系将介于图 3-14 中曲线 1 和 2 之间。变压器二次侧电流即晶闸管电流的有效值为

$$I_2 = I_r = \frac{1}{\sqrt{3}} I_d = 0.557 I_d \quad (3\text{-}25)$$

晶闸管的额定电流为

$$I_{T(AV)} = \frac{I_d}{1.57} = 0.637 I_d \quad (3\text{-}26)$$

晶闸管最大正反向电压峰值均为变压器二次线电压峰值

$$U_{FM} = U_{RM} = 2.45 U_2 \quad (3\text{-}27)$$

图 3-15 中 i_d 实际波形有一定的脉动，但为简化分析及定量计算，可将 i_d 近似为一条

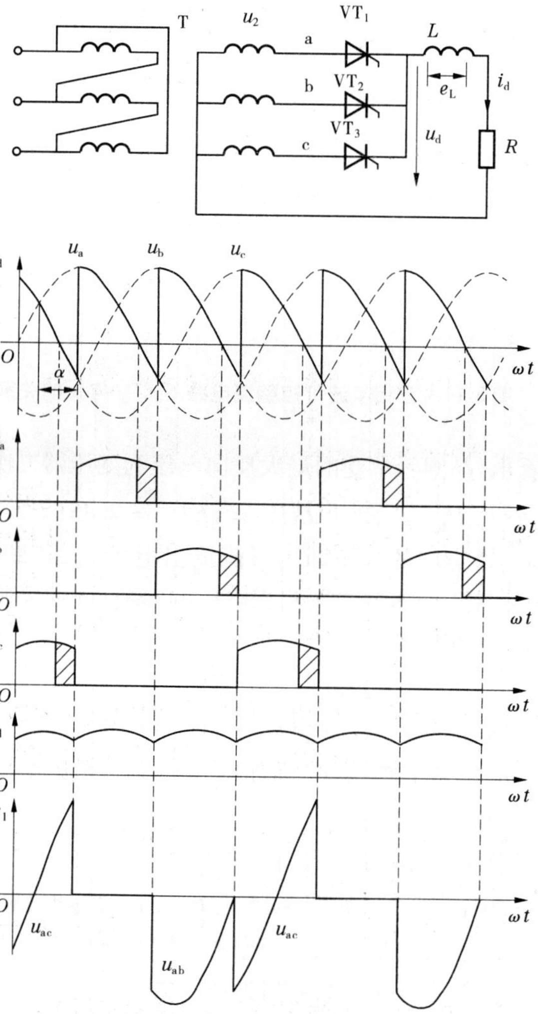

图 3-15　三相半波可控整流电路，阻感负载，$\alpha = 60°$ 时的波形

水平线。

三相半波整流电路的主要缺点在于其变压器二次侧电流中含有直流分量，为此其应用较少。

3.2.2　三相桥式全控整流电路

目前各种整流电路里，应用最为广泛的是三相桥式全控整流电路，如图 3-16 所示，习惯把阴极连在一起的 3 只管子称作共阴极组（VT_1、VT_3、VT_5），把阳极连在一起的 3 只管子称作共阳极组（VT_4、VT_6、VT_2）。分析可知，按图 3-16 编号，管子的导通顺序为 VT_1—VT_2—VT_3—VT_4—VT_5—VT_6。以下来分析带电阻负载及阻感负载时的工作情况。

3.2.2.1　带电阻负载时的工作情况

假设将电路中的晶闸管换作二极管进行分析，这种情况就相当于晶闸管触发脉冲

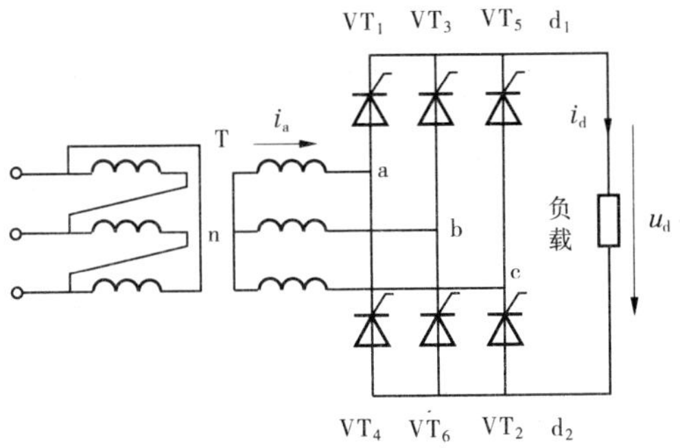

图 3-16 三相桥式全控整流电路原理图

$\alpha=0°$时的情况。对于共阴极组的 3 个晶闸管，阳极所接交流电压值最大的一个导通；对于共阳极组的 3 个晶闸管，阴极所接交流电压值最低（或者说负得最多）的导通。任意时刻共阳极组和共阴极组中各有 1 个晶闸管处于导通状态。从相电压波形看，共阴极组晶闸管导通时，u_{d1}为相电压的正包络线，共阳极组导通时，u_{d2}为相电压的负包络线，$u_d=u_{d1}-u_{d2}$，是两者的差值，直接从线电压波形看为线电压在正半周的包络线。u_d 为线电压中最大的一个，因此 u_d 波形为线电压的包络线。

为了说明晶闸管一个周期的工作情况，把一个周期分为六段，如图 3-17 所示，每段为 60°，如表 3-1 所示。以触发角 $\alpha=0°$为例，可以总结三相桥式全控整流电路的一些特点如下：

（1）每个时刻均是 2 只管子同时导通形成供电回路，其中共阴极组和共阳极组各有 1 只导通，且不能为同一相的器件。

（2）6 只晶闸管的触发脉冲按 VT_1—VT_2—VT_3—VT_4—VT_5—VT_6 的顺序，相位依次差 60°。

共阴极组 VT_1、VT_3、VT_5 的脉冲依次差 120°，共阳极组 VT_4、VT_6、VT_2 也依次差 120°。同一相的上下两个桥臂，即 VT_1 与 VT_4、VT_3 与 VT_6、VT_5 与 VT_2，脉冲相差 180°。

（3）u_d 一周期脉动 6 次，每次脉动的波形都一样，故该电路为 6 脉波整流电路。

表 3-1 三相桥式全控整流电路带电阻负载 $\alpha=0°$时晶闸管工作情况

时段	Ⅰ	Ⅱ	Ⅲ	Ⅳ	Ⅴ	Ⅵ
共阴极组中导通的晶闸管	VT_1	VT_1	VT_3	VT_3	VT_5	VT_5
共阳极组中导通的晶闸管	VT_6	VT_2	VT_2	VT_4	VT_4	VT_6
整流输出电压 U_d	$U_a-U_b=U_{ab}$	$U_a-U_c=U_{ac}$	$U_b-U_c=U_{bc}$	$U_b-U_a=U_{ba}$	$U_c-U_a=U_{ca}$	$U_c-U_b=U_{cb}$

（4）需保证同时导通的 2 只晶闸管均有脉冲可采用两种方法：一种是宽脉冲触发，另一种是双脉冲触发（常用）。

（5）晶闸管承受的电压波形与三相半波时相同，晶闸管承受最大正、反向电压的关系也相同。

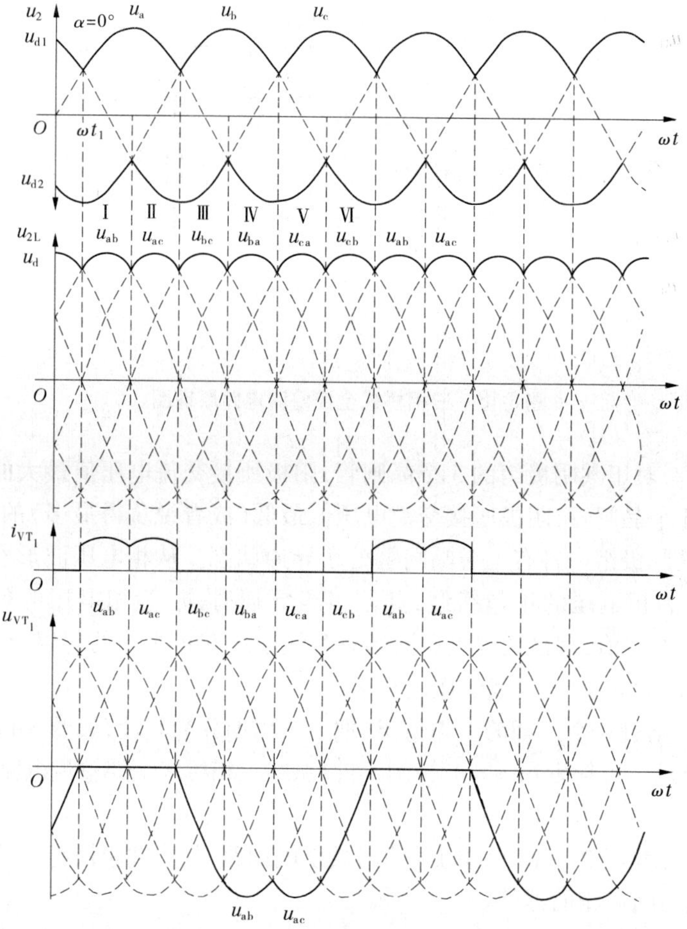

图 3-17　三相桥式全控整流电路带电阻负载，$\alpha=0°$时的波形

$\alpha=30°$时，工作波形如图 3-18 所示。从 ωt_1 开始把一周期等分为 6 段，u_d 波形仍由 6 段线电压构成，每一段导通晶闸管的编号等仍符合表 3-1 的规律，只是晶闸管起始导通时刻推迟了 30°，组成 u_d 的每一段线电压因此推迟 30°；变压器二次侧电流 i_a 在 VT_1 处于通态的 120°期间为正，i_a 波形与同时段的 u_d 波形相同，在 VT_4 处于通态的 120°期间，i_a 波形也与同时段的 u_d 波形相同，但为负值。

$\alpha=60°$时，工作情况如图 3-19 所示，u_d 波形中每段线电压的波形继续后移，u_d 平均值继续降低。$\alpha=60°$时，u_d 出现为零的点。

由以上分析可知，当 $\alpha\leqslant60°$时，u_d 波形均连续，对于电阻负载，i_d 波形与 u_d 波形形状一样，也连续。

当 $\alpha>60°$时，如图 3-20 所示，u_d 波形每 60°中有一段为零，u_d 波形不能出现负值。带电阻负载时三相桥式全控整流电路 α 角的移相范围是 0° ~120°。

3.2.2.2　阻感负载时的工作情况

$\alpha\leqslant60°$时，如图 3-21 所示，u_d 波形连续，工作情况与带电阻负载时十分相似，各晶闸

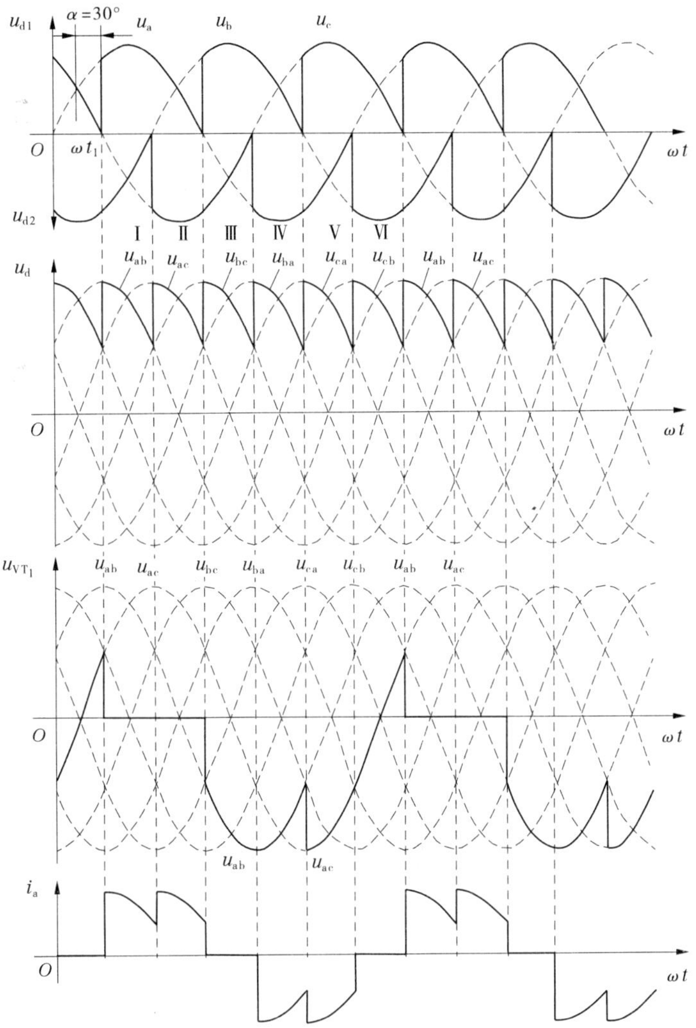

图 3-18　三相桥式全控整流电路带电阻负载，$\alpha=30°$时的波形

管的通断情况、输出整流电压 u_d 波形、晶闸管承受的电压波形等都一样；区别在于：由于负载不同，同样的整流输出电压加到负载上，得到的负载电流 i_d 波形不同。阻感负载时，由于电感的作用，使得负载电流波形变得平直，当电感足够大的时候，负载电流的波形可近似为一条水平线。

$\alpha>60°$时，阻感负载时的工作情况与电阻负载时不同。电阻负载时，u_d 波形不会出现负的部分；而阻感负载时，由于电感 L 的作用，u_d 波形会出现负的部分。

带阻感负载时，三相桥式全控整流电路的 α 角移相范围为 0°～90°，如图 3-22 所示。

由上面分析可知：当整流输出电压连续时（即带阻感负载时，或带电阻负载 $\alpha\leqslant60°$ 时），整流电压平均值为

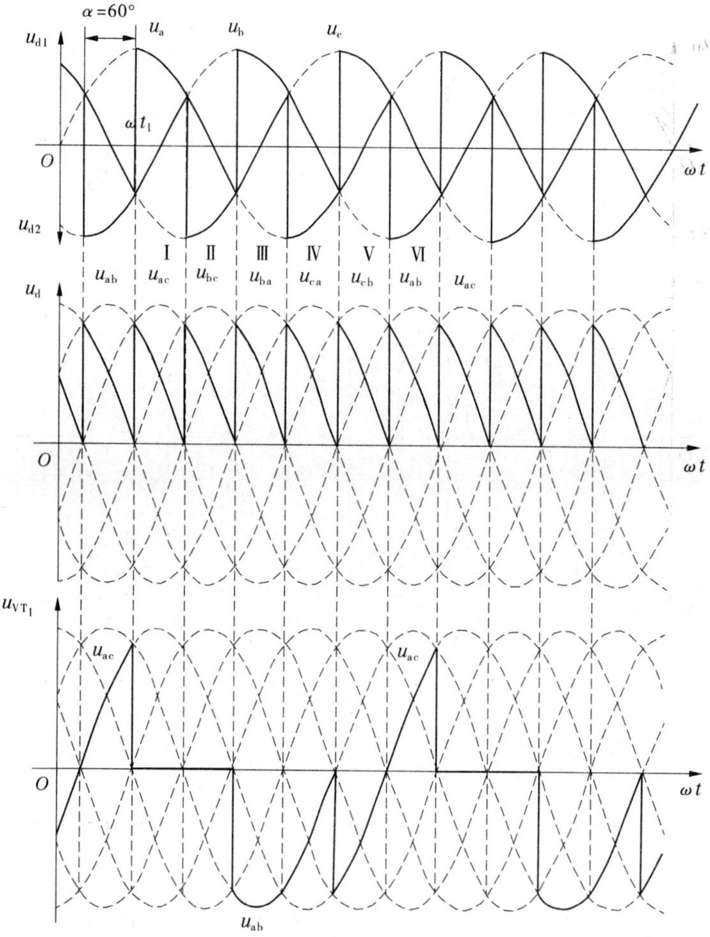

图 3-19 三相桥式全控整流电路带电阻负载，$\alpha=60°$时的波形

$$U_d = \frac{1}{\frac{\pi}{3}}\int_{\frac{\pi}{3}+\alpha}^{\frac{2\pi}{3}+\alpha}\sqrt{6}U_2\sin\omega t\mathrm{d}(\omega t) = 2.34U_2\cos\alpha \tag{3-28}$$

带电阻负载且 $\alpha>60°$时，整流电压平均值为

$$U_d = \frac{3}{\pi}\int_{\frac{\pi}{3}+\alpha}^{\pi}\sqrt{6}U_2\sin\omega t\mathrm{d}(\omega t) = 2.34U_2\left[1+\cos\left(\frac{\pi}{3}+\alpha\right)\right] \tag{3-29}$$

输出电流平均值为

$$I_d = U_d/R \tag{3-30}$$

当整流变压器如图 3-16 中所示采用星形接法，带阻感负载时，变压器二次侧电流 i_a 波形如图 3-21 中所示，为正负半周各宽 120°、前沿相差 180°的矩形波，其有效值为

$$I_2 = \sqrt{\frac{1}{2\pi}\left[I_d^2\times\frac{2}{3}\pi+(-I_d)^2\times\frac{2}{3}\pi\right]} = \sqrt{\frac{2}{3}}I_d = 0.816I_d \tag{3-31}$$

晶闸管电压、电流等的定量分析与三相半波时一致。

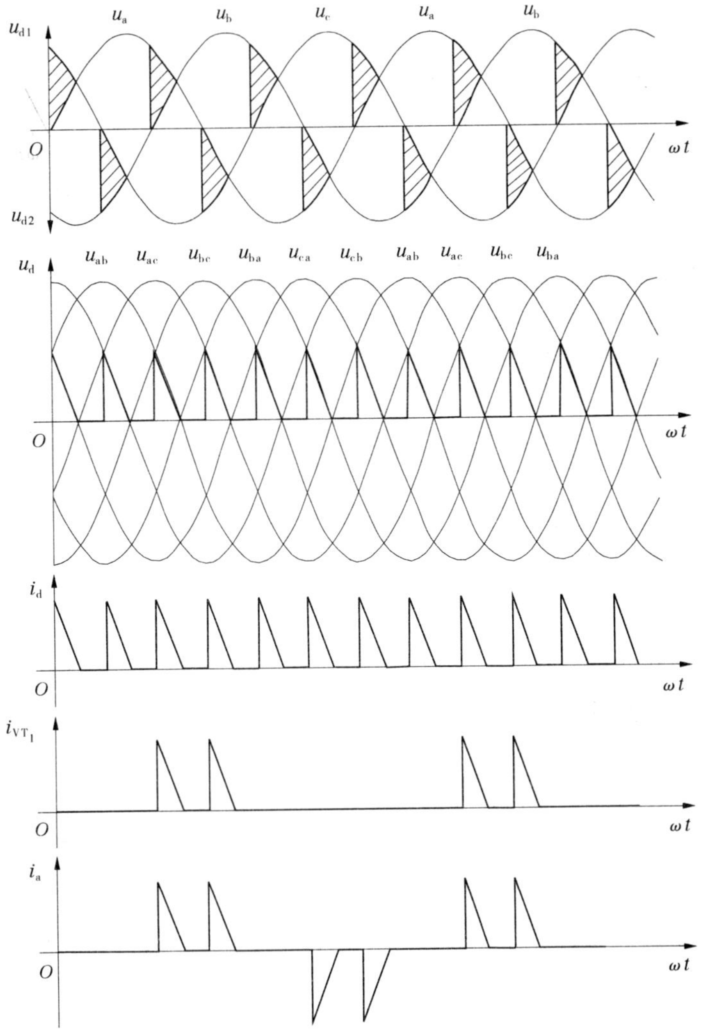

图 3-20 三相桥式全控整流电路带电阻负载，$\alpha = 90°$时的波形

三相桥式全控整流电路接反电动势阻感负载时，在负载电感足够大，足以使负载电流连续的情况下，电路工作情况与电感性负载时相似，电路中各处电压、电流波形均相同，仅在计算 I_d 时有所不同，接反电动势阻感负载时的 I_d 为

$$I_d = \frac{U_d - E}{R} \tag{3-32}$$

式中 R、E——负载中的电阻值和反电动势的值。

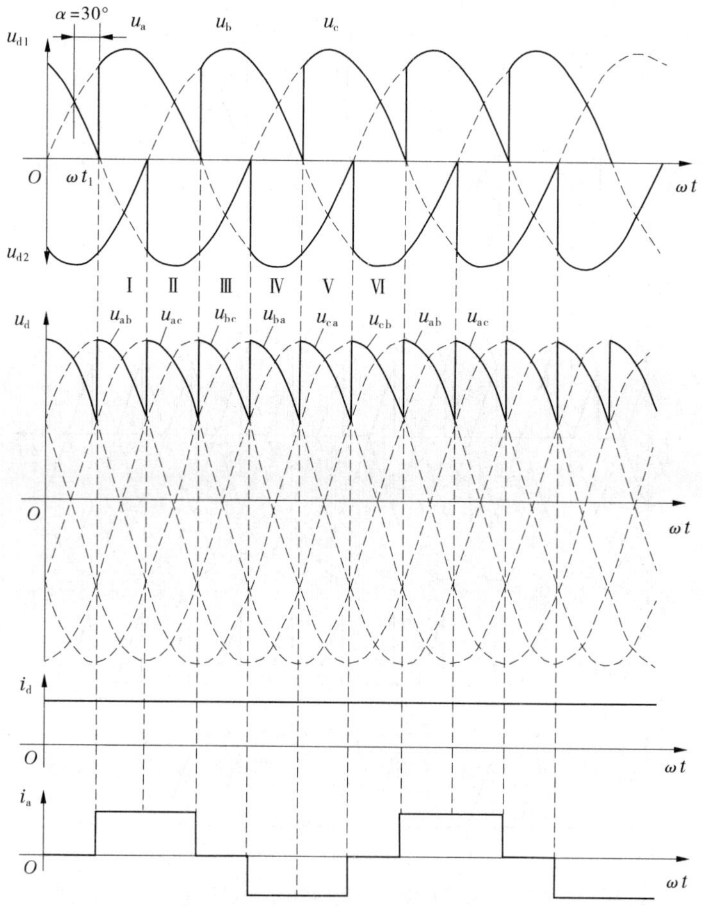

图 3-21 三相桥式全控整流电路带阻感负载，$\alpha=30°$时的波形

3.3 变压器漏感对整流电路的影响

考虑包括变压器漏感在内的交流侧电感的影响，该漏感可用一个集中的电感 L_B 表示。以三相半波整流电路为例，然后将结论推广。

VT_1换相至 VT_2的过程如下：因 a、b 两相均有漏感，故 i_a、i_b 均不能突变，于是 VT_1 和 VT_2同时导通，相当于将 a、b 两相短路，在两相组成的回路中产生环流 i_k。$i_k=i_b$，是逐渐增大的，而 $i_a=I_d-i_k$，是逐渐减小的。当 i_k 增大到等于 I_d 时，$i_a=0$，VT_1关断，换流过程结束。换相过程持续的时间，用电角度 γ 表示，被称作换相重叠角。

换相过程中，整流电压 u_d 为同时导通的两只晶闸管所对应的两个相电压的平均值

$$u_d=u_a+L_B\frac{di_k}{dt}=u_b-L_B\frac{di_k}{dt}=\frac{u_a+u_b}{2} \tag{3-33}$$

因此，u_d 的波形如图 3-23 所示。考虑变压器漏感时，u_d 波形均缺少了一块（见

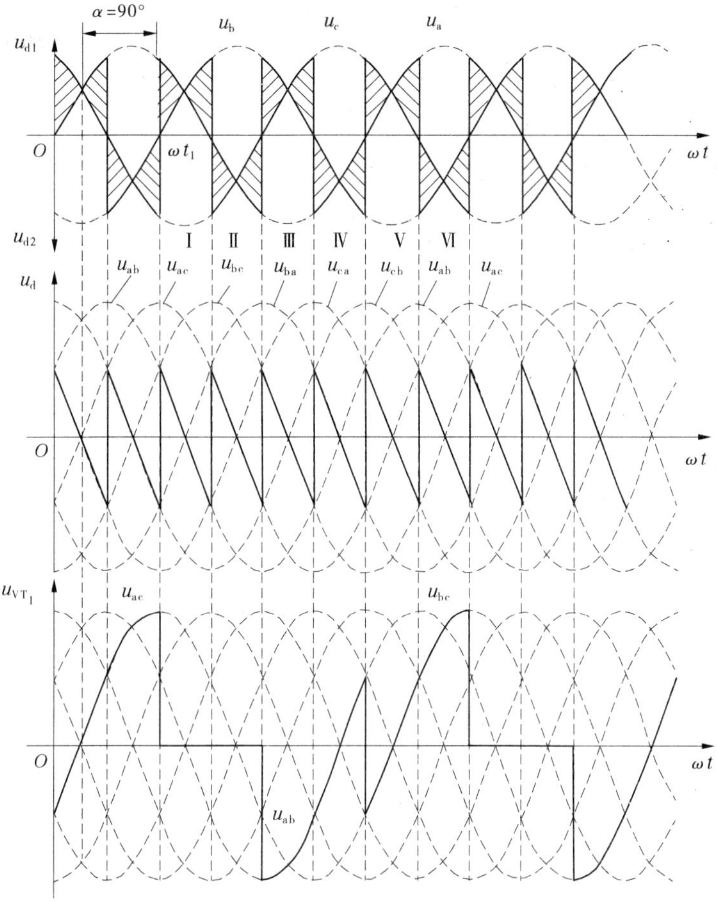

图 3-22　三相桥式全控整流电路带电阻负载，$\alpha = 90°$时的波形

图 3-23中阴影部分)，导致 u_d 的平均值降低，u_d 平均值降低的多少用 ΔU_d 表示，被称作换相压降。

$$\Delta U_d = \frac{1}{\frac{2\pi}{3}}\int_{\frac{5}{6}\pi+\alpha}^{\frac{5}{6}\pi+\alpha+\gamma}(u_b - u_d)\mathrm{d}(\omega t) = \frac{3}{2\pi}\int_{\frac{5}{6}\pi+\alpha}^{\frac{5}{6}\pi+\alpha+\gamma}\left[u_b - \left(u_b - L_B\frac{\mathrm{d}i_k}{\mathrm{d}t}\right)\right]\mathrm{d}(\omega t)$$

$$= \frac{3}{2\pi}\int_{\frac{5}{6}\pi+\alpha}^{\frac{5}{6}\pi+\alpha+\gamma}L_B\frac{\mathrm{d}i_k}{\mathrm{d}t}\mathrm{d}(\omega t) = \frac{3}{2\pi}\int_0^{I_d}\omega L_B\mathrm{d}(\omega t) = \frac{3}{2\pi}X_B I_d \tag{3-34}$$

式中　X_B ——漏感为 L_B 的变压器二次侧的漏抗，$X_B = \omega L_B$。

换相重叠角 γ 可以由下式计算

$$\cos\alpha - \cos(\alpha + \gamma) = \frac{2X_B I_d}{\sqrt{6}U_2} \tag{3-35}$$

由上式可以看出，γ 随其他参数变化的规律如下：

(1) I_d 越大则 γ 越大；

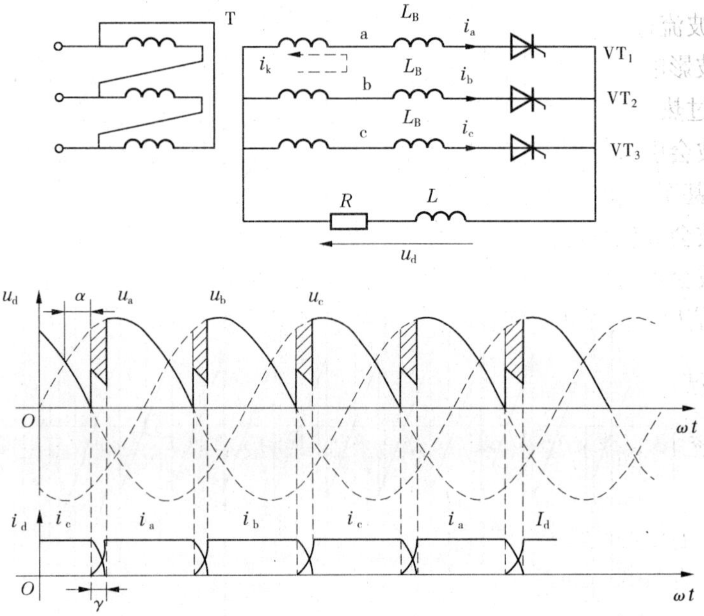

图 3-23　考虑变压器漏感时的三相半波可控整流电路及波形

(2)X_B 越大 γ 越大;

(3)当 $\alpha \leqslant 90°$时,α 越小 γ 越大。

综上所述,变压器漏感对整流电路的影响如下:

(1)出现换相重叠角 γ,使得整流输出电压平均值 U_d 降低;

(2)整流电路的工作状态增多;

(3)晶闸管的 di/dt 减小,有利于晶闸管的安全开通,有时人为串入进线电抗器以抑制晶闸管的 di/dt;

(4)换相时晶闸管电压出现缺口,产生正的 du/dt,可能使晶闸管误导通,为此必须加吸收电路;

(5)换相使电网电压出现缺口,成为干扰源。

3.4　整流电路的谐波和功率因数

随着电力电子技术的发展,其应用日益广泛,由此带来的谐波(harmonics)和无功(reactive power)问题日益严重,也引起了越来越广泛的关注。许多电力电子装置都要消耗无功功率,会给公用电网带来一定的危害:

(1)无功功率会导致电流增大和视在功率增加,导致设备容量增加。

(2)无功功率的增加,会使总电流增加,使设备和线路的损耗增加。

(3)无功功率使线路压降增大,冲击性无功负载还会使电压剧烈波动。

电力电子装置产生的谐波,也会对公用电网产生危害,包括:

(1)谐波使电网中元件产生附加的谐波损耗,降低发电、输电及用电设备的效率,大量的三次谐波流过中性线会使线路过热甚至发生火灾。

(2)谐波影响各种用电设备的正常工作,使电机发生机械振动、噪声和过热,使变压器局部严重过热,使电容器、电缆等设备过热、绝缘老化、寿命缩短以致损坏。

(3)谐波会引起电网局部的串联谐振和并联谐振,从而使谐波放大,加剧上述(1)和(2)的危害,甚至引起严重的事故。

(4)谐波会导致继电保护和自动装置的误动作,并使电气测量仪表计量不准确。

(5)谐波会对通信系统造成干扰,可能造成通信系统产生噪声,降低通信质量,严重的会导致通信信息的丢失,使通信系统无法正常工作。

3.4.1 谐波

供电系统中,通常希望交流电压和电流波形为标准的正弦波形,正弦波电压可表示为

$$u(t) = \sqrt{2}U\sin(\omega t + \varphi_{\mathrm{u}}) \tag{3-36}$$

式中 U——电压有效值;

ω——角频率;

φ_{u}——初相角。

对于非正弦波电压,满足狄里赫利条件,可分解为傅里叶级数,即

$$u(\omega t) = a_0 + a_1\cos\omega t + b_1\sin\omega t + a_2\cos2\omega t + b_2\sin2\omega t + \cdots + a_n\cos n\omega t + b_n\sin n\omega t \tag{3-37}$$

式中 a_0——直流成分;

$a_1\cos\omega t$, $b_1\sin\omega t$——基波分量(一次谐波);

$a_2\cos2\omega t$, $b_2\sin2\omega t$——二次谐波分量;

$a_n\cos n\omega t$, $b_n\sin n\omega t$——n 次谐波分量。

在式(3-37)中,频率与工频相同的分量称为基波(fundamental),频率为基波频率的大于1整数倍的分量称为谐波,谐波频率和基波频率的整数比称为谐波次数。

3.4.2 功率因数

在正弦电路中,电路的有功功率就是其平均功率

$$P = \frac{1}{2\pi}\int_0^{2\pi} ui\,\mathrm{d}(\omega t) = UI\cos\varphi \tag{3-38}$$

视在功率为电压、电流有效值的乘积,即

$$S = UI \tag{3-39}$$

无功功率定义为

$$Q = UI\sin\varphi \tag{3-40}$$

功率因数定义为有功功率 P 和视在功率 S 的比值

$$\lambda = \frac{P}{S} \tag{3-41}$$

此时无功功率 Q 与有功功率 P、视在功率 S 之间有如下关系

$$S^2 = P^2 + Q^2 \tag{3-42}$$

功率因数是由电压和电流的相位差 φ 决定的：$\lambda = \cos\varphi$。

在非正弦电路中，有功功率、视在功率、功率因数的定义均和正弦电路相同，功率因数仍由式 $\lambda = \frac{P}{S}$ 定义。

不考虑电压畸变，研究电压为正弦波、电流为非正弦波的情况有很大的实际意义。非正弦电路的有功功率：$P = UI_1\cos\varphi_1$，功率因数为

$$\lambda = \frac{P}{S} = \frac{UI_1\cos\varphi_1}{UI} = \frac{I_1}{I}\cos\varphi_1 = \nu\cos\varphi_1 \tag{3-43}$$

其中 $\nu = I_1/I$，称为基波因数，即基波电流有效值和总电流有效值之比，而 $\cos\varphi_1$ 被称为位移因数或基波功率因数。

含有谐波的非正弦电路的无功功率情况比较复杂，定义很多，至今尚无权威的定义，简单地定义非正弦电路的无功功率为

$$Q = \sqrt{S^2 - P^2} \tag{3-44}$$

无功功率 Q 反映了能量的流动和交换，目前被较广泛地接受。与式(3-44)区别，采用符号 Q_f，忽略电压中的谐波时有

$$Q_f = UI_1\sin\varphi_1 \tag{3-45}$$

在非正弦情况下，$S^2 \neq P^2 + Q_f^2$，因此引入畸变功率 D，使得

$$S^2 = P^2 + Q_f^2 + D^2 \tag{3-46}$$

这种情况下，Q_f 为由基波电流所产生的无功功率，D 是谐波电流产生的无功功率。

3.5 大功率可控整流电路

在电解、电镀等工业中，常用到低电压大电流(例如电压几十伏，电流几千至几万安)可调直流电源。图3-24所示为带平衡电抗器的双反星形可控整流电路，其电压、电流波形见图3-25。其变压器二次侧为两组匝数相同、极性相反的绕组，分别接成两组三相半波电路。变压器二次侧两绕组的极性相反可消除铁芯的直流磁化，设置电感量为 L_P 的平衡电抗器是为保证两组三相半波整流电路能同时导电。与三相桥式电路相比，在采用相同晶闸管的条件下，双反星形电路的输出电流可大一倍。

这种电路中平衡电抗器起了很大的作用：

(1)两个直流电源并联时，只有当电压平均值和瞬时值均相等时，才能使负载均流。

(2)双反星形电路中，两组整流电压平均值相等，但瞬时值不等，如图3-26(a)所示。

(3)两个星形的中点 n_1 和 n_2 间的电压等于 u_{d1} 和 u_{d2} 之差。如图3-26(b)所示，该电压加在 L_P 上，产生电流 i_P，它通过两组星形自成回路，不流到负载中去，称为环流或平衡电流。

(4)考虑到 i_P 后，每组三相半波承担的电流分别为 $I_d/2 \pm i_P$。为了使两组电流尽可能平均分配，一般使 L_P 值足够大，以便限制环流在负载额定电流的1%～2%以内。

双反星形电路中如不接平衡电抗器，即成为六相半波整流电路，只能有一个晶闸管导

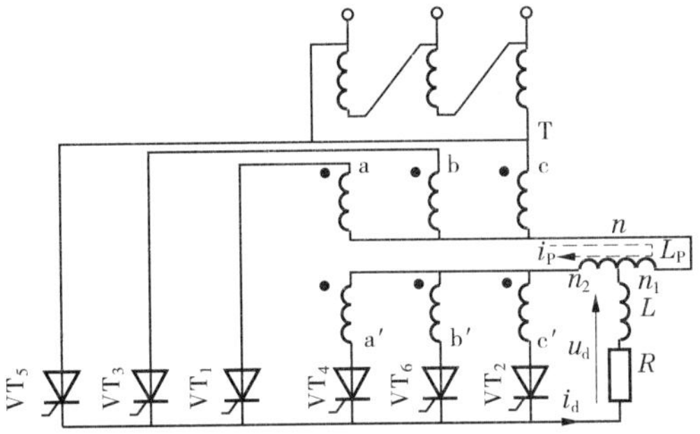

图 3-24　带平衡电抗器的双反星形可控整流电路

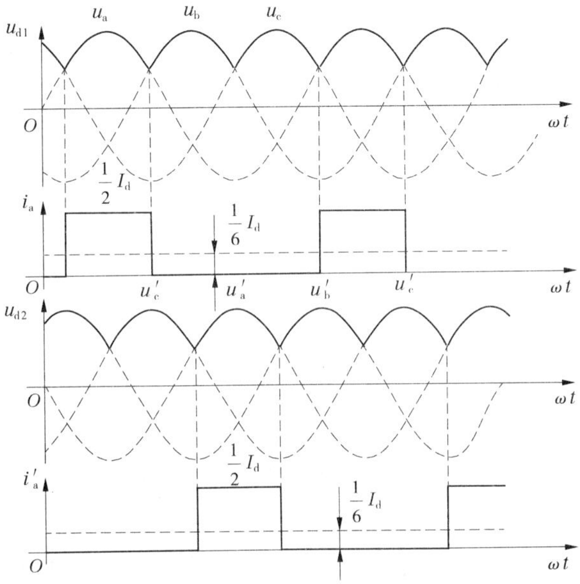

图 3-25　双反星形电路，$\alpha=0°$时两组整流电压、电流波形

电，其余五管均阻断，每管最大导通角 60°，平均电流为 $I_d/6$。当 $\alpha=0°$时，U_d 为 $1.35U_2$，比三相半波时的 $1.17U_2$ 略大些。六相半波整流电路因晶闸管导电时间短，变压器利用率低，极少采用。

双反星形电路与六相半波电路的区别就在于有无平衡电抗器，对平衡电抗器作用的理解是掌握双反星形电路原理的关键。

由于平衡电抗器的作用，两组三相半波整流电路是同时导电的，平衡电抗器 L_P 承担了 n_1、n_2 间的电位差，它补偿了 u_b' 和 u_a 的电动势差，使得两相的晶闸管能同时导电，如图 3-27所示。

将图 3-25 中 u_{d1} 和 u_{d2} 的波形用傅氏级数展开，可得当 $\alpha=0°$时的 u_{d1}、u_{d2}，即

$$u_{d1}=\frac{3\sqrt{6}U_2}{2\pi}\left(1+\frac{1}{4}\cos3\omega t-\frac{2}{35}\cos6\omega t+\frac{1}{40}\cos9\omega t-\cdots\right) \tag{3-47}$$

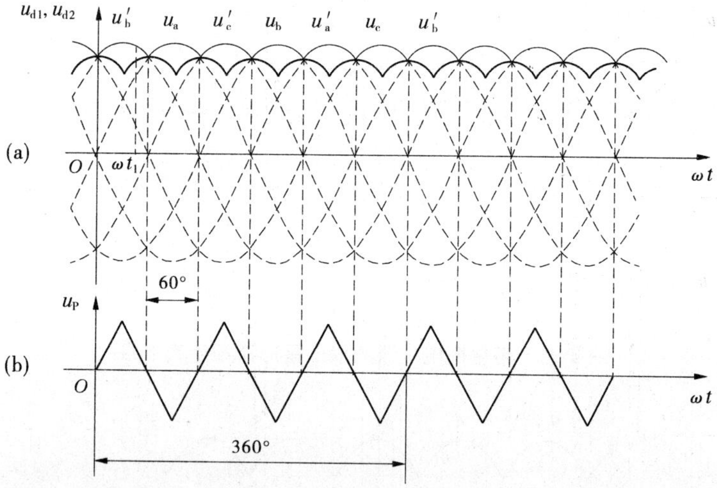

图 3-26　平衡电抗器作用下输出电压的波形和平衡电抗器上电压的波形

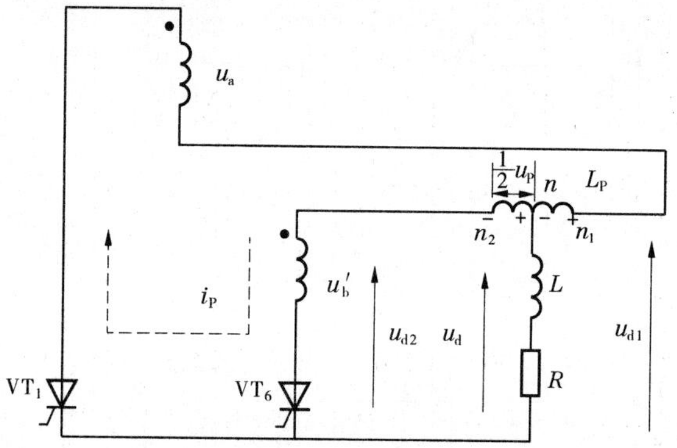

图 3-27　平衡电抗器作用下两个晶闸管同时导电的情况

$$u_{d2}=\frac{3\sqrt{6}U_2}{2\pi}\left[1+\frac{1}{4}\cos 3(\omega t-60^\circ)-\frac{2}{35}\cos 6(\omega t-60^\circ)+\frac{1}{40}\cos 9(\omega t-60^\circ)-\cdots\right]$$

$$=\frac{3\sqrt{6}U_2}{2\pi}\left(1-\frac{1}{4}\cos 3\omega t-\frac{2}{35}\cos 6\omega t-\frac{1}{40}\cos 9\omega t-\cdots\right) \tag{3-48}$$

u_d 中的谐波分量比直流分量要小得多，且最低次谐波为六次谐波。

需要分析各种控制角时的输出波形时，可先求出两组三相半波电路的 u_{d1} 和 u_{d2} 波形，然后做出波形 $(u_{d1}+u_{d2})/2$。图 3-28 为 $\alpha=30^\circ$、60°、90° 时，双反星形电路的输出电压波形。

双反星形电路的输出电压波形与三相半波电路比较，脉动程度减小了，脉动频率加大一倍，$f=300$ Hz。

电感负载情况下，$\alpha=90^\circ$ 时，输出电压波形正负面积相等，$U_d=0$，移相范围是 $0^\circ\sim 90^\circ$。

如果是电阻负载，则 u_d 波形不应出现负值，仅保留波形中正的部分。同样可以得出，

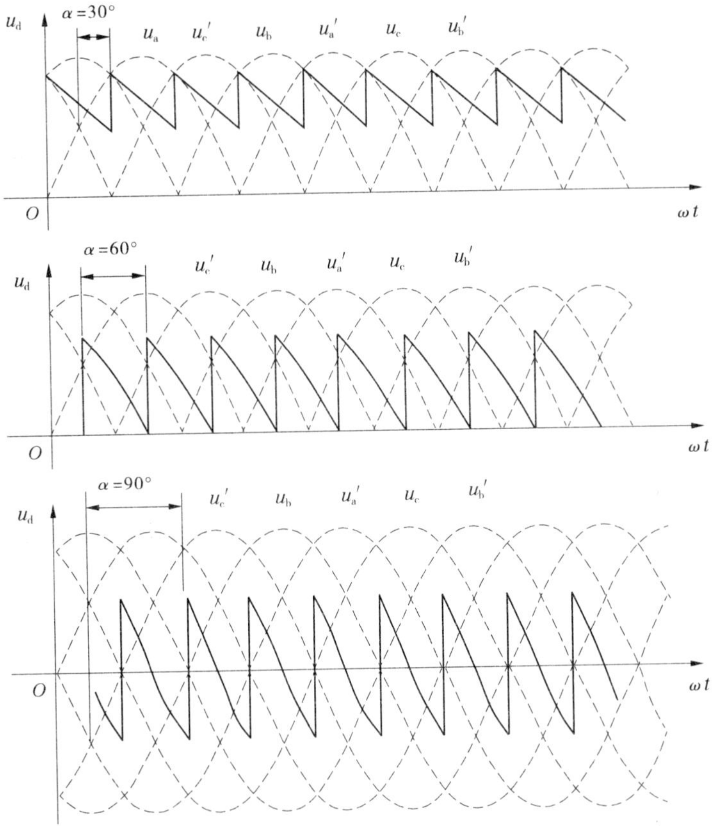

图 3-28　当 $\alpha = 30°$、$60°$、$90°$ 时，双反星形电路的输出电压波形

当 $\alpha = 0° \sim 120°$ 时，$U_d = 0$，因而电阻负载要求的移相范围为 $0° \sim 120°$。整流电压平均值与三相半波整流电路的相等，为 $U_d = 1.17\ U_2\cos\alpha$。

由上述分析，将双反星形电路与三相桥式电路进行比较可得出以下结论：

(1) 三相桥式为两组三相半波串联，而双反星形为并联，且后者需用平衡电抗器；

(2) 当 U_2 相等时，双反星形的 U_d 是三相桥式的 1/2，而 I_d 是三相桥式的 2 倍；

(3) 两种电路中，晶闸管的导通及触发脉冲的分配关系一样，u_d 和 i_d 的波形一样。

3.6　有源逆变

3.6.1　逆变的概念

3.6.1.1　什么是逆变？

把直流电转变成交流电，整流的逆过程被称作逆变（invertion）。如电力机车下坡行驶，机车的位能转变为电能，反送到交流电网中去。

把直流电逆变成交流电的电路定义为逆变电路。

交流侧和电网直接连接的这种逆变电路被称作有源逆变电路，如直流可逆调速系统、交流绕线转子异步电动机串级调速及高压直流输电等。对于可控整流电路，满足一定条件就可工作于有源逆变，其电路形式未变，只是电路工作条件转变。既工作在整流状态又工作在逆变状态的电路，称为变流电路。

如果变流电路的交流侧不与电网连接，而直接接到负载，则被称作无源逆变电路。

3.6.1.2 直流发电机—电动机系统电能的流转

图 3-29(a)所示，电动机 M 电动运行，$E_G > E_M$，电流 I_d 从 G 流向 M，M 吸收电功率，I_d 的值为

$$I_d = \frac{E_G - E_M}{R_\Sigma} \tag{3-49}$$

图 3-29(b)所示是回馈制动状态，M 发电运转，此时，$E_M > E_G$，电流反向，从 M 流向 G，故 M 输出电功率，G 则吸收电功率，M 上输入的机械能转变为电能反送给 G，此时 I_d 的值为

$$I_d = \frac{E_M - E_G}{R_\Sigma} \tag{3-50}$$

图 3-29(c)所示为两电动势顺向串联，向电阻 R_Σ 供电，G 和 M 均输出功率，由于 R_Σ 一般都很小，实际上形成短路，在工作中必须严防这类事故发生。

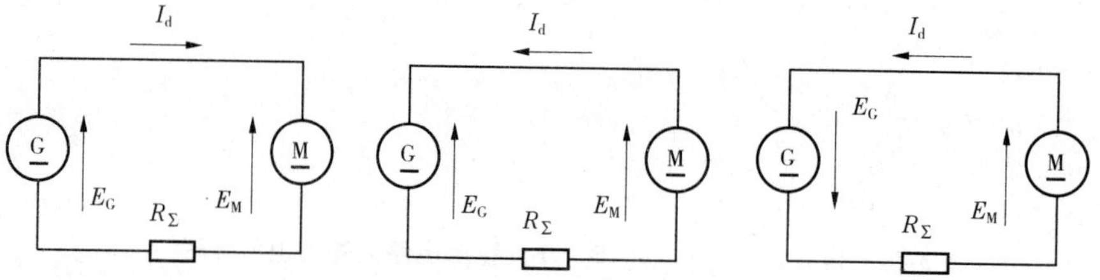

(a)两电动势同极性 $E_G > E_M$　(b)两电动势同极性 $E_M > E_G$　(c)两电动势反极性，形成短路

图 3-29 直流发电机—电动机之间电能的流转

3.6.1.3 逆变产生的条件

用单相全波电路代替上述发电机，如图 3-30(a)所示，M 电动运行，全波电路工作在整流状态，α 在 0 ~ π/2 间，U_d 为正值，并且 $U_d > E_M$，才能输出 I_d，其值为

$$I_d = \frac{U_d - E_M}{R_\Sigma} \tag{3-51}$$

交流电网输出电功率，电动机则输入电功率。图 3-30(b)表示在回馈制动时，由于晶闸管的单向导电性，I_d 方向不变，欲改变电能的输送方向，只能改变 E_M 的极性。为了防止两电动势顺向串联，U_d 极性也必须反过来，即 U_d 应为负值，且 $|E_M| > |U_d|$，才能把电能从直流侧送到交流侧，实现逆变。这时 I_d 为

$$I_d = \frac{|E_M| - |U_d|}{R_\Sigma} \tag{3-52}$$

电路内电能的流向与整流时相反，M 输出电功率，电网吸收电功率。U_d 可通过改变

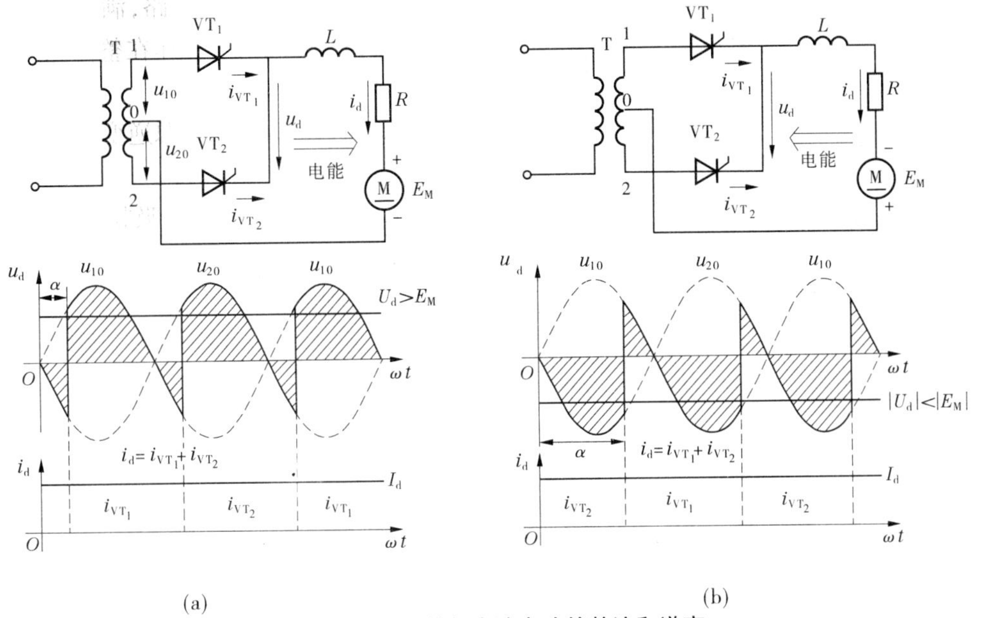

图 3-30 单相全波电路的整流和逆变

α 来进行调节,逆变状态时 U_d 为负值,α 在 $\pi/2 \sim \pi$ 间。由此而可知产生逆变的条件是:

(1)有直流电动势,其极性和晶闸管导通方向一致,其值大于变流器直流侧平均电压;

(2)晶闸管的控制角 $\alpha > \pi/2$,使 U_d 为负值。

半控桥或有续流二极管的电路,因其整流电压 u_d 不能出现负值,也不允许直流侧出现负极性的电动势,故不能实现有源逆变。欲实现有源逆变,只能采用全控电路。

3.6.2 三相桥式整流电路的有源逆变工作状态

逆变和整流的区别仅仅是控制角 α 不同。$0 < \alpha < \pi/2$ 时,电路工作在整流状态;$\pi/2 < \alpha < \pi$时,电路工作在逆变状态。

可沿用整流的办法来处理逆变时有关波形与参数计算等各项问题,把 $\alpha > \pi/2$ 时的控制角用 β 表示,β 称为逆变角,而逆变角 β 和控制角 α 的计量方向相反,其大小自 $\beta = 0$ 的起始点向左方计量。三相桥式电路工作于有源逆变状态时的波形如图 3-31 所示。

有源逆变状态时各电量的计算如下

$$U_d = -2.34U_2\cos\alpha = -1.35U_{2L}\cos\alpha \tag{3-53}$$

每个晶闸管导通 $2\pi/3$,故流过晶闸管的电流有效值为(忽略直流电流 i_d 的脉动)

$$I_T = 0.577I_d \tag{3-54}$$

从交流电源送到直流侧负载的有功功率为

$$P_d = R I_d^2 + E_M I_d \tag{3-55}$$

逆变工作时,由于 E_M 为负值,故 P_d 一般为负值,表示功率由直流电源输送到交流电源。

在三相桥式电路中,变压器二次侧线电流的有效值为

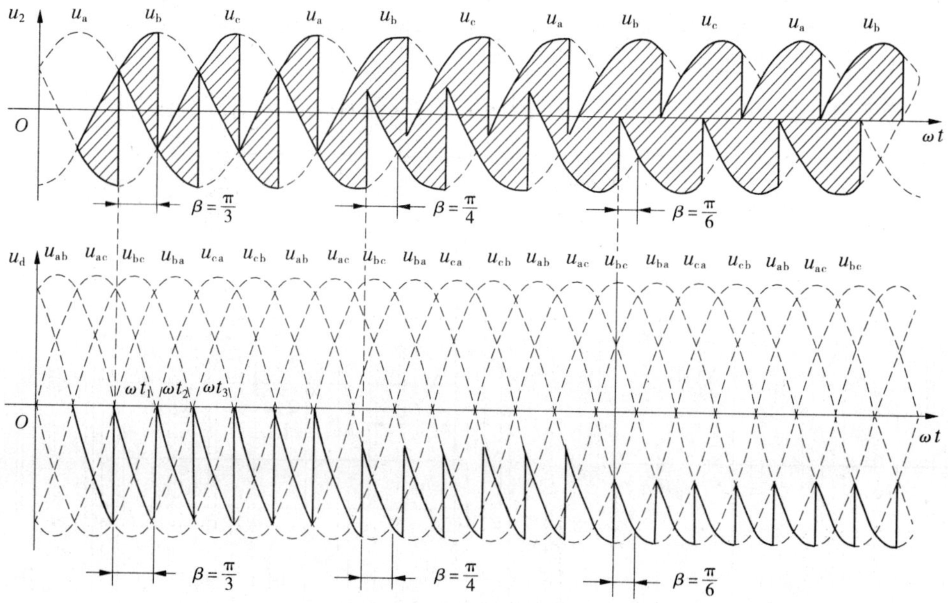

图 3-31　三相桥式整流电路工作于有源逆变状态时的电压

$$I_2 = I_T = 0.816\, I_d \tag{3-56}$$

3.6.3　逆变失败与最小逆变角的限制

逆变失败(逆变颠覆)是指逆变时,一旦换相失败,外接直流电源就会通过晶闸管电路短路,或使变流器的输出平均电压和直流电动势变成顺向串联,形成很大短路电流。

3.6.3.1　逆变失败的原因

造成逆变失败的原因很多,主要有以下几种情况:

(1)触发电路工作不可靠,不能适时、准确地给各晶闸管分配脉冲,如脉冲丢失、脉冲延时等,致使晶闸管不能正常换相;

(2)晶闸管发生故障,该断时不断,或该通时不通;

(3)交流电源缺相或突然消失;

(4)换相的裕量角不足,引起换相失败。

3.6.3.2　换相重叠角的影响

当$\beta > \gamma$时,换相结束时,晶闸管能承受反压而关断。如果$\beta < \gamma$(从图 3-32 右下角的波形中可清楚地看到),该通的晶闸管(VT_2)会关断,而应关断的晶闸管(VT_1)不能关断,最终导致逆变失败。

3.6.3.3　确定最小逆变角β_{min}的依据

逆变时允许采用的最小逆变角

$$\beta_{min} = \delta + \gamma + q' \tag{3-57}$$

式中　δ——晶闸管的关断时间t_q 折合的电角度,t_q 大的可达 200 ~ 300 ms,折算到电角度为 4° ~5°;

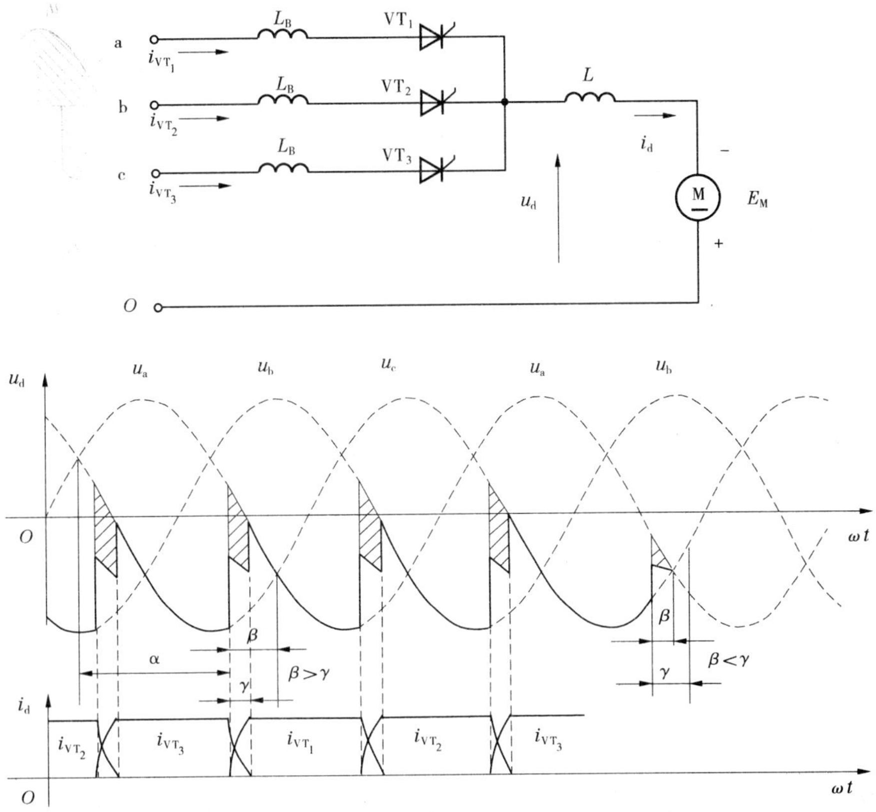

图 3-32 交流侧电抗对逆变换相过程的影响

γ——换相重叠角,随直流平均电流和换相电抗的增加而增大;

q'——安全裕量角,主要针对脉冲不对称程度(一般可达 5°),q'值约取为 10°。

为对重叠角的范围有所了解,举例如下:某装置整流电压为 220 V,整流电流 800 A,整流变压器容量为 240 kVA,短路电压比 $U_k\%$ 为 5% 的三相线路,其 γ 值为 15° ~20°。或参照整流时 γ 的计算方法

$$\cos\alpha - \cos(\alpha+\gamma) = \frac{I_d X_B}{\sqrt{2}U_2 \sin\frac{\pi}{m}} \tag{3-58}$$

设 $\alpha=\pi-\beta$,上式可改写成

$$\cos\gamma = 1 - \frac{I_d X_B}{\sqrt{2}U_2 \sin\frac{\pi}{m}} \tag{3-59}$$

3.7 晶闸管直流电动机系统

晶闸管直流电动机系统是指晶闸管可控整流装置带直流电动机负载组成的系统,是电力拖动系统中主要的一种,也是可控整流装置的主要用途之一。对该系统的研究包括

两个方面:其一是在带电动机负载时整流电路的工作情况;其二是由整流电路供电时电动机的工作情况。本节主要从第二个方面进行分析。

3.7.1　工作于整流状态时

不考虑电动机的电枢电感,只有晶闸管导通相的变压器二次侧电压瞬时值大于反电动势时才有电流输出,此时负载电流断续,对整流电路和电动机的工作都不利,要尽量避免。故在电枢回路串联一平波电抗器,以保证整流电流在较大范围内连续,如图 3-33 所示。

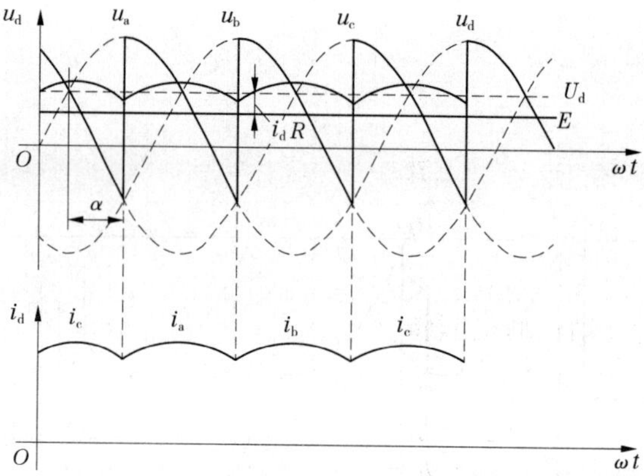

图 3-33　三相半波带电动机负载且加平波电抗器时的电压、电流波形

电动机稳态时,虽然 u_d 波形脉动较大,但由于电动机有较大的机械惯量,故其转速和反电动势都基本无脉动。此时整流电压的平均值由电动机的反电动势及电路中负载平均电流 I_d 所引起的各种电压降所平衡。整流电压的交流分量则全部降落在电抗器上。由 I_d 引起的压降有下列四部分:变压器的电阻压降,其中电阻为变压器的等效电阻,它包括变压器二次绕组本身的电阻及一次绕组电阻折算到二次侧的等效电阻;晶闸管本身的管压降 ,它基本上是一恒值;电枢电阻压降;由重叠角引起的电压降。

此时,整流电路直流电压的平衡方程为

$$U_d = E_M + R_{\sum} I_d + \Delta U \tag{3-60}$$

3.7.1.1　电流连续时电动机的机械特性

在电机学中,已知直流电动机的反电动势为

$$E_M = C_e \Phi n \tag{3-61}$$

式中　C_e——由电动机结构决定的电动势常数;

Φ——电动机磁场每对磁极下的磁通量,Wb;

n——电动机的转速,r/min。

其机械特性与由直流发电机供电时的机械特性是相似的,是一组平行的直线,见图 3-34。其斜率由于内阻不一定相同而稍有差异。改变调节角,即可调节电动机的转速。

同理,可列出三相桥式全控整流电路电动机负载时的机械特性方程为

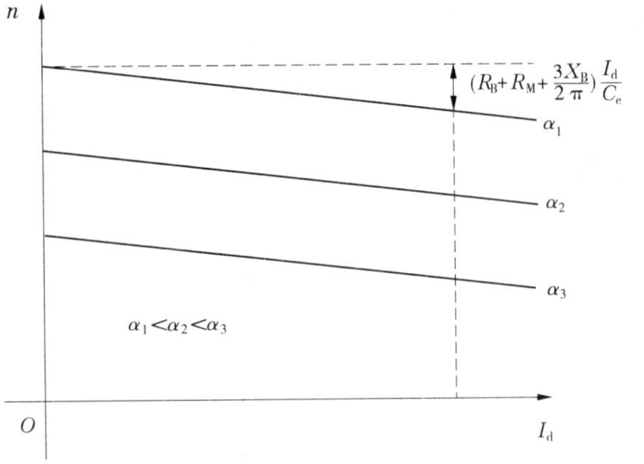

图 3-34 三相半波电流连续时以电流表示的电动机机械特性

$$n=\frac{1.17U_2\cos\alpha}{C_e\Phi}-\frac{R_{\Sigma}I_d+\Delta U}{C_e\Phi} \tag{3-62}$$

3.7.1.2 电流断续时电动机的机械特性

由于整流电压是一个脉动的直流电压，当电动机的负载减小时，平波电抗器中的电感储能减小，致使电流不再连续，此时电动机的机械特性也就呈现出非线性。

电流连续时的理想空载反电动势如图 3-35 所示。实际上当 I_d 减小至某一定值 I_{dmin} 以后，电流变为断续，这个是不存在的，真正的理想空载点远大于此值。

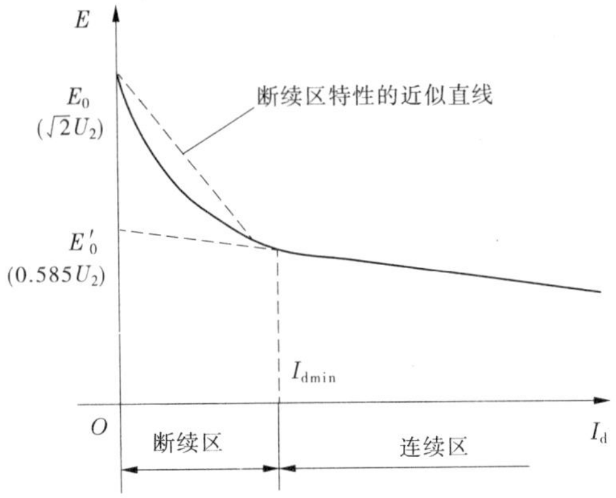

图 3-35 反电动势的特性曲线

电流断续时电动机机械特性的特点如下：

(1)电动机的理想空载转速抬高；

(2)机械特性变软，即负载电流变化很小也可引起很大的转速变化。

随着 α 的增加，进入断续区的电流值加大，见图 3-36。由于 α 愈大，变压器加给晶闸管阳极上的负电压时间愈长，电流要维持导通，必须要求平波电抗器储存较大的磁能，而电抗器的 L 为一定值的情况下，要有较大的电流 I_d 才行。电流断续时电动机机械特性可由下面三个式子准确地得出：

$$n=\frac{E_M}{C'_e}=\frac{\sqrt{2}U_2\cos\varphi}{C'_e}\frac{\sin(\frac{\pi}{6}+\alpha+\theta-\varphi)-\sin(\frac{\pi}{6}+\alpha-\varphi)e^{-\theta\cot\varphi}}{1-e^{-\theta\cot\varphi}} \tag{3-63}$$

$$E_M=\sqrt{2}U_2\cos\varphi\frac{\sin(\frac{\pi}{6}+\alpha+\theta-\varphi)-\sin(\frac{\pi}{6}+\alpha-\varphi)e^{-\theta\cot\varphi}}{1-e^{-\theta\cot\varphi}} \tag{3-64}$$

$$I_d=\frac{3\sqrt{2}U_2}{2\pi Z\cos}[\cos(\frac{\pi}{6}+\alpha)-\cos(\frac{\pi}{6}+\alpha+\theta)-\frac{C'_e}{\sqrt{2}U_2}\theta n] \tag{3-65}$$

式中，$C'_e=C_e\Phi, Z=\sqrt{R_L^2+L^2}, \varphi=\arctan\frac{\omega L}{R}$，$L$ 为回路总电感 。

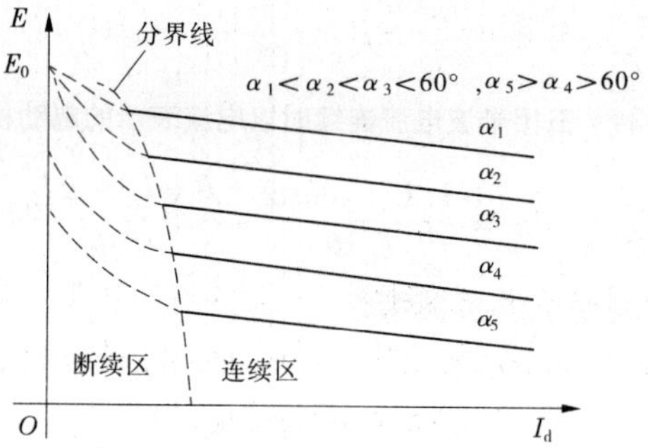

图 3-36 电流断续时不同 α 时反电动势的特性曲线

一般只要主电路电感足够大，可以只考虑电流连续段，完全按线性处理。当低速轻载时，断续作用显著，可改用另一段较陡的特性来近似处理（见图 3-35），其等效电阻比实际的电阻 R 要大一个数量级。

整流电路为三相半波，最小负载电流为 I_{dmin} 时，为保证电流连续所需的主回路电感量为

$$L=1.46\frac{U_2}{I_{dmin}}\quad(\text{mH}) \tag{3-66}$$

对于三相桥式全控整流电路带电动机负载的系统，有

$$L=0.693\frac{U_2}{I_{dmin}}\quad(\text{mH}) \tag{3-67}$$

L 中包括整流变压器的漏电感、电枢电感和平波电抗器的电感。I_{dmin} 一般取电动机额定电流的 5% ~10% 。

因为三相桥式全控整流电压的脉动频率比三相半波的高一倍，所以所需平波电抗器的电感量也可相应减小约一半，这也是三相桥式整流电路的一大优点。

3.7.2 工作于有源逆变状态时

3.7.2.1 电流连续时电动机的机械特性

主回路电流连续时的机械特性由电压平衡方程式 $U_d-E_M=I_dR_\Sigma$ 决定。

逆变时由于 $U_d=-U_{d0}\cos\beta$，E_M 反接，得

$$E_{\mathrm{M}} = -(U_{\mathrm{d0}}\cos\beta + I_{\mathrm{d}}R_{\Sigma}) \tag{3-68}$$

因为 $E_{\mathrm{M}} = C'_{\mathrm{e}}n$，可求得电动机的机械特性方程式

$$n = -\frac{1}{C'_{\mathrm{e}}}(U_{\mathrm{d0}}\cos\beta + I_{\mathrm{d}}R_{\Sigma}) \tag{3-69}$$

3.7.2.2　电流断续时电动机的机械特性

电流断续时电动机的机械特性方程可沿用整流时电流断续的机械特性表达式，三相半波电路工作于逆变状态且电流断续时的机械特性如下

$$n = \frac{E_{\mathrm{M}}}{C'_{\mathrm{e}}} = \frac{\sqrt{2}U_2\cos\varphi}{C'_{\mathrm{e}}}\frac{\sin\left(\frac{7\pi}{6}-\beta+\theta-\varphi\right)-\sin\left(\frac{7\pi}{6}-\beta-\varphi\right)\mathrm{e}^{-\theta\cot\varphi}}{\mathrm{e}^{-\theta\cot\varphi}} \tag{3-70}$$

$$E_{\mathrm{M}} = \sqrt{2}U_2\cos\varphi\frac{\sin\left(\frac{7\pi}{6}-\beta+\theta-\varphi\right)-\sin\left(\frac{7\pi}{6}-\beta-\varphi\right)\mathrm{e}^{-\theta\cot\varphi}}{1-\mathrm{e}^{-\theta\cot\varphi}} \tag{3-71}$$

$$I_{\mathrm{d}} = \frac{3\sqrt{2}U_2}{2\pi Z\cos\varphi}\left[\cos\left(\frac{7\pi}{6}-\beta\right)-\cos\left(\frac{7\pi}{6}-\beta+\theta\right)-\frac{C'_{\mathrm{e}}}{\sqrt{2}U_2}\theta n\right] \tag{3-72}$$

逆变电流断续时电动机的机械特性与整流时十分相似。理想空载转速上翘很多，机械特性变软，且呈现非线性，说明逆变状态的机械特性是整流状态的延续。

控制角 α 由小变大（如 $\pi/6 \sim 5\pi/6$），电动机的机械特性则逐渐地由第Ⅰ象限往下移，进而到达第Ⅳ象限。逆变状态的机械特性同样还可表示在第Ⅱ象限里，与它对应的整流状态的机械特性则表示在第Ⅲ象限里。

应该指出，图 3-37 中第Ⅰ、第Ⅳ象限中的特性和第Ⅲ、第Ⅱ象限中的特性是分别属于两组变流器的，它们输出整流电压的极性彼此相反，故分别标以正组和反组变流器。

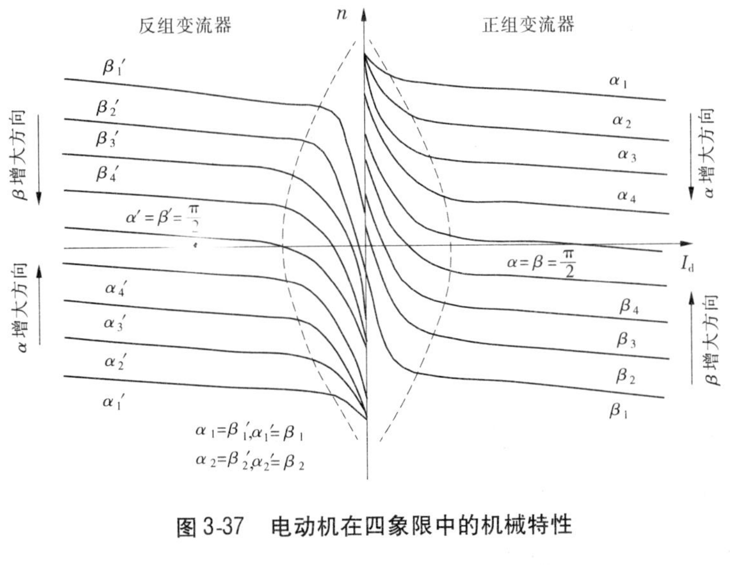

图 3-37　电动机在四象限中的机械特性

3.7.3　直流可逆电力拖动系统

图 3-38 所示为两套变流装置反并联连接的可逆电路，图 3-38(a) 为三相半波有环流

接线,图 3-38(b)为三相全控桥无环流接线。

环流是指只在两组变流器之间流动而不经过负载的电流。

电动机正向运行时由正组变流器供电;反向运行时,则由反组变流器供电。

根据对环流的不同处理方法,反并联可逆电路又可分为不同的控制方案,如配合控制有环流、可控环流、逻辑控制无环流和错位控制无环流等。

电动机在四象限运行时,可根据电动机所需运转状态来决定哪一组变流器工作及其工作状态(整流或逆变)。图 3-38(c)绘出了电动机在四象限运行时两组变流器(简称正组桥、反组桥)的工作情况:

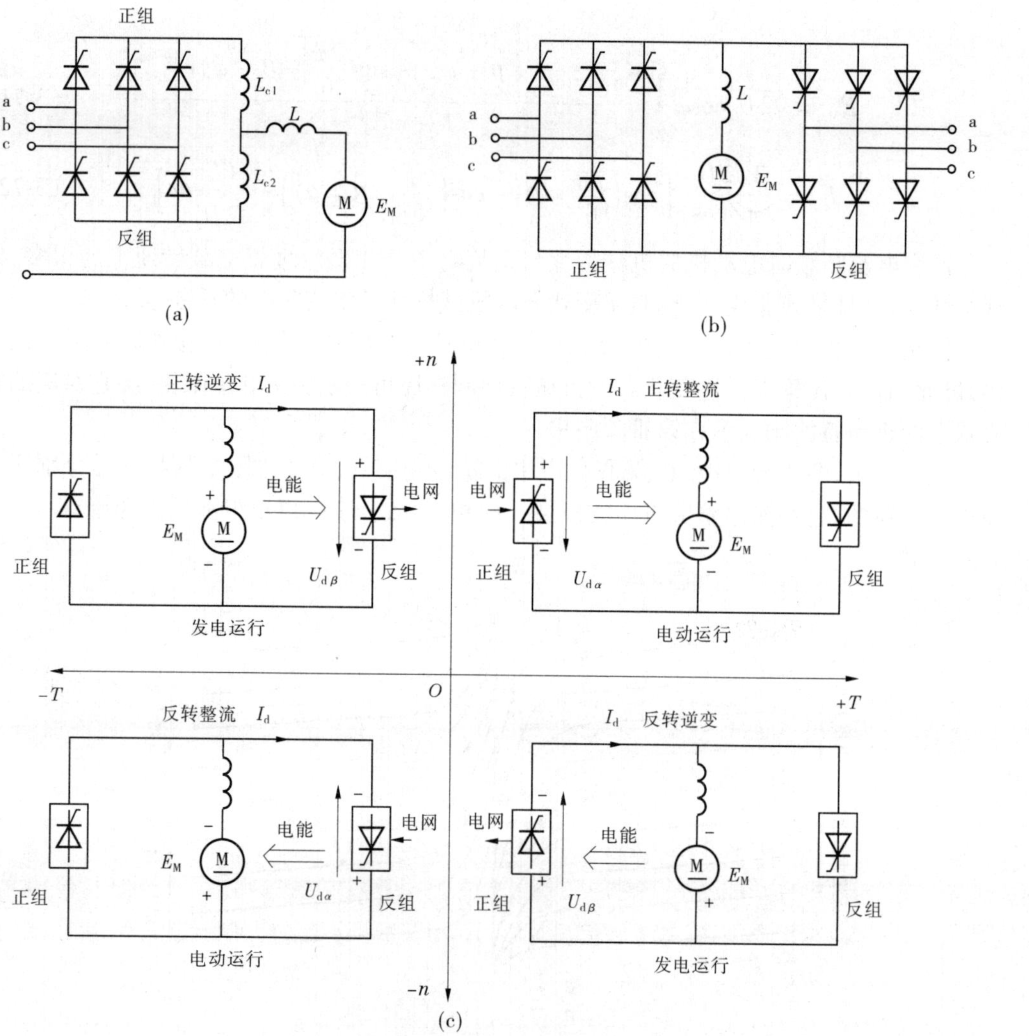

图 3-38 两组变流器的反并联可逆电路

第 Ⅰ 象限:正转,电动机作电动运行,正组桥工作在整流状态,$\alpha_1 < \pi/2, E_M < U_{d\alpha}$;

第 Ⅱ 象限:正转,电动机作发电运行,反组桥工作在逆变状态,$\beta_2 < \pi/2(\alpha_2 > \pi/2)$,$E_M > U_{d\beta}$;

第Ⅲ象限：反转，电动机作电动运行，反组桥工作在整流状态，$\alpha_2 < \pi/2$，$E_M < U_{d\alpha}$；

第Ⅳ象限：反转，电动机作发电运行，正组桥工作在逆变状态，$\beta_1 < \pi/2(\alpha_1 > \pi/2)$，$E_M > U_{d\beta}$。

直流可逆拖动系统，除能方便地实现正反转外，还能实现电动机的回馈制动。第Ⅰ象限正转，电动机从正组桥取得电能，先使电动机迅速制动，为此需切换到反组桥工作在逆变状态，此时电动机进入第Ⅱ象限作正转发电运行。随着电动机转速的下降，不断地调节，使转速由小变大直至 $n=0$，如继续增大，即 $\alpha=\beta$，反组桥将转入整流状态下工作，电动机开始反转进入第Ⅲ象限的电动运行。

3.7.3.1　$\alpha=\beta$ 配合控制的有环流可逆系统

对正、反两组变流器同时输入触发脉冲，并严格保证 $\alpha=\beta$ 的配合控制关系，假设正组为整流，反组为逆变，即有 $\alpha_1=\beta_2$，$U_{d\alpha1}=U_{d\beta2}$，且极性相抵，两组变流器之间没有直流环流。但两组变流器的输出电压瞬时值不等，会产生脉动环流。为防止环流只经晶闸管流过而使电源短路，必须串入环流电抗器 L_C 限制环流。

3.7.3.2　逻辑控制无环流可逆系统

逻辑控制无环流可逆系统在工程上使用较广泛，不需设置环流电抗器。其控制原则是只有一组桥投入工作（另一组关断），所以两组桥之间不存在环流。

两组桥之间的切换不能简单地把原来工作着的一组桥的触发脉冲立即封锁，而同时把原来封锁着的另一组桥立即开通。首先应使已导通桥的晶闸管断流，要妥当处理主回路内电感储存的能量，直到储存的能量释放完，主回路电流变为零，使原导通晶闸管恢复阻断能力。随后再开通原封锁着的晶闸管，使其触发导通。

这种无环流可逆系统中，变流器之间的切换过程由逻辑单元控制，故称为逻辑控制无环流系统。

直流可逆电力拖动系统，将在后继课程“电力拖动自动控制系统”中进一步分析讨论。

3.8　相控电路的驱动控制

相控电路指晶闸管可控整流电路，通过控制触发角 α 的大小，即控制触发脉冲起始相位来控制输出电压大小。

为保证相控电路的正常工作，很重要的一点是应保证按触发角 α 的大小在正确的时刻向电路中的晶闸管施加有效的触发脉冲。对于相控电路这样使用晶闸管的场合，也习惯称为触发控制，相应的电路习惯称为触发电路。

大、中功率的变流器对触发电路的精度要求较高，对输出的触发功率要求较大，故广泛应用的是晶体管触发电路，其中以同步信号为锯齿波的触发电路应用最多。

3.8.1　同步信号为锯齿波的触发电路

如图 3-39 所示为同步信号为锯齿波的触发电路，其输出可为双窄脉冲（适用于有两个晶闸管同时导通的电路），也可为单窄脉冲。电路结构包括三个基本环节：脉冲的形成与放大、锯齿波的形成和脉冲移相、同步环节。此外，还有强触发和双窄脉冲形成环节。

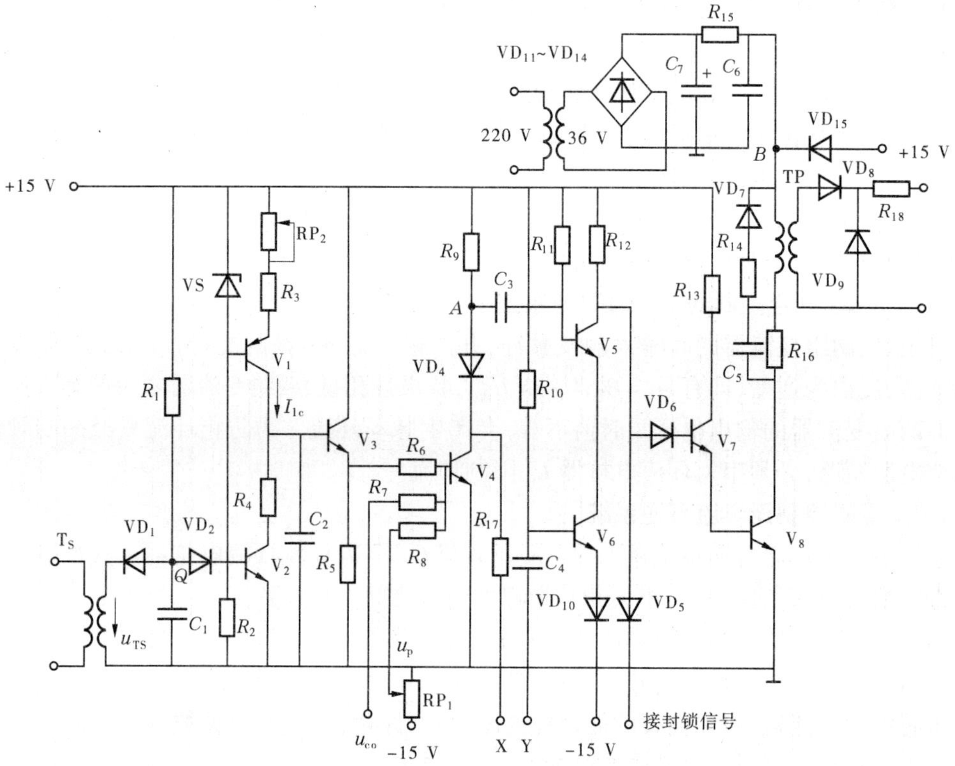

图 3-39　同步信号为锯齿波的触发电路

3.8.1.1　脉冲形成环节

脉冲形成环节由晶体管 V_4、V_5 组成，V_7、V_8 起脉冲放大的作用。控制电压 u_{co} 加在 V_4 基极上。$u_{co}=0$ 时，V_4 截止，V_5 饱和导通，V_7、V_8 处于截止状态，无脉冲输出。电容 C_3 充电，充满后电容两端电压接近 $2E_1$(30 V)时，V_4 导通，A 点电位由 $+E_1$(+15 V) 下降到 1.0 V 左右，V_5 基极电位下降约 $-2E_1$(−30 V)，V_5 立即截止。V_5 集电极电压由 $-E_1$(−15 V)上升为 +2.1 V，V_7、V_8 导通，输出触发脉冲。电容 C_3 放电和反向充电，使 V_5 基极电位上升，直到 $u_{b5} > -E_1$(−15 V)，V_5 又重新导通，使 V_7、V_8 截止，输出脉冲终止。脉冲前沿由 V_4 导通时刻确定，脉冲宽度与反向充电回路时间常数 $R_{11}C_3$ 有关。电路的触发脉冲由脉冲变压器 TP 二次侧输出，其一次绕组接在 V_8 集电极电路中。

3.8.1.2　锯齿波的形成和脉冲移相环节

锯齿波电压形成的方案较多，如采用自举式电路、恒流源电路等。锯齿波电路由 V_1、V_2、V_3 和 C_2 等元件组成，V_1、VS、RP_2 和 R_3 为一恒流源电路。锯齿波是由开关 V_2 管来控制的。

V_2 截止时，恒流源电流 I_{1c} 对电容 C_2 充电，调节 RP_2，即改变 C_2 的恒定充电电流 I_{1c}，可见 RP_2 是用来调节锯齿波斜率的。V_2 导通时，因 R_4 很小，故 C_2 迅速放电，u_{b3} 电位迅速降到 0 V 附近。V_2 周期性地通断，u_{b3} 便形成一锯齿波，同样 u_{e3} 也是一个锯齿波，见图 3-40。射极跟随器 V_3 的作用是减小控制回路电流对锯齿波电压 u_{b3} 的影响。

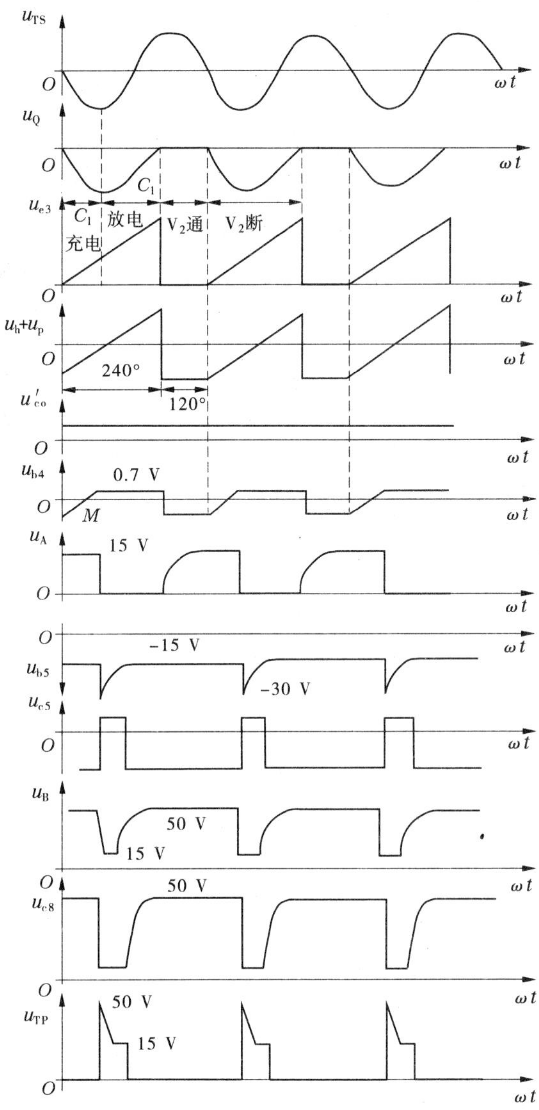

图3-40　同步信号为锯齿波的触发电路的工作波形

V_4 基极电位由锯齿波电压 u_h、控制电压 u_{co}、直流偏移电压 u_p 三者作用的叠加所定。如果 $u_{co}=0$，u_p 为负值，u_{b4}的波形由 u_h+u_p 确定。当 u_{co}为正值时，u_{b4}的波形由 $u_h+u_p+u_{co}$确定。

M 点是 V_4 由截止到导通的转折点，也就是脉冲的前沿。加 u_p 的目的是确定控制电压 $u_{co}=0$ 时脉冲的初始相位。

在三相全控桥电路中，接感性负载电流连续时，脉冲初始相位应定在 $\alpha=90°$；如果是可逆系统，需要在整流和逆变状态下工作，要求脉冲的移相范围理论上为 0°～180°（由于考虑 α_{min}和 β_{min}，实际一般为 0°～120°），由于锯齿波波形两端的非线性，因而要求锯齿波的宽度大于 180°，例如 240°，此时，令 $u_{co}=0$，调节 u_p 的大小使产生脉冲的 *M* 点移至锯齿波 240°的中央（120°处），相应于 $\alpha=90°$的位置。

如 u_{co} 为正值，M 点就向前移，控制角 $\alpha < 90°$，晶闸管电路处于整流工作状态。

如 u_{co} 为负值，M 点就向后移，控制角 $\alpha > 90°$，晶闸管电路处于逆变状态。

3.8.1.3 同步环节

同步指要求触发脉冲的频率与主电路电源的频率相同且相位关系确定。

V_2 开关的频率就是锯齿波的频率，由同步变压器所接的交流电压决定。V_2 由导通变截止期间产生锯齿波，锯齿波起点基本就是同步电压由正变负的过零点。V_2 截止状态持续的时间就是锯齿波的宽度，其大小取决于充电时间常数 R_1C_1。

3.8.1.4 双窄脉冲形成环节

内双脉冲电路由 V_5、V_6 构成或门。当 V_5、V_6 都导通时，V_7、V_8 都截止，没有脉冲输出，只要 V_5、V_6 有一个截止，就会使 V_7、V_8 导通，有脉冲输出。第一个脉冲由本相触发单元的 u_{co} 对应的控制角 α 产生。隔 60°的第二个脉冲是由滞后 60°相位的后一相触发单元产生的（通过 V_6）。

3.8.2 集成触发器

集成触发器具有可靠性高、技术性能好、体积小、功耗低、调试方便等特点。晶闸管触发电路的集成化已逐渐普及，并逐步取代分立式电路。目前国内常用的集成触发器有 KJ 系列和 KC 系列，下面以 KJ 系列为例进行介绍。

KJ004 集成触发器与分立元件的锯齿波移相触发电路相似，分为同步、锯齿波形成、移相、脉冲形成、脉冲分选及脉冲放大几个环节。如图 3-41 所示为 KJ004 电路原理。

图 3-42 所示为三相全控桥整流电路的集成触发电路，由 3 个 KJ004 集成块和 1 个 KJ041 集成块构成，可形成六路双脉冲，再由 6 个晶体管进行脉冲放大即可。KJ041 内部是由 12 个二极管构成的 6 个或门。也有厂家生产了将图 3-42 所示的全部电路集成的集成块，但目前应用还不多。

如果触发电路为模拟的，则称为模拟触发电路。其优点是结构简单、可靠，但易受电网电压影响，触发脉冲不对称度较高，可达 3° ~ 4°，精度低。如果触发电路为数字的，则称为数字触发电路，其脉冲对称度很好，如基于 8 位单片机的数字触发器精度可达 0.7° ~ 1.5°。

3.8.3 触发电路的定相

触发电路的定相是指触发电路应保证每个晶闸管触发脉冲与施加于晶闸管的交流电压保持固定、正确的相位关系。将同步变压器原边接入为主电路供电的电网，保证频率一致。触发电路定相的关键是确定同步信号与晶闸管阳极电压的关系。

三相桥式整流器，在采用锯齿波同步触发电路时，同步信号负半周的起点对应于锯齿波的起点，通常使锯齿波的上升段为 240°，上升段起始的 30°和终了的 30°线性度不好，舍去不用，使用中间的 180°。锯齿波的中点与同步信号的 300°位置对应。使 $U_d = 0$ 的触发角 α 为 90°。当 $\alpha < 90°$时为整流工作，$\alpha > 90°$时为逆变工作。

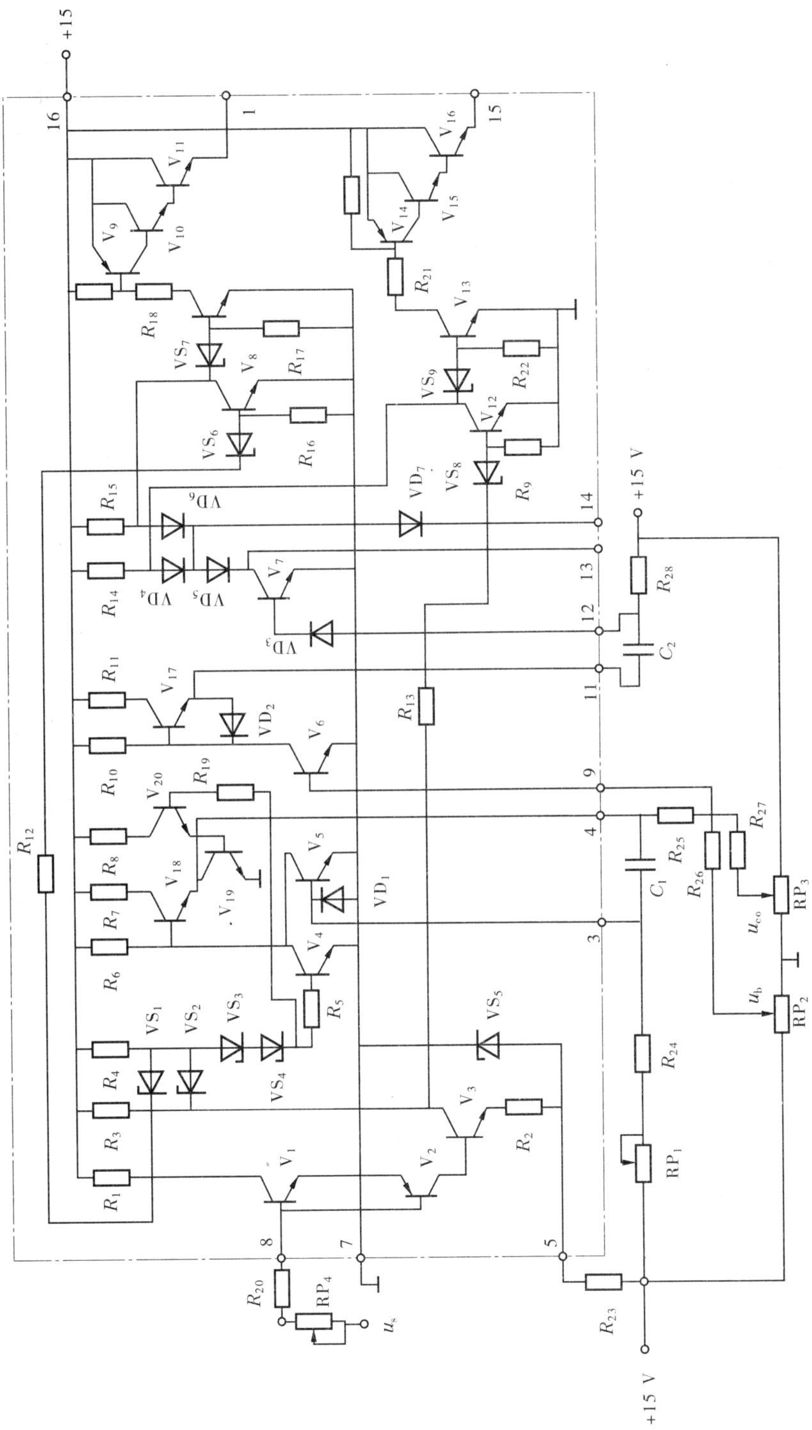

图 3-41　KJ004 电路原理

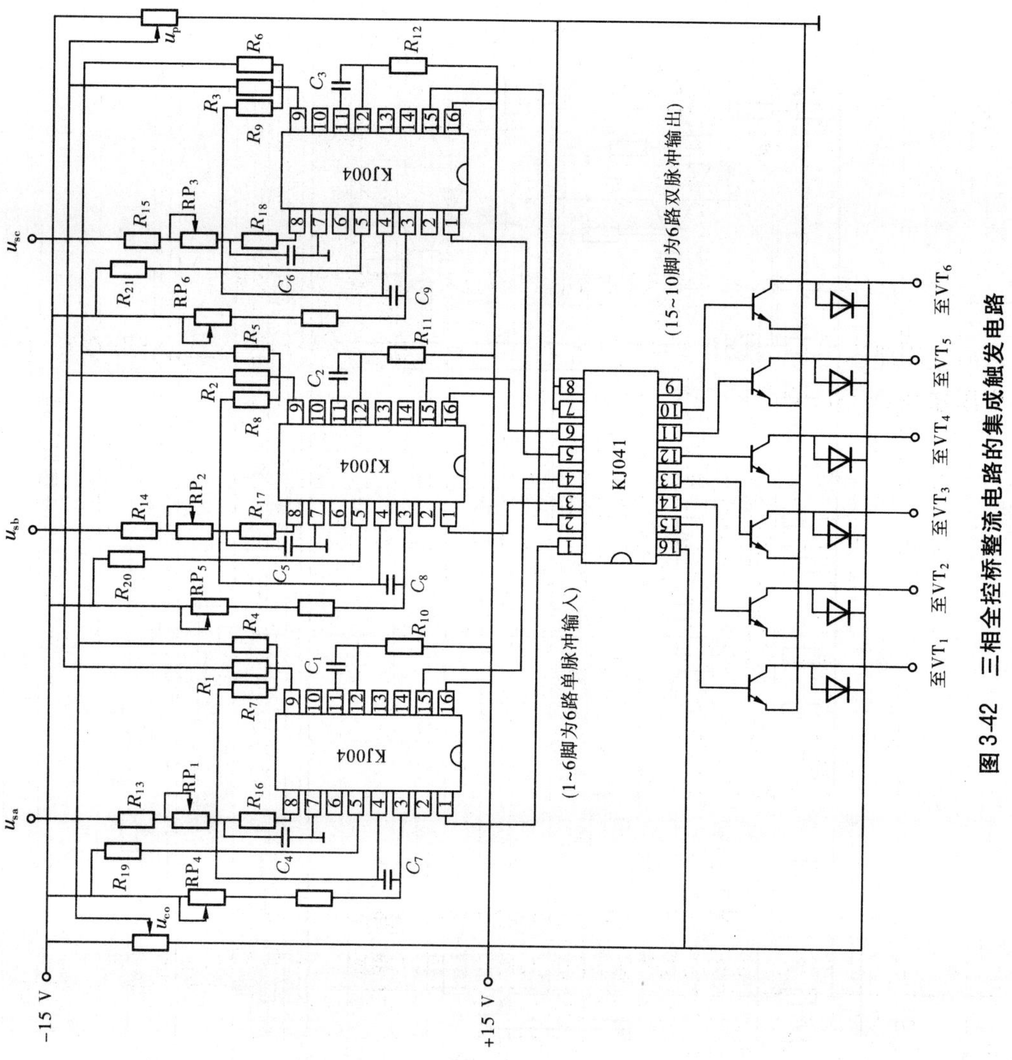

图 3-42 三相全控桥整流电路的集成触发电路

将 $\alpha=90°$ 确定为锯齿波的中点，锯齿波向前向后各有 90°的移相范围。于是 $\alpha=90°$ 与同步电压的 300°对应，也就是 $\alpha=0°$ 与同步电压的 210°对应。由图 3-43 及前面关于三相桥的介绍可知，$\alpha=0°$ 对应于 u_a 的 30°位置，则同步信号的 180°与 u_a 的 0°对应，说明 VT_1 的同步电压应滞后于 u_a 180°。

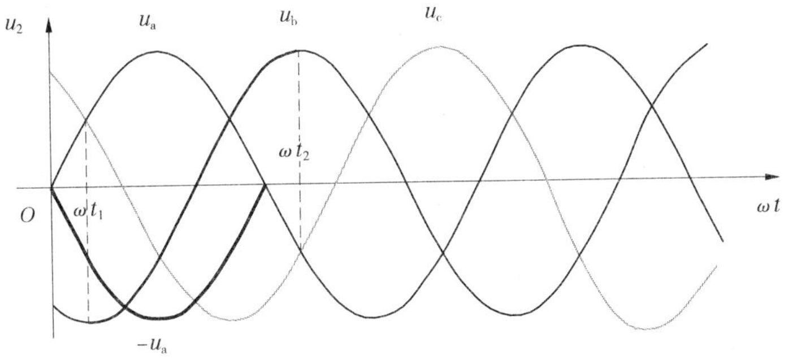

图 3-43　三相全控桥中同步电压与主电路电压关系示意图

变压器接法见图 3-44，同步电压如表 3-2 所示，主电路整流变压器为 Dy11 联结，同步变压器为 Dy5y11 联结。

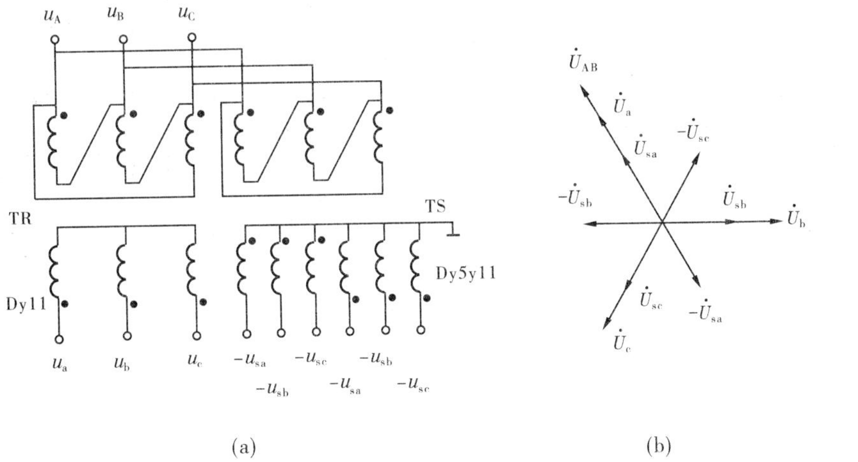

图 3-44　同步变压器和整流变压器的接法及矢量图

表 3-2　三相全控桥各晶闸管的同步电压（采用图 3-44 变压器接法时）

晶闸管	VT_1	VT_2	VT_3	VT_4	VT_5	VT_6
主电路电压	$+u_a$	$-u_c$	$+u_b$	$-u_a$	$+u_c$	$-u_b$
同步电压	$-u_{sa}$	$+u_{sc}$	$-U_{sb}$	$+u_{sa}$	$-u_{sc}$	$+u_{sb}$

为防止电网电压波形畸变对触发电路产生干扰，可对同步电压进行 RC 滤波，当 RC 滤波器滞后角为 60°时，同步电压选取结果如表 3-3 所示。

表 3-3 三相桥各晶闸管的同步电压(有 RC 滤波滞后 60°)

晶闸管	VT_1	VT_2	VT_3	VT_4	VT_5	VT_6
主电路电压	$+u_a$	$-u_c$	$+u_b$	$-u_a$	$+u_c$	$-u_b$
同步电压	$+u_{sb}$	$-u_{sa}$	$+u_{sc}$	$-u_{sb}$	$+u_{sa}$	$-u_{sc}$

本章小结

整流电路是电力电子技术最早出现的电路形式,也是其他变流技术分析思路和概念的基础。本章的主要内容及要求包括:

(1)可控整流电路,重点掌握:电力电子电路作为分段线性电路进行分析的基本思想、单相全控桥式整流电路和三相全控桥式整流电路的原理分析与计算、各种负载对整流电路工作情况的影响。

(2)与整流电路相关的一些问题,包括:

①变压器漏抗对整流电路的影响,重点建立换相压降、重叠角等概念,并掌握相关的计算,熟悉漏抗对整流电路工作情况的影响。

②整流电路的谐波和功率因数分析,重点掌握谐波的概念、各种整流电路产生谐波情况的定性分析、功率因数分析的特点、各种整流电路的功率因数分析。

(3)可控整流电路的有源逆变工作状态,重点掌握产生有源逆变的条件、三相可控整流电路有源逆变工作状态的分析计算、逆变失败及最小逆变角的限制等。

(4)晶闸管直流电动机系统的工作情况,重点掌握工作于各种状态时系统的特性,包括变流器的特性和电机的机械特性等,了解可逆电力拖动系统的工作情况,建立环流的概念。

(5)用于晶闸管可控整流电路等相控电路的驱动控制,即晶体管的触发电路。重点熟悉锯齿波移相的触发电路的原理,了解集成触发芯片及其组成的三相桥式全控整流电路的触发电路,建立同步的概念,掌握同步电压信号的选取方法。

习题与思考题

3-1 单相半波可控整流电路对电感负载供电,$L=20$ MH,$U_2=100$ V,求当 $\alpha=0°$ 时和 60°时的负载电流 I_d,并画出 u_d 与 i_d 波形。

3-2 图 3-8 所示为具有变压器中心抽头的单相全波可控整流电路,问该变压器还有直流磁化问题吗? 试说明:晶闸管承受的最大反向电压为 $2\sqrt{2}U_2$;当负载是电阻或电感时,其输出电压和电流的波形与单相全控桥时相同。

3-3 单相桥式全控整流电路,$U_2=100$ V,负载中 $R=20\ \Omega$,L 值极大,当 $\alpha=30°$ 时,要求:

(1)作出 u_d、i_d 和 i_2 的波形;

(2)求整流输出平均电压 U_d、电流 I_d、变压器二次电流有效值 I_2；

(3)考虑安全裕量，确定晶闸管的额定电压和额定电流。

3-4　单相桥式半控整流电路，电阻性负载，画出整流二极管在一个周期内承受的电压波形。

3-5　单相桥式全控整流电路，$U_2 = 100$ V，负载 $R = 20\ \Omega$，L 值极大，反电动势 $E = 60$ V，当 $\alpha = 30°$ 时，要求：

(1)作出 u_d、i_d 和 i_2 的波形；

(2)求整流输出平均电压 U_d、电流 I_d、变压器二次侧电流有效值 I_2；

(3)考虑安全裕量，确定晶闸管的额定电压和额定电流。

3-6　晶闸管串联的单相半控桥（桥中 VT_1、VT_2 为晶闸管），电路如图3-9所示，$U_2 = 100$ V，电阻电感负载，$R = 20\ \Omega$，L 值很大，当 $\alpha = 60°$ 时求流过器件电流的有效值，并作出 u_d、i_d、i_{VT}、i_D 的波形。

3-7　在三相半波整流电路中，如果 a 相的触发脉冲消失，试绘出在电阻性负载和电感性负载下整流电压 u_d 的波形。

3-8　三相半波整流电路，可以将整流变压器的二次绕组分为两段成为曲折接法，每段的电动势相同，其分段布置及其矢量如图3-45所示，此时线圈的绕组增加了一些，铜的用料约增加10%，问变压器铁芯是否被直流磁化，为什么？

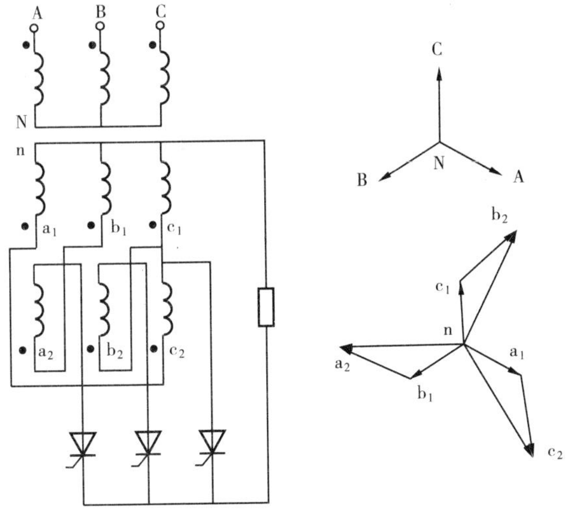

图3-45

3-9　三相半波整流电路的共阴极接法与共阳极接法，a、b 两相的自然换相点是同一点吗？如果不是，它们在相位上差多少度？

3-10　有两组三相半波可控整流电路，一组是共阴极接法，一组是共阳极接法，如果它们的触发角都是 α，那么共阴极组的触发脉冲与共阳极组的触发脉冲对同一相来说，例如都是 a 相，在相位上差多少度？

3-11　三相半波可控整流电路，$U_2 = 100$ V，带电阻电感负载，$R = 50\ \Omega$，L 值极大，当 $\alpha = 60°$ 时，要求：

(1)画出 u_d、i_d 和 i_{VT_1} 的波形；

(2)计算 U_d、I_d、I_{dT} 和 I_{VT}。

3-12　在三相桥式全控整流电路中，带电阻负载，如果有一个晶闸管不能导通，此时的整流电压 u_d 波形如何？如果有一个晶闸管被击穿而短路，其他晶闸管受什么影响？

3-13　三相桥式全控整流电路，$U_2=100$ V，带电阻电感负载，$R=50\ \Omega$，L 值极大，当 $\alpha=60°$ 时，要求：

(1)画出 u_d、i_d 和 i_{VT_1} 的波形；

(2)计算 U_d、I_d、I_{dT} 和 I_{VT}。

3-14　单相全控桥，反电动势阻感负载，$R=1\ \Omega$，$L=\infty$，$E=40$ V，$U_2=100$ V，$L_B=0.5$ mH，当 $\alpha=60°$ 时，求 U_d、I_d 与 γ 的数值，并画出整流电压 u_d 的波形。

3-15　三相半波可控整流电路，反电动势阻感负载，$U_2=100$ V，$R=1\ \Omega$，$L_B=1$ mH，求当 $\alpha=30°$、$E=50$ V 时 U_d、I_d、γ 的值并作出 u_d 与 i_{VT_1} 和 i_{VT_2} 的波形。

3-16　单相桥式全控整流电路，其整流输出电压中含有哪些次数的谐波？其中幅值最大的是哪一次？变压器二次侧电流中含有哪些次数的谐波？其中主要的是哪几次？

3-17　三相桥式全控整流电路，其整流输出电压中含有哪些次数的谐波？其中幅值最大的是哪一次？变压器二次侧电流中含有哪些次数的谐波？其中主要的是哪几次？

3-18　试计算第 3-3 题中 i_2 的 3、5、7 次谐波分量的有效值 I_{23}、I_{25}、I_{27}。

3-19　带平衡电抗器的双反星形可控整流电路与三相桥式全控整流电路相比有何主要异同？

3-20　使变流器工作于有源逆变状态的条件是什么？

3-21　什么是逆变失败？如何防止逆变失败？

3-22　单相桥式全控整流电路、三相桥式全控整流电路中，当负载分别为电阻负载或电感负载时，要求的晶闸管移相范围分别是多少？

3-23　三相全控桥，电动机负载，要求可逆运行，整流变压器的接法是 DY5，采用 NPN 锯齿波触发器，并附有滞后 30°的 RC 滤波器，确定晶闸管的同步电压和同步变压器的联结形式。

第 4 章　直流斩波电路

直流斩波电路是一种将电压恒定的直流电变换为电压可调的直流电的电力电子变流装置，亦称直流斩波器或 DC/DC 变换器。用斩波器实现直流变换的基本思想是通过对电力电子开关器件的快速通、断控制，把恒定的直流电压或电流斩切成一系列的脉冲电压或电流，在一定滤波的条件下，在负载上可以获得平均值小于或大于电源的电压或电流。如果改变开关器件通、断的动作频率，或改变开关器件通、断的时间比例，就可以改变这一脉冲序列的脉冲宽度，以实现输出电压、电流平均值的调节。

早在 1940 年，德国人就采用机械开关通断的思想来调节直流电压以控制直流电动机的转速，1960 年美国人把晶体管斩波器用于控制柴油发电机的励磁系统，1963 年德国人把晶闸管斩波器用于控制蓄电池车。直流斩波器早期主要应用于城市电车、地铁、电动汽车等直流牵引调速控制系统中。随着自关断电力电子开关器件和脉宽调制（Pulse Width Modulation——PWM）技术的不断发展，直流斩波器具有效率高、体积小、重量轻、成本低等显著优点，广泛应用于开关电源、有源功率因数校正、超导储能等新技术领域。一般来说，直流斩波电路有两类不同的应用领域：一类负载要求输出电压可在一定范围内调节控制，即要求电路输出可变的直流电压，例如直流电动机负载，为了改变其转速，要求可变的直流电压供电；另一类负载则要求无论在电源电压变化或负载变化时，电路的输出电压都能维持恒定不变，即输出一个恒定的直流电压，如开关电源等。这两种不同的要求均可通过一定类型的控制系统根据反馈控制原理实现。

直流斩波电路的种类较多，根据其电路结构及功能分类，主要有以下 4 种基本类型：降压（Buck）斩波电路、升压（Boost）斩波电路、升降压（Buck - Boost）斩波电路、丘克（Cuk）斩波电路。其中，前两种是最基本的电路，后两种是前两种基本电路的组合形式。由基本斩波电路衍生出来的 Sepic 斩波电路和 Zeta 斩波电路也是较为典型的电路。利用基本斩波电路进行组合，还可以构成复合斩波电路和多相多重斩波电路。本章将详细介绍基本斩波电路的工作原理和稳态工作特性，对其他电路则作一般性的原理分析。

为了获得各类直流斩波电路的基本工作特性而又简化分析，在本章的分析中，都假定直流斩波电路是理想的，即满足以下条件：

（1）开关器件和二极管从导通变为阻断，或从阻断变为导通的过渡时间均为零。

（2）开关器件的通态电阻为零，电压降为零。断态电阻为无限大，漏电流为零。

（3）电路中的电感和电容均为无损耗的理想储能元件，且电感量和电容量均为足够大。

（4）线路阻抗为零。无特殊说明时电源的输入功率等于输出功率。

4.1 直流斩波电路的工作原理

最基本的直流斩波电路如图 4-1(a)所示,图中 S 是可控开关,R 为纯电阻负载。当 S 闭合时,输出电压 $u_o = E$;当 S 关断时,输出电压 $u_o = 0$。输出波形如图 4-1(b)所示。假设开关 S 通断的周期 T 不变,导通时间为 t_{on},关断时间为 t_{off},则输出电压的平均值 U_o 可表示为

$$U_o = \frac{1}{T}\int_0^{t_{on}} u_o \mathrm{d}t = \frac{1}{T}\int_0^{t_{on}} E \mathrm{d}t = \frac{t_{on}}{T}E = DE \tag{4-1}$$

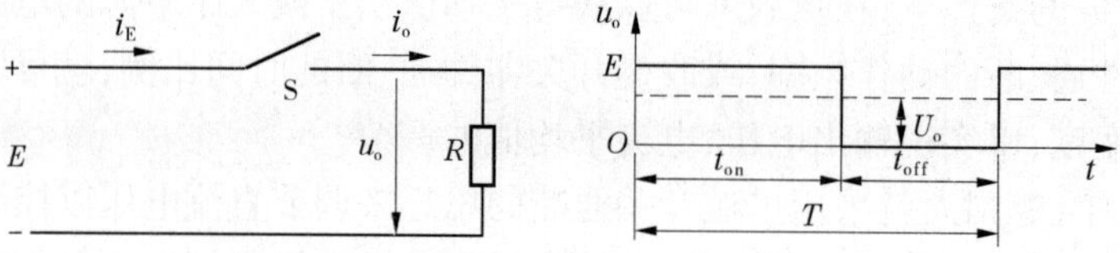

(a)电路　　　(b)电压波形

图 4-1　最简单直流斩波电路图及输出电压波形

由式(4-1)可知,在周期 T 不变的情况下,改变 t_{on} 就可以改变 U_o 的大小。将 S 的导通时间与开关周期之比定义为占空比(Duty ratio),用 D 表示,则

$$D = \frac{t_{on}}{T} \tag{4-2}$$

由于占空比 D 总是小于等于 1,所以输出电压 U_o 总是小于或等于输入电压 E。因此,改变 D 值就可以改变输出电压平均值的大小。而占空比的改变可以通过改变 t_{on} 或 T 来实现。通常直流斩波电路的控制方式有以下三种:

(1)脉冲频率调制控制方式,即维持 t_{on} 不变,改变 T。在这种控制方式中,由于输出电压波形的周期或频率是变化的,因此输出谐波的频率也是变化的,这使得滤波器的设计比较困难,输出波形谐波干扰严重,一般很少采用。

(2)脉宽调制控制方式,即维持 T 不变,改变 t_{on}。在这种控制方式中,输出电压波形的周期或频率是不变的,因此输出谐波的频率也是不变的,这使得滤波器的设计变得较为容易,并得到普遍应用。常把这种调制控制方式称为脉冲宽度调制(Pulse Width Modulation,PWM)。

(3)调频调宽混合控制方式:这种控制方式不但要改变 t_{on},也要改变 T。其特点是:可以大大提高输出的范围,但由于频率是变化的,也存在着设计滤波器较难的问题。

4.2 基本直流斩波电路

常用基本直流斩波电路有降压(Buck)斩波电路、升压(Boost)斩波电路、升降压(Buck - Boost)斩波电路和丘克(Cuk)斩波电路。本节将对上述斩波电路一并给予介绍。

4.2.1 降压斩波电路

降压斩波电路又称 Buck 斩波电路，该电路的特点是输出电压比输入电压低，而输出电流则高于输入电流。也就是通过该电路的变换可以将直流电源电压转换为低于其值的输出直流电压，并实现电能的转换。

斩波电路的典型用途之一是拖动直流电动机，也可带蓄电池负载，两种情况下负载中均会出现反电动势，如图 4-2(a) 中 E_M 所示。为使 i_o 连续且脉动小，通常使 L 值较大。

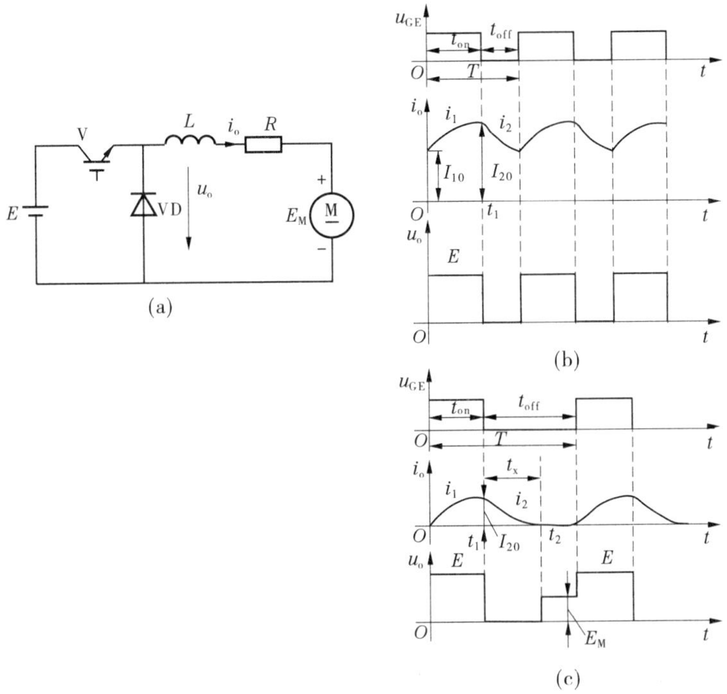

图 4-2 降压斩波电路及电压、电流波形

电流连续时，负载电压平均值

$$U_o = \frac{t_{on}}{T}E = DE \tag{4-3}$$

U_o 最大为 E，减小 D，U_o 随之减小，即负载上得到的直流平均电压小于直流输入电压，故称为降压斩波电路，也称为 Buck 变换器。

负载电流平均值

$$I = E/R \tag{4-4}$$

电流断续时，U_o 平均值会被抬高，一般不希望出现。

4.2.2 升压斩波电路

4.2.2.1 升压斩波电路的基本原理

升压斩波电路又称 Boost 斩波电路，用于将直流电源电压变换为高于其值的直流输出电压,实现能量从低压侧电源向高压侧负载的传递。采用 IGBT 作为开关器件的电路拓扑结构如图 4-3 所示。

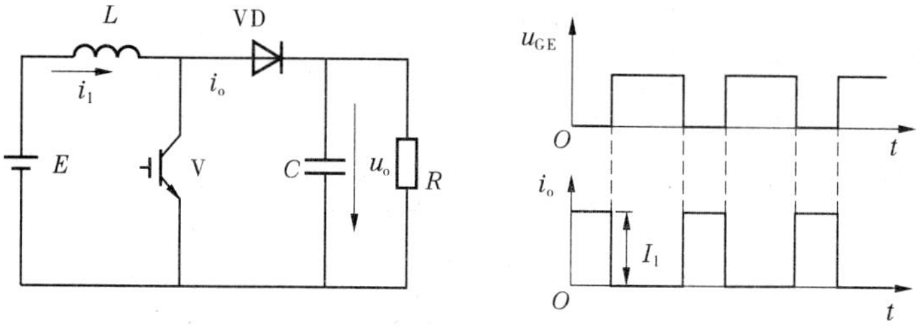

(a)电路图　　(b)波形

图 4-3　升压斩波电路及其工作波形

假设电感 L 值、电容 C 值很大,绝缘栅场效应晶体管 V 导通时,E 向 L 充电,充电电流恒为 I_1,同时 C 的电压向负载供电,因 C 值很大,输出电压 u_o 为恒值,记为 u_o。设 V 通的时间为 t_{on},此阶段 L 上积蓄的能量为 EI_1t_{on}。

V 关断时,E 和 L 共同向 C 充电并向负载 R 供电。设 V 断的时间为 t_{off},则此期间电感 L 释放能量为

$$EI_1t_{on} = (U_o - E)I_1t_{off} \tag{4-5}$$

稳态时,一个周期 T 中 L 积蓄能量与释放能量相等,得

$$U_o = \frac{t_{on} + t_{off}}{t_{off}}E = \frac{T}{t_{off}}E = \frac{1}{1 - D}E \tag{4-6}$$

输出电压高于电源电压,故称升压斩波电路,也称之为 Boost 变换器。

电路中 L 储能之后具有使电压泵升的作用,而电容 C 可将输出电压保持住。

4.2.2.2　升压斩波电路的典型应用

升压斩波电路目前的典型应用,一是用于直流电动机传动,二是用作单相功率因数校正电路,三是用于其他交直流电源中。

升压斩波电路在直流电动机传动时,通常用于直流电动机再生制动时把电能回馈给直流电源,实际 L 值不可能为无穷大,因此有电动机电枢电流连续和断续两种工作状态,见图 4-4。

电机反电动势相当于图 4-3 中的电源,此时直流电源相当于图 4-3 中的负载。由于直流电源的电压基本是恒定的,因此不必并联电容器。

4.2.3　升降压斩波电路

升降压斩波电路又称 Buck - Boost 斩波电路,它是一种既可以升压,又可以降压的变换电路,输出电压相对于输入电压公共端为负极性输出。用 IGBT 作为开关器件的电路拓扑结构如图 4-5 所示,其等效电路见图 4-6。

设电路中电感 L 值很大,电容 C 值很大,使电感电流 i_L 和电容电压即负载电压 u_o 基本为恒值。V 导通时,电源 E 经 V 向 L 供电使其贮能,此时电流为 i_1。同时,C 维持输出

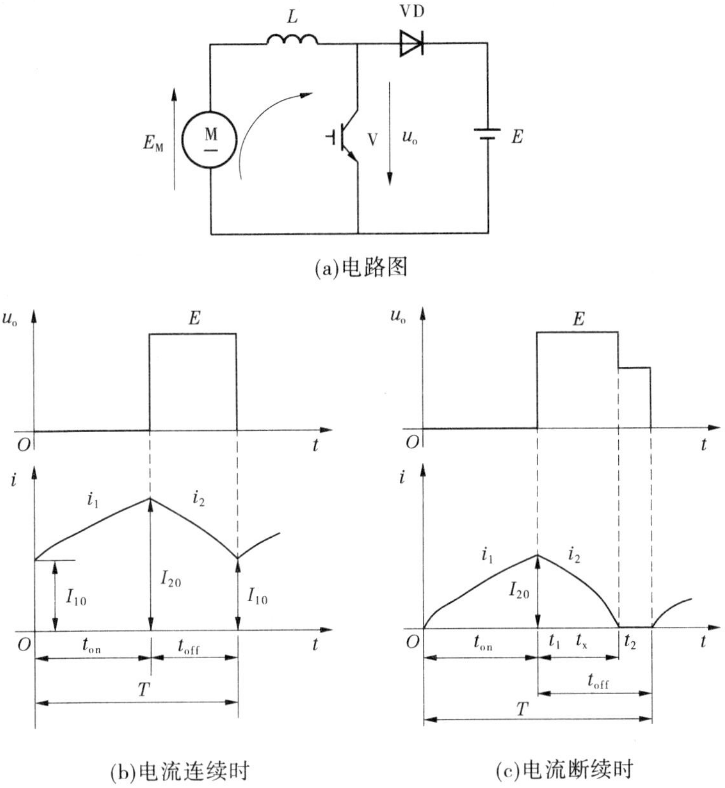

图 4-4　用于直流电动机回馈能量的升压斩波电路及其波形

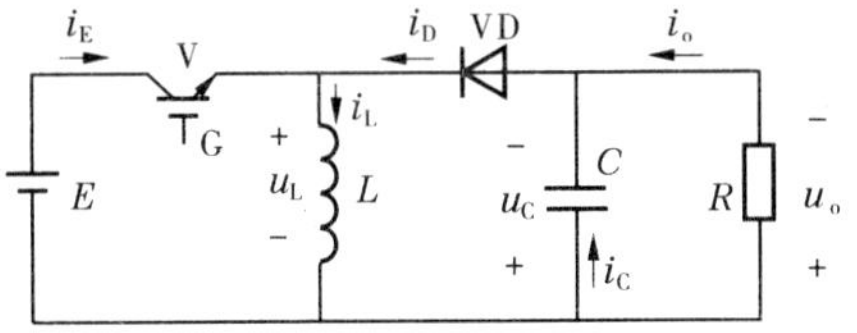

图 4-5　升降压型斩波电路的拓扑结构图

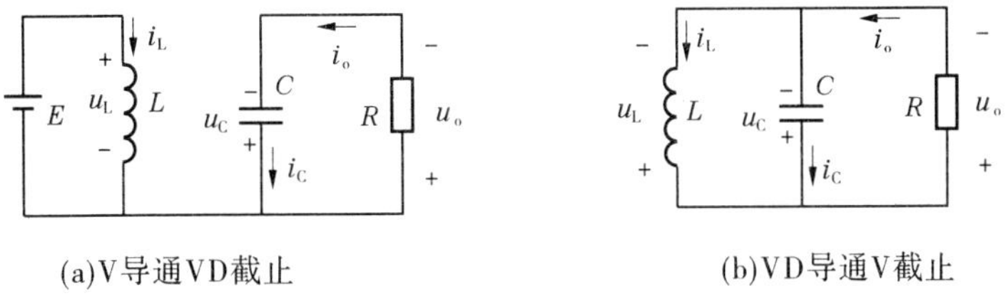

图 4-6　升降压斩波电路等效电路

电压恒定并向负载 R 供电。

V 关断时，L 的能量向负载释放，电流为 i_2。负载电压极性为上负下正，与电源电压极性相反，该电路也称作反极性斩波电路。

稳态时,一个周期 T 内电感 L 两端电压 u_L 对时间的积分为零,即

$$\int_0^T u_L \mathrm{d}t = 0 \tag{4-7}$$

当 V 处于通态期间,$u_L = E$;而当 V 处于断态期间,$u_L = -u_o$。于是

$$E \cdot t_{on} = U_o \cdot t_{off} \tag{4-8}$$

所以输出电压为

$$U_o = \frac{t_{on}}{t_{off}}E = \frac{t_{on}}{T - t_{on}}E = \frac{D}{1 - D}E \tag{4-9}$$

改变 D,输出电压既可以比电源电压高,也可以比电源电压低。

当 $0 < D < 1/2$ 时为降压,当 $1/2 < D < 1$ 时为升压,因此称作升降压斩波电路,或称之为 Buck - Boost 变换器。

4.2.4　丘克斩波电路

前面介绍的升压、降压、升降压斩波电路结构简单,各有特点,都具有直流电压变换功能。但电源输入电流和负载电流或电压都含有较大的纹波,尤其在电流断续的情况下,电流脉动更大,其产生谐波使电路的变换效率降低,若是大电流的高次谐波还会产生辐射而干扰其他的电子设备,使它们不能正常工作。

丘克斩波电路又称 Cuk 斩波电路,是最佳拓扑斩波电路之一。用 IGBT 作为开关器件的电路拓扑结构如图 4-7 所示。

V 导通时,E—L_1—V 回路和 R—L_2—C_1—V 回路分别流过电流;

V 关断时,E—L_1—C_1—VD 回路和 R—L_2—VD 回路分别流过电流。

输出电压的极性与电源电压极性相反。

等效电路如图 4-7(b)所示,相当于开关 S 在 A、B 两点之间交替切换。

稳态时电容 C 的电流在一周期内的平均值应为零,也就是其对时间的积分为零,即

$$\int_0^T i_C \mathrm{d}t = 0 \tag{4-10}$$

在图 4-7(b)的等效电路中,开关 S 合向 B 点的时间即 V 处于通态的时间 t_{on},则电容电流和时间的乘积为 $I_2 t_{on}$。开关 S 合向 A 点的时间为 V 处于断态的时间 t_{off},则电容电流和时间的乘积为 $I_1 t_{off}$。由此可得

$$I_2 t_{on} = I_1 t_{off} \tag{4-11}$$

从而可得

$$\frac{I_2}{I_1} = \frac{t_{off}}{t_{on}} = \frac{T - t_{on}}{t_{on}} = \frac{1 - D}{D} \tag{4-12}$$

当电容 C 很大使电容电压 u_C 的脉动足够小时,输出电压 u_o 与输入电压 E 的关系可用以下方法求出:

当开关 S 合到 B 点时,B 点电压 $u_B = 0$,A 点电压 $u_A = -u_C$;

当 S 合到 A 点时,$u_B = u_C$,$u_A = 0$。

因此,B 点电压 u_B 的平均值为 $U_B = \frac{t_{off}}{T}U_C$($U_C$ 为电容电压 u_C 的平均值),又因电感 L_1

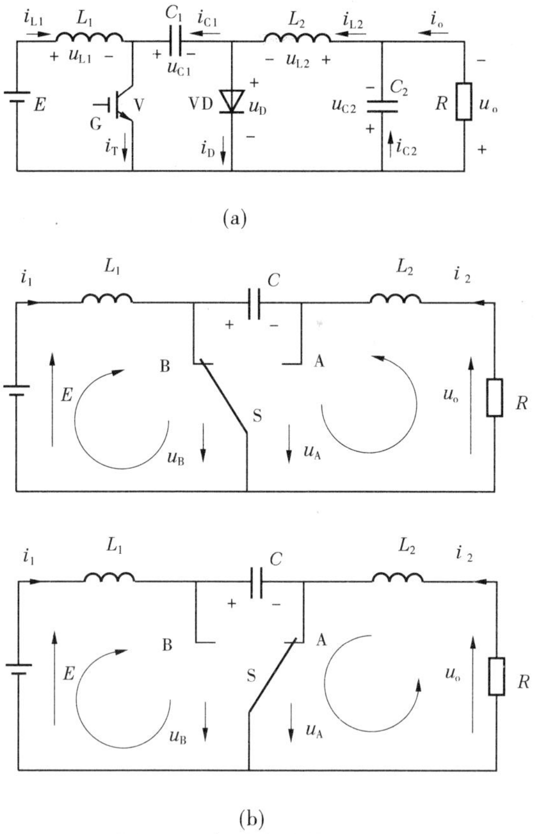

图4-7 Cuk斩波电路的拓扑结构

的电压平均值为零，所以 $E = U_B = \frac{t_{off}}{T}U_C$。另一方面，A点的电压平均值为 $U_A = -\frac{t_{on}}{T}U_C$，且 L_2 的电压平均值为零，按图4-7(b)中输出电压 u_o 的极性，有 $U_o = \frac{t_{on}}{T}U_C$。于是可得出输出电压与电源电压 E 的关系

$$U_o = \frac{t_{on}}{t_{off}}E = \frac{t_{on}}{T - t_{on}}E = \frac{D}{1 - D}E \tag{4-13}$$

这一输入、输出关系与升降压斩波电路时的情况相同。但与升降压斩波电路相比，输入电源电流和输出负载电流都是连续的，且脉动很小，有利于对输入、输出进行滤波。

4.3 复合斩波电路和多相多重斩波电路

降压斩波电路和升压斩波电路的组合可以构成复合斩波电路，而相同结构的基本斩波电路组合构成多相多重斩波电路。

4.3.1 电流可逆斩波电路

当斩波电路用于拖动直流电动机时，常要使电动机既可电动运行，又可再生制动，将

能量反馈。降压斩波电路拖动直流电动机时，电动机工作于第Ⅰ象限；升压斩波电路中，电动机则工作于第Ⅱ象限。

电流可逆斩波电路将降压斩波电路与升压斩波电路组合在一起，电动机的电枢电流可正可负，但电压只能是一种极性，故其可工作于第Ⅰ象限和第Ⅱ象限。

图 4-8(a)给出了电流可逆斩波电路。在该电路中，V_1 和 VD_1 构成降压斩波电路，由电源向直流电动机供电，电动机为电动运行，工作于第Ⅰ象限。

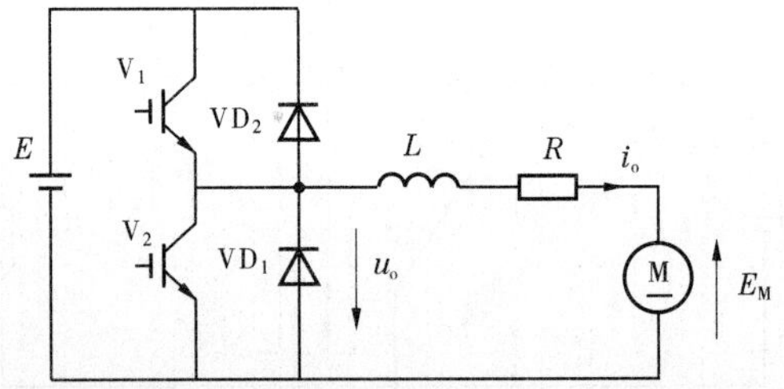

(a)电路图

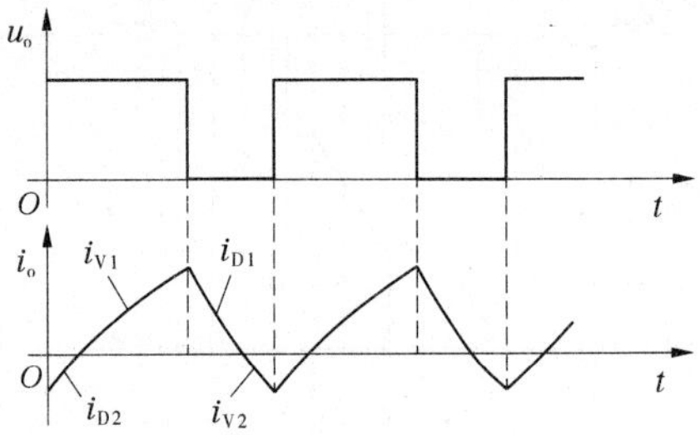

(b)波形

图 4-8　电流可逆斩波电路及其波形

V_2 和 VD_2 构成升压斩波电路，把直流电动机的动能转变为电能反馈到电源，使电动机作再生制动运行，工作于第Ⅱ象限。

需要注意的是，必须防止 V_1 和 V_2 同时导通而导致的电源短路。

由上述分析可知，电流可逆斩波电路：

(1)只作降压斩波器运行时，V_2 和 VD_2 总处于断态；

(2)只作升压斩波器运行时，V_1 和 VD_1 总处于断态；

(3)一个周期内交替地作为降压斩波电路和升压斩波电路工作。

当降压斩波电路或升压斩波电路的电流断续而为零时，使另一个斩波电路工作，让电流反方向流过，这样电动机电枢回路总有电流流过。在一个周期内，电枢电流沿正、负两个方向流通，电流不断，所以响应很快。图 4-8(b)是这种工作方式下的输出电压、电流波形。

4.3.2　桥式可逆斩波电路

电流可逆斩波电路虽可使电枢电流可逆，两象限运行，但电压极性是单向的。

在需要电动机进行正、反转及可电动又可制动的场合，须将两个电流可逆斩波电路组合起来，分别向电动机提供正向和反向电压，成为桥式可逆斩波电路，如图 4-9 所示。

使 V_4 保持导通时，该斩波电路就等效为电流可逆斩波电路，如图 4-8 所示，向电动机提供正电压，可使电动机工作于第Ⅰ、Ⅱ象限，即正转电动和正转再生制动状态。

使 V_2 保持导通时，V_3、VD_3 和 V_4、VD_4 等效为又一组（电压反向）电流可逆斩波电路，向电动机提供负电压，可使电动机工作于第Ⅲ、Ⅳ象限。

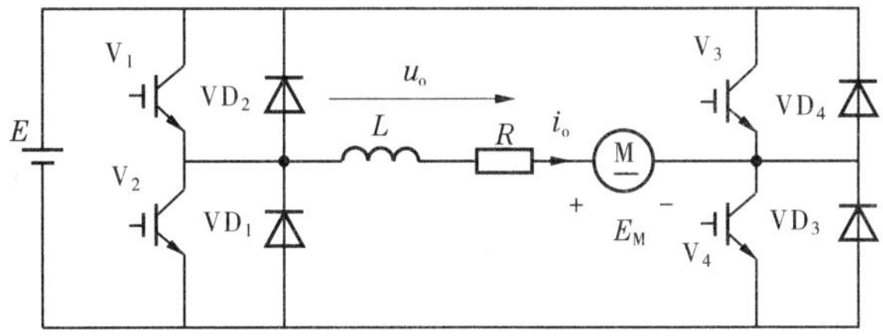

图 4-9　桥式可逆斩波电路

4.3.3　多相多重斩波电路

多相多重斩波电路是在电源和负载之间接入多个结构相同的基本斩波电路而构成的。

一个控制周期中电源侧的电流脉波数称为相数，负载电流脉波数称为重数。

图 4-10 所示为三相三重降压斩波电路及其工作波形。

三相三重降压斩波电路相当于由 3 个降压斩波电路单元并联而成，总输出电流为 3 个斩波电路单元输出电流之和，平均值为单元输出电流平均值的 3 倍，脉动频率也为 3 倍。

由于 3 个单元电流的脉动幅值互相抵消，使总的输出电流脉动幅值变得很小。

总输出电流最大脉动率（电流脉动幅值与电流平均值之比）与相数的平方成反比。和单相时相比，设输出电流最大脉动率一定时，所需平波电抗器总重量大为减轻。

当电源公用而负载为 3 个独立负载时，则为三相一重斩波电路；而当电源为 3 个独立电源，向一个负载供电时，则为一相三重斩波电路。

多相多重斩波电路还具有备用功能，各斩波电路单元可互为备用。

4.4　直流斩波电路的比较

以上介绍了 4 种直流斩波电路，其中降压（Buck）和升压（Boost）斩波电路是最基本的斩波电路，升降压（Buck - Boost）和 Cuk 斩波电路是由 Buck 和 Boost 斩波电路组合构成的。它们均只由一个开关器件 V 和一个二极管 VD 及电感、电容构成。由于电感的多少和位置不同，其输入、输出电流的脉动也不一样，有各自的特点，因此也适合于不同的应用场合。这里对 4 种直流斩波电路进行比较，见表 4-1，供读者选择使用。

需要特别说明的是，除 Buck 电路外，其他 3 种斩波电路均具有升压功能，应尽量避免工作在输出端开路或空载状态下，否则将产生高压而损坏电路器件。

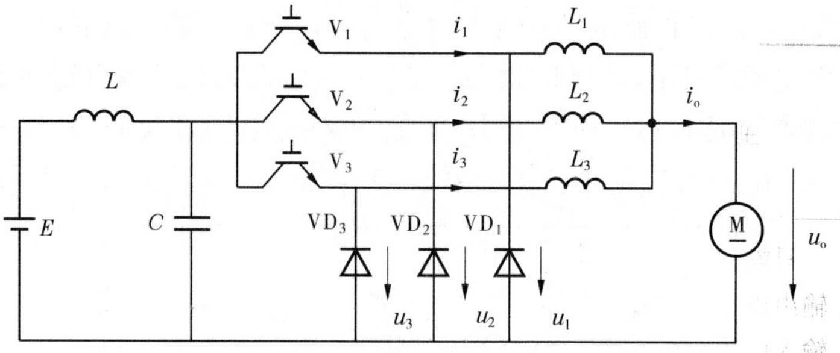

(a)电路图

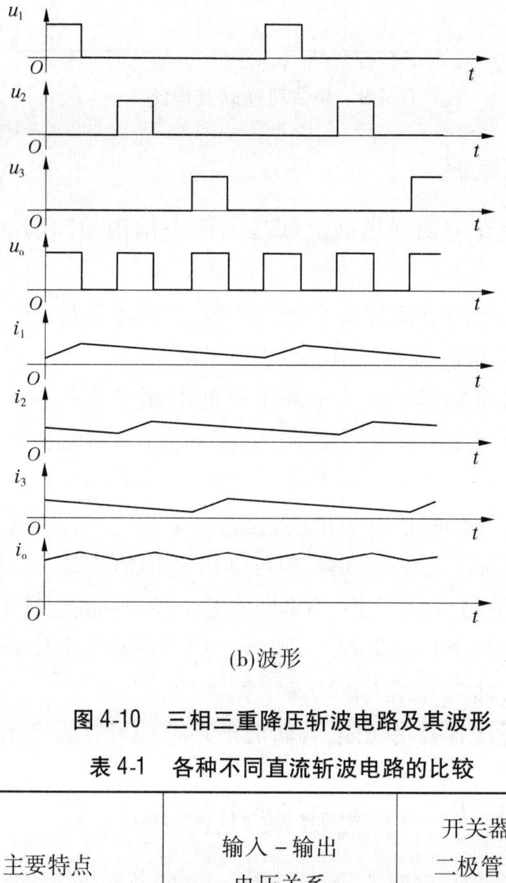

(b)波形

图 4-10　三相三重降压斩波电路及其波形

表 4-1　各种不同直流斩波电路的比较

电路类型	主要特点	输入-输出电压关系	开关器件 V 和二极管 VD 承受的最大电压	应用场合
降压型(Buck)	只能降压,输入-输出电压极性相同;输入电流脉动大,输出电流脉动小;结构简单	$U_o = DE$	$U_{Vmax} = E$ $U_{VDmax} = E$	降压开关稳压电源

续表 4-1

电路类型	主要特点	输入－输出电压关系	开关器件 V 和二极管 VD 承受的最大电压	应用场合
升压型(Boost)	只能升压,输入－输出电压极性相同;输入电流脉动小,输出电流脉动大;不能空载工作;结构简单	$U_o = \frac{1}{1-D}E$	$U_{Vmax} = U_o$ $U_{VDmax} = U_o$	升压开关稳压电源,功率因数校正(PFC)电路
升降压型(Buck－Boost)	既能升压又能降压,输入－输出电压极性相反;输入－输出电流脉动大;不能空载工作;结构简单	$U_o = \frac{D}{1-D}E$	$U_{Vmax} = U_o + E$ $U_{VDmax} = U_o + E$	升降压开关稳压电源
Cuk 型	既能升压又能降压,输入－输出电压极性相反;输入－输出电流脉动小;不能空载工作;结构复杂	$U_o = \frac{D}{1-D}E$	$U_{Vmax} = U_o + E$ $U_{VDmax} = U_o + E$	对输入－输出脉动要求较高的升降压开关稳压电源

4.5 直流斩波电路的应用

直流斩波电路被广泛应用于功率因数校正、电力传动、电池充电、软启动等多个工业领域,本节介绍几种常见的应用。

4.5.1 有源功率因数校正(PFC)

从原理上讲,有源功率因数校正可以采用任一种直流斩波电路的拓扑结构,如 Buck、Boost、Sepic 及 Cuk 等。下面以 Boost 电路为例,介绍采用峰值电流控制方法实现的有源功率因数校正(PFC)的工作原理。图 4-11 给出了这种功率因数校正的原理框图。主电路由单相桥式整流器和 Boost 斩波电路组成,虚线框内为 PWM 控制器,包括电压误差放大器、电流误差放大器、乘法器、PWM 发生器与驱动等,负载可以是电阻、阻感或是一个开关电源等。

PFC 的工作原理如下:给定的参考电压 U_{ref} 与经检测电路变换的输出电压 U_o 比较后,输入给电压误差放大器;整流电压 u_d 的检测值与电压误差放大器的输出信号共同加到乘法器的输入端,乘法器的输出则作为电流反馈控制的参考信号,与输入电流检测值比较后,产生 PWM 信号,经放大和隔离为 IGBT 提供栅极驱动信号,以控制开关器件 V 的通

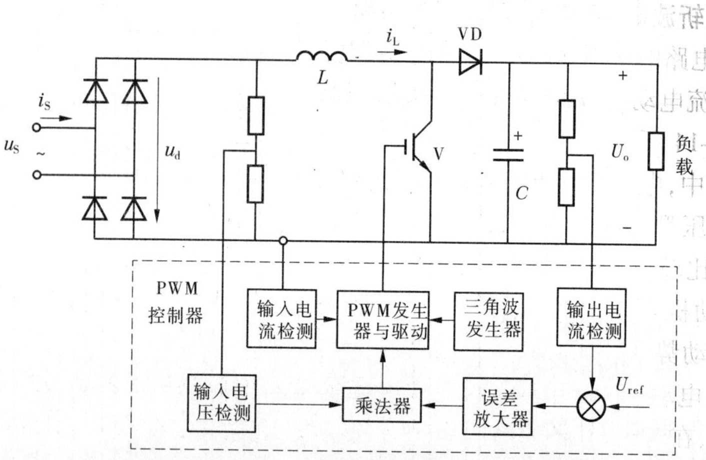

图 4-11　Boost 有源功率因数校正原理框图

断，从而使输入电流（电感电流）i_L 的波形与整流电压 u_d 的波形基本保持一致，从而提高了输入端的功率因数。

在峰值电流控制的方法中，输入电流始终在零和峰值之间变化，斩波电路处于连续和断续的临界工作状态，电流的波形如图 4-12 所示。希望输出的峰值电流 i_p 的包络线作为峰值电流的参考信号，开关器件 V 导通时，i_L 从零增加，到达峰值电流时，关断 V，则二极管 VD 导通，在输出电压 U_o 与全波整流电压 u_d 之差的作用下 i_L 减小，检测 i_L 减到零时，再使 V 导通，i_L 再从零增大，进入新的开关周期。V 的通断情况如图 4-12 所示。i_L 的波形为一系列的三角波。三角形的峰值 i_p 按参考信号变化，其包络线为正弦波全波整流后的波形。这样，i_L 在一个开关周期内的平均值为峰值的一半，也按全波整流波形的规律变化。因此，最终得到的交流电源电流为和电压同相位的正弦波，功率因数接近 1。图 4-13 给出了交流侧一个工频周期电压 u_S 和电流 i_S 的波形。

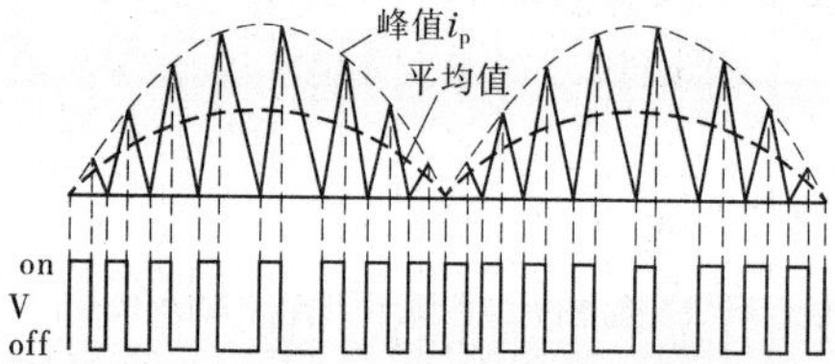

图 4-12　峰值电流控制 PFC 电路波形图

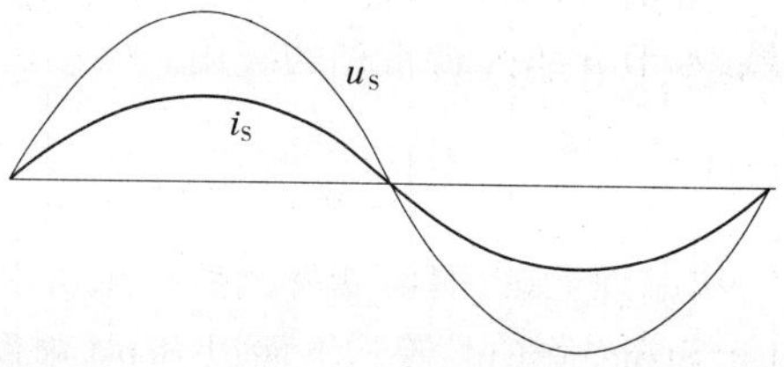

图 4-13　交流侧电压 u_S 和电流 i_S 的波形

4.5.2　直流调压调速

在大多中小容量的直流调速控制系统中，一般采用调节直流电动机电枢电压达到调速目的。常用的调速方案有两种：一是采用可控整流电路（如晶闸管整流电路），得到可以调节的直流电压供给电动机；另一种则是用不可控整流电路得到恒定的直流电压，再通过直流斩波的方式进行调压。

4.5.2.1　降压斩波电路供电的直流调压调速

降压斩波电路的电源端接不可调的直流电源 E，负载端接直流电动机，构成简单的直流调压调速系统，如图 4-14 所示。

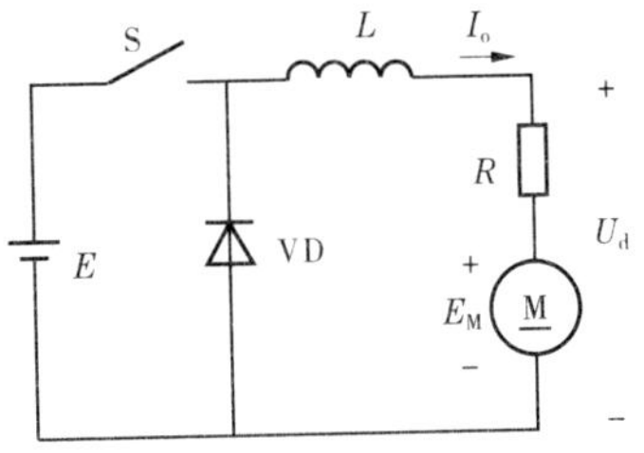

图 4-14　降压直流调速系统

在图 4-14 中，电子开关 S、续流二极管 VD、电感 L 组成降压型(Buck)斩波器，与升降压斩波电路原理图比较，图 4-14 中没有滤波电容 C。这是因为，电动机两端的电压 U_d 基本上等于电动机的旋转电动势 E_M，而旋转电动势正比于电动机的转速 n，电动机的转子部分有很大的惯性，机械时间常数比斩波器电子开关的工作周期要大得多，在若干个斩波周期中转速不会产生明显的变化，所以转子的惯性本身就有良好的滤波作用，不必再加滤波电容。需说明的是，在图 4-14 中，电感 L 包含了直流电动机的电枢电感和斩波电流的电感，当然实际电路中是否需要外接电感，要根据具体情况而定。因此，电动机的电枢回路相当于电感、电阻和旋转电动势的串联电路。如果 D 为占空比，斩波电路的输出电压 U_d 应满足

$$U_d = DE \tag{4-14}$$

可以得出电动机的电枢电流 I_o 为

$$I_o = \frac{U_d - E_M}{R} \tag{4-15}$$

而 $E_M = C_e\Phi n = U_d - I_oR \approx U_d$，所以电动机的转速为

$$n = \frac{E_M}{C_e\Phi} = \frac{U_d - I_oR}{C_e\Phi} \approx \frac{U_d}{C_e\Phi} = \frac{DE}{C_e\Phi} \tag{4-16}$$

电动机的电磁转矩为

$$T_e = K_M\Phi I_o \tag{4-17}$$

由式(4-16)可知，当电源电压 E、励磁 Φ 不变时，转速由占空比 D 唯一确定，调节 D 即可改变电动机的速度。但由于占空比 D 小于 1，所以这种调速只能在额定转速以下进行，而且不能控制电动机的减速。

4.5.2.2　电流可逆直流斩波电路供电的直流调压调速

电流可逆直流斩波电路的工作原理已在前面介绍过，它是由降压型斩波器(Buck)和升压型斩波器(Boost)组合起来，共同驱动一台直流电动机。电动机既可以运行于电动的调速状态，又可以运行于制动再生发电状态，为电动机施加制动力矩。由于转速不变，当电枢电流反向时，由式(4-17)知，电磁转矩为负，所以电动机工作于第Ⅰ和第Ⅱ象限。在不同象限系统的等效电路如图 4-15 所示。

4.5.2.3　桥式可逆直流斩波电路供电的直流调压调速

前面已经分析过，在桥式可逆直流斩波电路运行工况下，电动机既可以正转控制也可以反转控制，且在正转和反转两种情况下，电动机都可以运行在电动状态和再生制动状态，有正向电动、正向再生制动、反向电动、反向再生制动四种工况。在正向电动、正向再生制动时，与电流可逆直流调速一样。而在反向电动、反向再生制动时，电压 U_d 反向，转

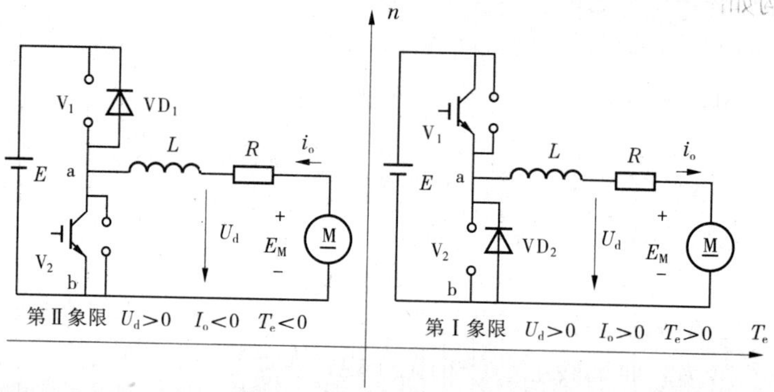

图 4-15 两象限直流调速系统

速 n 反向，旋转电动势 E_M 反向，转矩的极性与电流有关，可正可负。当电流 I_o 与电压 U_d 方向相同时，转矩 T_e 与转速 n 方向一致且为负，电动机工作于电动状态；当电流 I_o 与电压 U_d 方向相反时，转速 n 方向不变，转矩为正，电动机工作于再生制动状态。各工作状态对应的象限如图 4-16 所示。

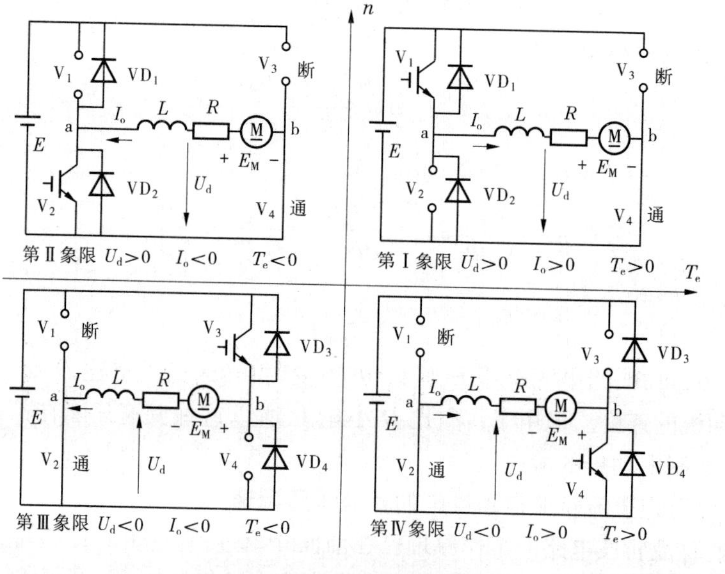

图 4-16 四象限直流调速系统

4.5.2.4 升压型斩波器在内馈式串级调速中的应用

内馈式串级调速是将带调节绕组的绕线式交流异步电动机的三相转子交流电引出，经三相不可控整流电路整流，通过晶闸管有源逆变电路变换为工频三相交流电，回馈到电动机的调节绕组，从而达到调速的目的，同时实现能量回馈和充分利用。

但在调速时，为了保证附加的直流电动势随电动机转速变化而变化，就需要通过调节逆变电路的逆变角 β 来达到，速度越低逆变角 β 越大，导致逆变电路交流侧的功率因数降低。如果在整流电路和逆变电路之间加入一个升压型斩波电路，即可有效改善这一问题，其主电路结构如图4-17所示。

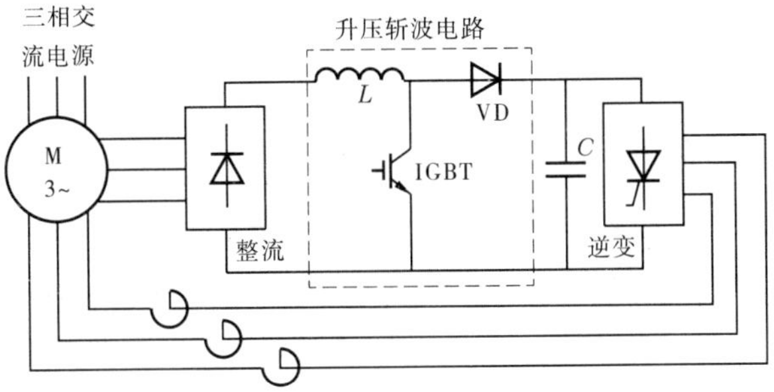

图4-17 升压型斩波器在内馈式串级调速中的应用

从图4-17中可看出，升压型斩波器由开关器件IGBT、二极管VD和电感L构成，将不可控整流器的输出电压进行升压，然后送至晶闸管逆变电路的直流侧。调节IGBT的占空比，可以在整流电路输出不同电压的情况下使逆变电路得到相对稳定的直流电压，这样就可以把逆变角β固定在最小逆变角上，使得逆变电路交流侧的功率因数始终为最大，从而可以提高系统的功率因数。

本章小结

本章介绍了直流斩波电路，其中包括降压(Buck)斩波电路、升压(Boost)斩波电路、升降压(Buck - Boost)斩波电路、丘克(Cuk)斩波电路、复合斩波电路和多相多重斩波电路。将Buck电路与Boost电路串联成两级电路即可构成Buck - Boost斩波电路或Cuk斩波电路；而Sepic电路则是输入部分类似于Boost电路，输出部分类似于Buck - Boost电路，Zeta电路是输入部分类似于Buck - Boost，输出部分类似于Buck电路，都是基本斩波电路的组合。

将Buck电路和Boost电路进行组合可以构成两象限和四象限复合型直流斩波电路。四象限桥式直流斩波电路可以改变输出电压、电流的极性，它对具有反电动势性质的直流电动机类负载，可以实现四象限运行，实现能量的双向流动。

将几个结构相同的基本斩波电路进行组合，即可构成多相多重直流斩波电路。多相多重电路的输出电压、电流脉动小而更平滑，可以大大改善电路的输入、输出特性，还使滤波更易实现，同时可以提高电路的输出容量。

最后介绍了直流斩波电路的几个基本应用，仅起引导作用，实际的应用较多，可以是不同的领域，读者可以根据需要参考其他资料。

Buck电路和Boost电路是最基本的直流斩波电路，深刻理解和掌握这两种电路的工作原理及不同工作模式下的分析方法是学习本章的关键与核心，也是学习其他斩波电路的基础。本章的重点是，掌握降压斩波电路和升压斩波电路的工作原理、工作特点及波形分析方法。

习题与思考题

4-1 简述图 4-2(a)所示的降压斩波电路工作原理。

4-2 在图 4-2(a)所示的降压斩波电路中,已知 $E=200$ V,$R=10$ Ω,L 值微大,$E_M=30$ V,$T=50$ μs,$t_{on}=20$ μs,计算输出电压平均值 U_o、输出电流平均值 I_o。

4-3 在图 4-2(a)所示的降压斩波电路中,$E=100$ V,$L=1$ mH,$R=0.5$ Ω,$E_M=10$ V,采用脉宽调制控制方式,$T=20$ μs,当 $t_{on}=5$ μs 时,计算输出电压平均值 U_o,输出电流平均值 I_o、输出电流的最大和最小瞬时值,并判断负载电流是否连续。当 $t_{on}=3$ μs 时,重新进行上述计算。

4-4 简述图 4-3(a)所示升压斩波电路的基本工作原理。

4-5 在图 4-3(a)所示的升压斩波电路中,已知 $E=50$ V,L 值和 C 值极大,$R=20$ Ω,采用脉宽调制控制方式,当 $T=40$ μs、$t_{on}=25$ μs 时,计算输出电压平均值 U_o、输出电流平均值 I_o。

4-6 试分别简述升降压斩波电路和 Cuk 斩波电路的基本原理,并比较其异同点。

4-7 分析图 4-8(a)所示的电流可逆斩波电路,并结合图 4-8(b)的波形,绘制出各个阶段电流流通的路径并标明电流方向。

4-8 对于图 4-9 所示的桥式可逆斩波电路,若需使电动机工作于反转电动状态,试分析此时电路的工作情况,并绘制相应的电流流通路径图,同时标明电流流向。

4-9 多相多重斩波电路有何优点?

第5章 逆变电路

与整流相对应，把直流电变成交流电的过程称为逆变。当交流侧接到电网上，即交流侧接电源时，称为有源逆变；当交流侧直接和负载相连接时，称为无源逆变，第3章所讲整流电路工作在逆变的情况属于有源逆变，本章所说逆变为无源逆变。

逆变电路的应用非常广泛。比如作为直流电源的蓄电池、干电池、太阳能电池等直流电源向交流负载供电时，需要逆变电路。交流电机调速用变频器、不间断电源、感应加热电源等电力电子装置的核心部分都是逆变电路。

本章仅讲述逆变电路基本内容，第7章PWM控制技术和第8章组合变流电路中，有关逆变电路的内容会进一步展开。

5.1 换流方式

5.1.1 逆变电路的基本工作原理

以图5-1(a)所示单相桥式逆变电路为例说明最基本的工作原理。$S_1 \sim S_4$ 是桥式电路的4个臂，由电力电子器件及辅助电路组成。S_1、S_4 闭合，S_2、S_3 断开时，负载电压 u_o 为正；S_1、S_4 断开，S_2、S_3 闭合时，u_o 为负，把直流电变成了交流电。改变两组开关切换频率，可改变输出交流电频率。

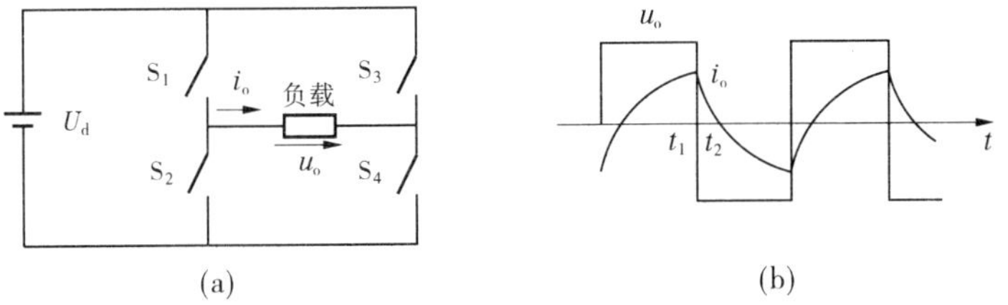

图5-1 逆变电路及其波形举例

电阻负载时，负载电流 i_o 和 u_o 的波形相同，相位也相同。阻感负载时，i_o 滞后于 u_o，波形也不同（见图5-1(b)）。

t_1 前：S_1、S_4 通，u_o 和 i_o 均为正。

t_1 时刻断开 S_1、S_4，合上 S_2、S_3，u_o 变负，但 i_o 不能立刻反向。

i_o 从电源负极流出，经 S_2、负载和 S_3 流回正极，负载电感能量向电源反馈，i_o 逐渐减小，t_2 时刻降为零，之后 i_o 才反向并增大。

5.1.2 换流方式分类

电流从一个支路向另一个支路转移的过程称为换流，也称换相。

换流的过程有的支路从断态转为通态，有的从通态转为断态。从断态转为通态时，无论支路是由全控型还是半控型器件控制的，适当的门极驱动信号就可使其开通。但从通态转为断态，情况就不同了。全控型器件可通过门极关断；半控型器件晶闸管，必须利用外部条件才能关断，一般在晶闸管电流过零后施加一定时间反向电压，才能关断。

研究换流方式主要是研究如何使器件关断。

本章换流及换流方式问题最为全面集中，因此放在本章讲述。

5.1.2.1 器件换流

利用全控型器件的自关断能力进行换流称为器件换流（Device Commutation）。比如采用全控器件的 IGBT、MOSFET、GTO、GTR 等的电路，其换流方式即为器件换流。

5.1.2.2 电网换流

由电网提供换流电压的称为电网换流（Line Commutation）。可控整流电路、交流调压电路和采用相控方式的交—交变频电路，不需器件具有门极可关断能力，也不需要为换流附加元件。

5.1.2.3 负载换流

由负载提供换流电压的称为负载换流（Load Commutation）。负载电流相位超前于负载电压的场合，都可实现负载换流。如为电容性负载，或负载为同步电动机时，均可实现负载换流。

图 5-2 是基本的负载换流逆变电路：4 个桥臂均采用晶闸管，其负载电阻、电感串联后再和电容并联，工作在接近并联谐振状态而略呈容性。在实际电路中，为改善负载功率因数，使电容略呈容性而接入，直流侧串入大电感 L_d，i_d 基本没有脉动。

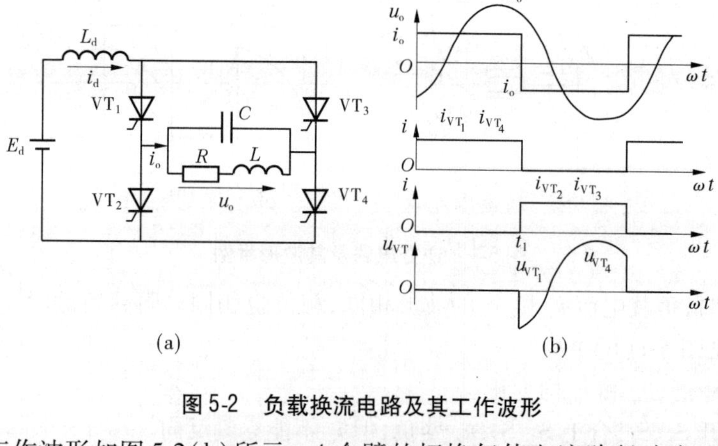

图 5-2 负载换流电路及其工作波形

电路的工作波形如图 5-2(b)所示。4 个臂的切换仅使电流路径改变，负载电流基本呈矩形波。负载工作在基波电流接近并联谐振的状态，对基波阻抗很大，对谐波阻抗很小，u_o 波形接近正弦。设在 t_1 时刻前，VT_1、VT_4 通，VT_2、VT_3 断，u_o、i_o 均为正，VT_2、VT_3 电

压即为 u_o。

t_1 时刻触发 VT_2、VT_3 使其开通，u_o 加到 VT_4、VT_1 上使其承受反向电压而关断，电流从 VT_1、VT_4 换到 VT_3、VT_2。t_1 必须在 u_o 过零前并留有足够裕量，才能使换流顺利完成。从 VT_3、VT_2 到 VT_1、VT_4 的换流过程和上述情况相似。

5.1.2.4　强迫换流

设置附加的换流电路，给欲关断的晶闸管强迫施加反向电压或反向电流的换流方式称为强迫换流（Forced Commutation）。通常利用附加电容上储存的能量来实现，也称为电容换流。

由换流电路内电容提供换流电压的称为直接耦合式强迫换流。VT 通态时，先给电容 C 充电。合上 S 就可使晶闸管被施加反向电压而关断，这就是直接耦合式强迫换流，见图 5-3。

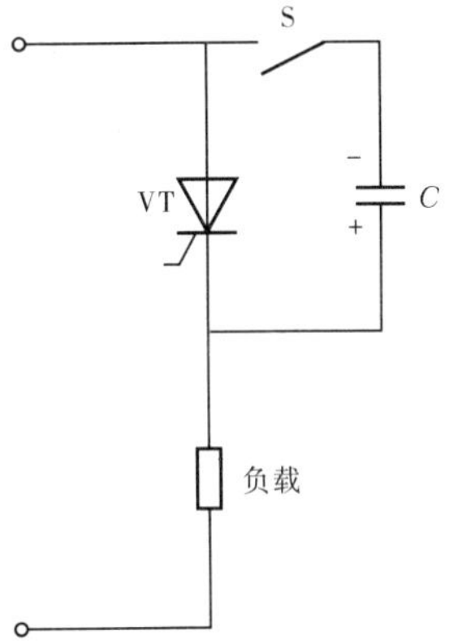

图 5-3　直接耦合式强迫换流原理

通过换流电路内电容和电感耦合提供换流电压或换流电流的称为电感耦合式强迫换流。

图 5-4 所示是两种电感耦合式强迫换流：图 5-4(a) 中晶闸管在 LC 振荡第一个半周期内关断。图 5-4(b) 中晶闸管在 LC 振荡第二个半周期内关断。

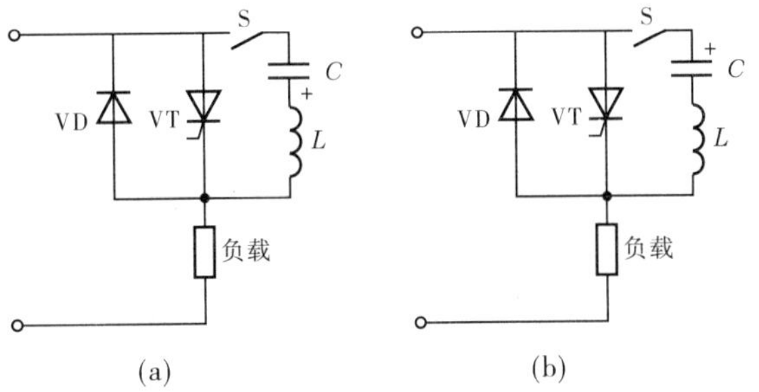

图 5-4　电感耦合式强迫换流原理

给晶闸管加上反向电压而使其关断的换流也叫电压换流（见图 5-3）。先使晶闸管电流减为零，然后通过反并联二极管使其加反向电压的换流叫电流换流（见图 5-4）。

由上述分析可知，器件换流适用于全控型器件，其余三种方式针对晶闸管。

器件换流和强迫换流属于自换流，电网换流和负载换流属于外部换流。

若电流不是从一个支路向另一个支路转移，而是在支路内部终止流通而变为零，则称为熄灭。

5.2　电压型逆变电路

逆变电路按其直流电源性质不同分为两种：电压型逆变电路或电压源型逆变电路，电流型逆变电路或电流源型逆变电路。

图 5-5 所示的电压型全桥逆变电路就是实例之一。

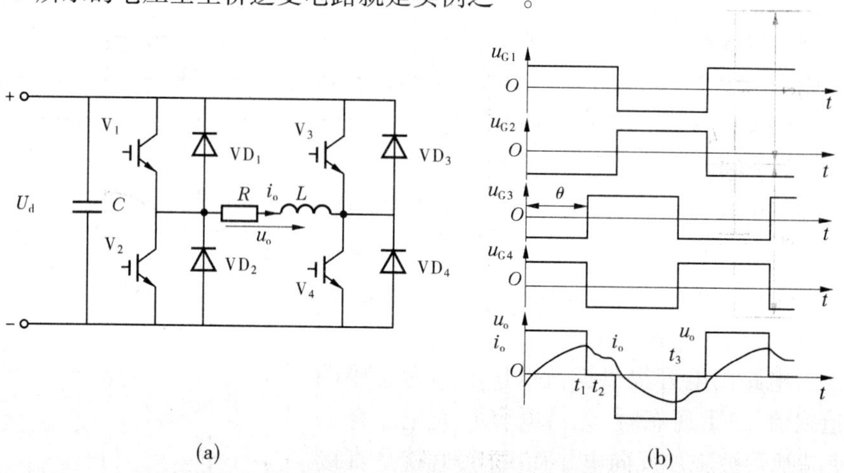

图 5-5　电压型逆变电路举例(全桥逆变电路)

电压型逆变电路的特点如下:

(1)直流侧为电压源或并联大电容,直流侧电压基本无脉动。

(2)输出电压为矩形波,输出电流因负载阻抗不同而不同。

(3)阻感负载时需提供无功。为了给交流侧向直流侧反馈的无功提供通道,逆变桥各臂并联反馈二极管。

5.2.1　单相电压型逆变电路

5.2.1.1　半桥逆变电路

半桥逆变电路原理如图 5-6(a)所示。设开关器件 V_1 和 V_2 栅极信号各半周正偏、半周反偏,互补。u_o 为矩形波,幅值为 $U_m = U_d/2$,i_o 波形随负载而异,感性负载时,工作波形如图 5-6(b)所示。V_1 或 V_2 导通时,i_o 和 u_o 同方向,直流侧向负载提供能量;VD_1 或 VD_2 导通时,i_o 和 u_o 反向,电感中储能向直流侧反馈。VD_1、VD_2 称为反馈二极管,其还可使 i_o 连续,又称续流二极管。

半桥逆变电路的优点是简单,使用器件少。其缺点是输出交流电压幅值为 $U_d/2$,直流侧需两电容器串联,工作时还要控制两者电压均衡。因此,半桥电路用于几千瓦以下的小功率逆变电源。

以下所讲述的单相全桥逆变电路、三相桥式逆变电路都可看成若干个半桥逆变电路的组合。

5.2.1.2　全桥逆变电路

电路结构及工作情况如图 5-5 所示,为两个半桥电路的组合。V_1 和 V_4 一对,V_2 和 V_3 一对,成对桥臂同时导通,交替各导通 180°。u_o 波形同图 5-6(b),幅值比半桥电器高出一倍,即 $U_m = U_d$。i_o 波形和图 5-6(b)中的 i_o 相同,幅值增加一倍。全桥逆变电路是单相逆变电路中应用最多的一种。

u_o 按傅里叶级数展开为

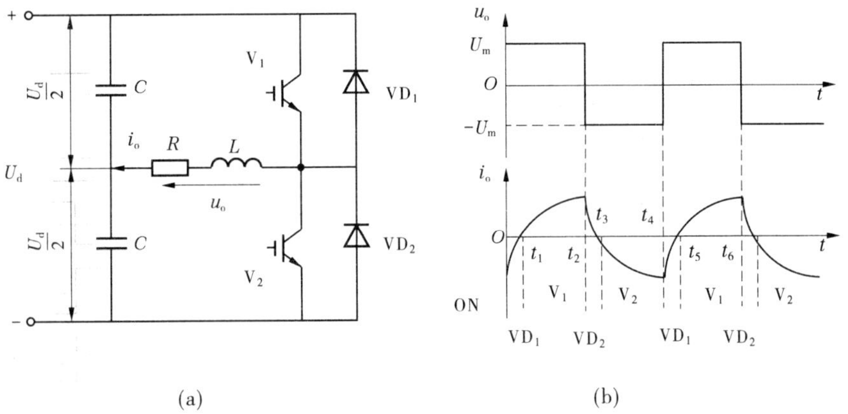

图 5-6　单相半桥电压型逆变电路及其工作波形

$$u_o = \frac{4U_d}{\pi}\left(\sin\omega t + \frac{1}{3}\sin3\omega t + \frac{1}{5}\sin5\omega t + \cdots\right) \tag{5-1}$$

基波幅值

$$u_{o1m} = \frac{4U_d}{\pi} = 1.27U_d \tag{5-2}$$

基波有效值

$$u_{o1} = \frac{2\sqrt{2}U_d}{\pi} = 0.9U_d \tag{5-3}$$

u_o 为正负各 180°时,要改变输出电压有效值,只能靠改变 U_d 来实现。

在阻感负载时,还可以采用移相的方式来调节逆变电路的输出电压,这种方式称为移相调压方式,如图 5-7 所示。在图 5-7 中,各 IGBT 栅极信号为 180°正偏,180°反偏,且 V_1 和 V_2、V_3 和 V_4 互补关系不变。V_3 的基极信号只比 V_1 落后 θ($0° < \theta < 180°$),V_3、V_4 的栅极信号分别比 V_2、V_1 的前移 $180° - \theta$,u_o 成为正负各为 θ 的脉冲,改变 θ 即可调节输出电压有效值。限于篇幅和章节的原因,其工作的具体过程请读者自行分析。

5.2.1.3　带中心抽头变压器的逆变电路

图 5-8 所示为带中心抽头变压器逆变电路的原理图。交替驱动两个 IGBT,经变压器耦合给负载加上矩形波交流电压。两个二极管的作用也是提供无功能量的反馈通道,U_d 和负载相同,变压器匝比为 1∶1∶1时,u_o 和 i_o 波形及幅值与全桥逆变电路完全相同。式(5-1) ~式(5-3)也适用于该电路。

图 5-8 的电路虽然与全桥电路相比,少用一半开关器件,但器件承受的电压为 $2U_d$,比全桥电路高一倍。因此,必须有一个变压器。

5.2.2　三相电压型逆变电路

用三个单相逆变电路可组合成一个三相逆变电路,应用最广的是三相桥式逆变电路,见图 5-9,可看成由三个半桥逆变电路组成。三相电压型逆变器的基本工作方式是 180°导电方式,即每个桥臂导电 180°,同一相上下两臂交替导电,各相开始导电的角度差

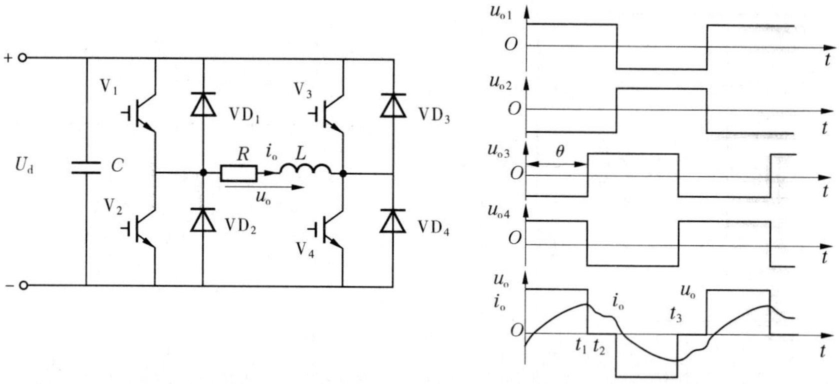

(a) (b)

图 5-7　单相全桥逆变电路的移相调压方式

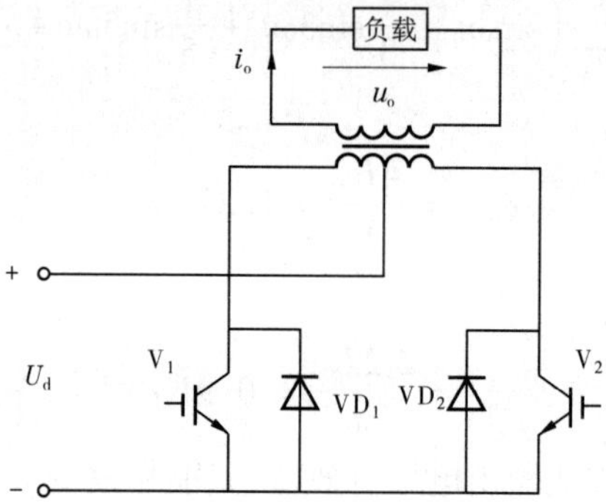

图 5-8　带中心抽头变压器的逆变电路

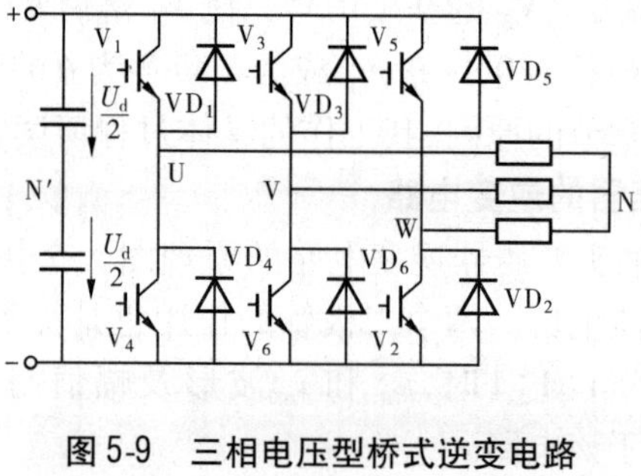

图 5-9　三相电压型桥式逆变电路

120°,任一瞬间有三个桥臂同时导通,每次换流都是在同一相上下两臂之间进行,也称为纵向换流。其波形如图 5-10 所示。

负载各相到电源中点 N′的电压:对于 U 相来说,当桥臂 1 导通时,$u_{UN'}=U_d/2$,桥臂 4 导通时,$u_{UN'}=-U_d/2$。

负载线电压可由下式求出

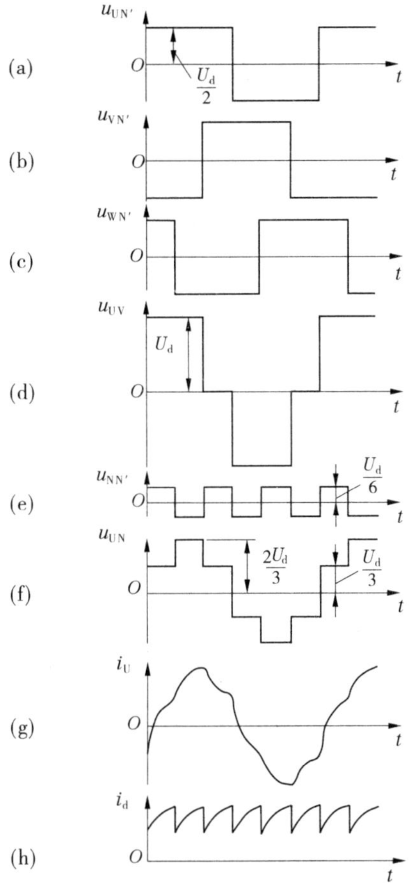

图 5-10　三相电压型桥式逆变电路的工作波形

$$\left.\begin{aligned} u_{UV} &= u_{UN'} - u_{VN'} \\ u_{VW} &= u_{VN'} - u_{WN'} \\ u_{WU} &= u_{WN'} - u_{UN'} \end{aligned}\right\} \tag{5-4}$$

负载相电压可由下式求出

$$\left.\begin{aligned} u_{UN} &= u_{UN'} - u_{NN'} \\ u_{VN} &= u_{VN'} - u_{NN'} \\ u_{WN} &= u_{WN'} - u_{NN'} \end{aligned}\right\} \tag{5-5}$$

负载中点 N 和电源中点 N′间电压为

$$u_{NN'} = \frac{1}{3}(u_{UN'} + u_{VN'} + u_{WN'}) - \frac{1}{3}(u_{UN} + u_{VN} + u_{WN}) \tag{5-6}$$

负载三相对称时有 $u_{UN} + u_{VN} + u_{WN} = 0$，于是

$$u_{NN'} = \frac{1}{3}(u_{UN'} + u_{VN'} + u_{WN'}) \tag{5-7}$$

利用式(5-5)和式(5-7)可绘出 u_{UN}、u_{VN}、u_{WN}波形。负载已知时，可由 u_{UN}波形求出 i_U

波形,一相上下两桥臂间的换流过程和半桥电路相似,桥臂 1、3、5 的电流相加可得直流侧电流 i_d 的波形,i_d 每 60°脉动一次,直流电压基本无脉动,因此逆变器从直流侧向交流侧传送的功率是脉动的,这也是电压型逆变电路的一个特点。

下面是对三相桥式逆变电路的输出电压的定量分析。

5.2.2.1 输出线电压

u_{UV}展开成傅里叶级数得

$$u_{UV} = \frac{2\sqrt{3}U_d}{\pi}\left(\sin\omega t - \frac{1}{5}\sin5\omega t - \frac{1}{7}\sin7\omega t + \frac{1}{11}\sin11\omega t + \frac{1}{13}\sin13\omega t - \cdots\right)$$

$$= \frac{2\sqrt{3}U_d}{\pi}\left[\sin\omega t + \sum_n \frac{1}{n}(-1)^k\sin n\omega t\right] \tag{5-8}$$

式中,$n=6k\pm1$,k 为自然数。

输出线电压有效值

$$u_{UV} = \sqrt{\frac{1}{2\pi}\int_0^{2\pi}u_{UV}^2\mathrm{d}(\omega t)} = 0.816U_d \tag{5-9}$$

基波幅值

$$u_{UV1m} = \frac{2\sqrt{3}U_d}{\pi} = 1.1U_d \tag{5-10}$$

基波有效值

$$u_{UV1} = \frac{U_{UV1m}}{\sqrt{2}} = \frac{\sqrt{6}}{\pi}U_d = 0.78U_d \tag{5-11}$$

5.2.2.2 负载相电压

u_{UN}展开成傅里叶级数得

$$u_{UN} = \frac{2U_d}{\pi}\left(\sin\omega t + \frac{1}{5}\sin5\omega t + \frac{1}{7}\sin7\omega t + \frac{1}{11}\sin11\omega t + \frac{1}{13}\sin13\omega t + \cdots\right)$$

$$= \frac{2U_d}{\pi}\left(\sin\omega t + \sum_n \frac{1}{n}\sin n\omega t\right) \tag{5-12}$$

式中,$n=6k\pm1$,k 为自然数。

负载相电压有效值

$$U_{UN} = \sqrt{\frac{1}{2\pi}\int_0^{2\pi}u_{UN}^2\mathrm{d}(\omega t)} = 0.471U_d \tag{5-13}$$

基波幅值

$$U_{UN1m} = \frac{2U_d}{\pi} = 0.637U_d \tag{5-14}$$

基波有效值

$$U_{UN1} = \frac{U_{UN1m}}{\sqrt{2}} = 0.45U_d \tag{5-15}$$

为防止同一相上下两桥臂开关器件直通,应采取“先断后通”的方法。

5.3 电流型逆变电路

直流电源为电流源的逆变电路称为电流型逆变电路。一般在直流侧串联大电感，电流脉动很小，可近似看成直流电流源。

图5-11所示的电流型三相桥式逆变电路就是实例之一。交流侧电容用于吸收换流时负载电感中存储的能量。

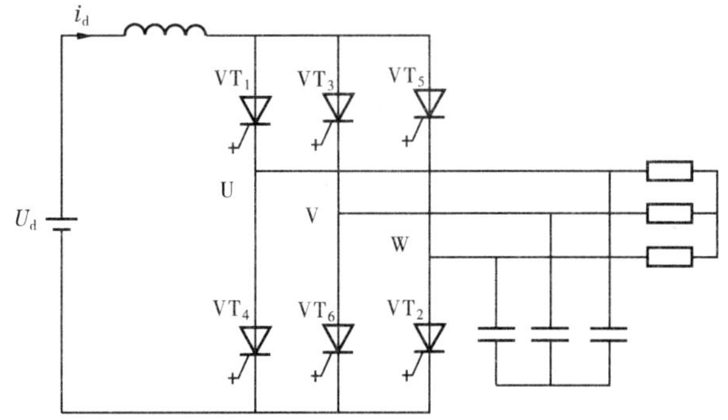

图5-11 电流型三相桥式逆变电路

电流型逆变电路主要有以下特点：

(1)直流侧串大电感，相当于电流源。

(2)交流输出电流为矩形波，输出电压波形和相位因负载不同而不同。

(3)直流侧电感起缓冲无功能量的作用，不必给开关器件反并联二极管。

电流型逆变电路中，采用半控型器件的电路仍应用较多。换流方式有负载换流、强迫换流。

5.3.1 单相电流型逆变电路

图5-12所示电路由4个桥臂构成，每桥臂晶闸管各串一个电抗器 L_T 限制晶闸管开通时的 di/dt。使 VT_1、VT_4 和 VT_2、VT_3 以1 000～2 500 Hz的中频轮流导通，可得到中频交流电。该电路采用负载换相方式，要求负载电流略超前于电压，即负载略呈容性。

实际负载一般是电磁感应线圈，用来加热置于线圈内的钢料，R、L 串联为其等效电路。因功率因数很低，故并联 C。C 和 L、R 构成并联谐振电路，故此电路称为并联谐振式逆变电路。

因是电流型逆变电路，交流输出电流波形接近矩形波，其中含基波和各奇次谐波，且谐波幅值远小于基波。因基波频率接近负载电路谐振频率，故负载对基波呈高阻抗，对谐波呈低阻抗，谐波在负载上产生的压降很小，因此负载电压波形接近正弦波。

图5-13所示为图5-12逆变电路的工作波形。在交流电流的一周期内，有两个稳定导通阶段和两个换流阶段。

$t_1 \sim t_2$ 时刻为 VT_1 和 VT_4 稳定导通阶段，$i_o = I_d$，t_2 时刻前在 C 上建立了左正右负的

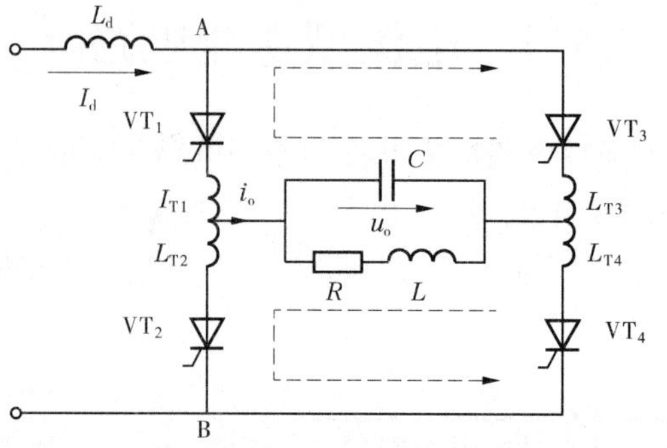

图 5-12 所示单相桥式电流型(并联谐振式)逆变电路

电压。

t_2 时刻触发 VT_2 和 VT_3 使其导通，进入换流阶段。L_T 使 VT_1、VT_4 不能立刻关断，电流有一个减小过程。VT_2、VT_3 电流有一个增大过程。4 个晶闸管全部导通，负载电压经两个并联的放电回路同时放电。t_2 时刻后，一个放电回路经 L_{T1}、VT_1、VT_3、L_{T3} 到 C；另一个经 L_{T2}、VT_2、V_{T4}、L_{T4} 到 C。$t=t_4$ 时，VT_1、VT_4 电流减至零而关断，换流阶段结束。$t_4-t_2=t_\gamma$，称为换流时间。i_o 在 t_3 时刻，即 $i_{VT_1}=i_{VT_2}$ 时刻过零，t_3 时刻大体位于 t_2 和 t_4 的中点。

晶闸管需一段时间才能恢复正向阻断能力，换流结束后还要使 VT_1、VT_4 承受一段反压时间 t_β，$t_\beta = t_5 - t_4$，应大于晶闸管的关断时间 t_q。为保证可靠换流，应在 u_o 过零前 $t_d = t_5 - t_2$ 时刻触发 VT_2、VT_3。

t_d 为触发引前时间

$$t_d = t_\gamma + t_\beta \tag{5-16}$$

i_o 超前于 u_o 的时间为

$$t_\varphi = \frac{t_\gamma}{2} + t_\beta \tag{5-17}$$

表示为电角度为

$$\varphi = \omega\left(\frac{t_\gamma}{2} + t_\beta\right) = \frac{\gamma}{2} + \beta \tag{5-18}$$

式中　ω——电路工作角频率；

γ、β——t_γ、t_β 对应的电角度；

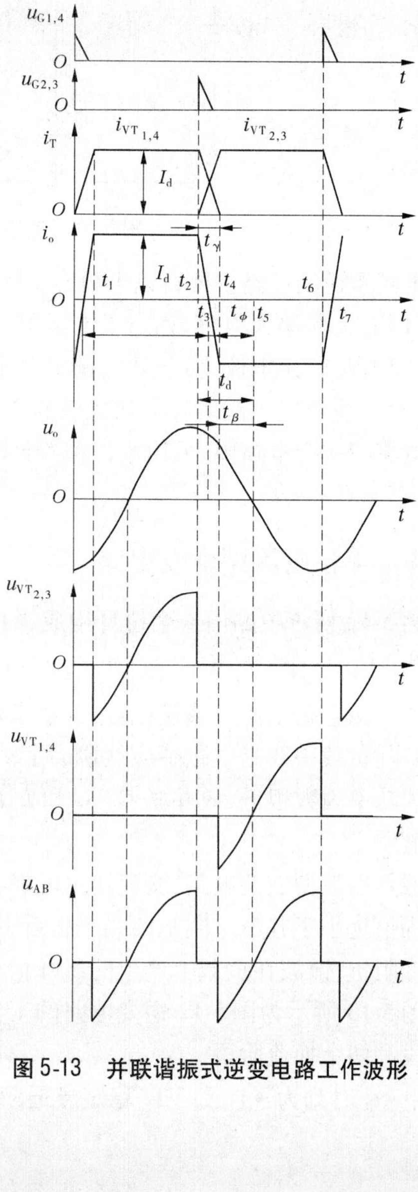

图 5-13 并联谐振式逆变电路工作波形

φ——负载的功率因数角。

如果忽略换流过程，i_o 可近似成矩形波，展开成傅里叶级数

$$i_o = \frac{4I_d}{\pi}\left(\sin\omega t + \frac{1}{3}\sin 3\omega t + \frac{1}{5}\sin 5\omega t + \cdots\right) \tag{5-19}$$

基波电流有效值

$$I_{o1} = \frac{4I_d}{\sqrt{2}\pi} = 0.9I_d \tag{5-20}$$

负载电压有效值 U_o 和直流电压 U_d 的关系（忽略 L_d 的损耗，忽略晶闸管压降）为

$$U_o = \frac{\pi U_d}{2\sqrt{2}\cos\varphi} = 1.11\frac{U_d}{\cos\varphi} \tag{5-21}$$

实际工作过程中，感应线圈参数随时间变化，必须使工作频率适应负载的变化而自动调整，这种控制方式称为自励方式。固定工作频率的控制方式称为他励方式。

自励方式存在启动问题，解决方法之一是先用他励方式，系统开始工作后再转入自励方式。另一种方法是附加预充电启动电路。

5.3.2　三相电流型逆变电路

图 5-11 是典型的电流型三相桥式逆变电路，采用全控型器件，其波形见图 5-14。这个电路的基本工作方式也是 120°导电方式，即每个臂一周期内导电 120°。每时刻上下桥臂组各有一个臂导通，横向换流。

输出电流波形与负载性质无关，是正负脉冲各 120°的矩形波。输出电流和三相桥式整流带大电感负载时的交流电流波形相同，谐波分析表达式也相同。输出线电压波形和负载性质有关，大体为正弦波。

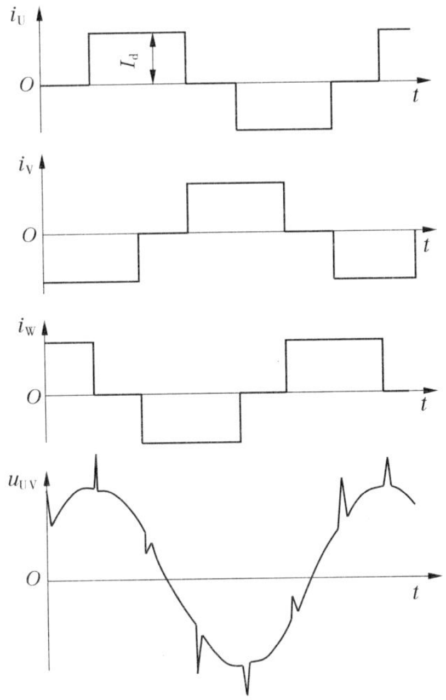

图 5-14　电流型三相桥式逆变电路的输出波形

输出交流电流的基波有效值

$$I_{U1} = \frac{\sqrt{6}}{\pi}I_d = 0.78I_d \tag{5-22}$$

随着全控型器件的不断进步，串联二极管式晶闸管逆变电路如图 5-15 所示。这种电路因各桥臂的晶闸管和二极管串联使用而得名，主要用于中大功率交流电动机调速系统。

串联二极管式晶闸管逆变电路仍为前述的 120°导电工作方式，输出波形与图 5-14 的波形大体相同。各桥臂的晶闸管和二极管串联使用，各桥臂之间换流采用强迫换流方式，连接于各臂之间的电容 $C_1 \sim C_6$ 即为换流电容。

下面主要对换流过程进行分析，换流过程各阶段的电流路径如图 5-16 所示。

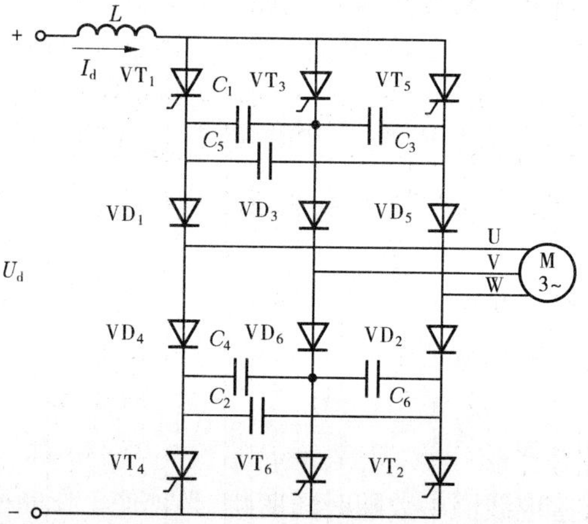

图 5-15 串联二极管式晶闸管逆变电路

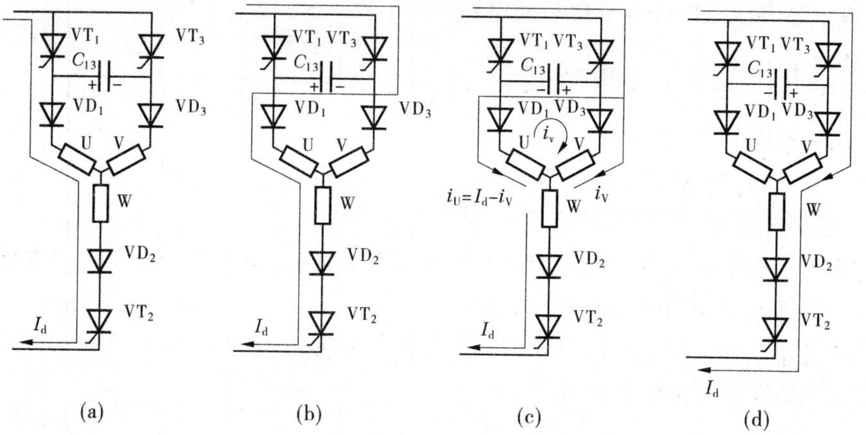

图 5-16 换流过程各阶段的电流路径

5.3.2.1 电容器充电规律

对共阳极晶闸管，电容器与导通晶闸管相连一端极性为正，另一端为负。不与导通晶闸管相连的电容器电压为零。共阴极晶闸管与共阳极晶闸管情况类似，只是电容器电压极性相反。在分析换流过程时，常用等效换流电容的概念。例如，在分析从 VT_1 向 VT_3 换流时，C_{13}就是 C_3 与 C_5 串联后再与 C_1 并联的等效电容。设 $C_1 \sim C_6$ 的电容量均为 C，则 $C_{13}=3C/2$。

5.3.2.2 换流过程(以从 VT_1 向 VT_3 换流为例)

假设换流前 VT_1 和 VT_2 导通，C_{13}电压 U_{C0}左正右负。换流过程可分为恒流放电和二极管换流两个阶段。

1. 恒流放电阶段

t_1 时刻触发 VT_3 使其导通，VT_1 被施以反向电压而关断。I_d 从 VT_1 换到 VT_3，C_{13}通过 VD_1、U 相负载、W 相负载、VD_2、VT_2、直流电源和 VT_3 放电，放电电流恒为 I_d，故称恒流放

电阶段。u_{C13}下降到零之前，VT_1 承受反向电压，反向电压持续时间大于 t_q 就能保证关断。

2. 二极管换流阶段

t_2 时刻 u_{C13}降到零，之后 C_{13}反向充电。忽略负载电阻压降，则二极管 VD_3 导通，电流为 i_V，VD_1 电流为 $i_U = I_d - i_V$，VD_1 和 VD_3 同时导通，进入二极管换流阶段。随着 C_{13}电压增高，充电电流渐小，i_V 渐大，t_3 时刻 i_U 减到零，$i_V = I_d$，VD_1 承受反向电压而关断，二极管换流阶段结束。

t_3 以后，VT_2、VT_3 稳定导通。

5.3.2.3 波形分析

电感负载时，u_{C13}、i_U、i_V 及 u_{C1}、u_{C3}、波形如图 5-17 所示。图中给出了各换流电容电压 u_{C1}、u_{C3}和 u_{C5}的波形。u_{C1}的波形和 u_{C13}完全相同，在换流过程中，从 U_{C0}降为 $-U_{C0}$，C_3 和 C_5 是串联后再和 C_1 并联的，电压变化的幅度是 C_1 的一半。换流过程中，u_{C3}从零变到 $-U_{C0}$，u_{C5}从 U_{C0}变到零，这些电压恰好符合相隔 120°后从 VT_3 到 VT_5 换流时的要求。

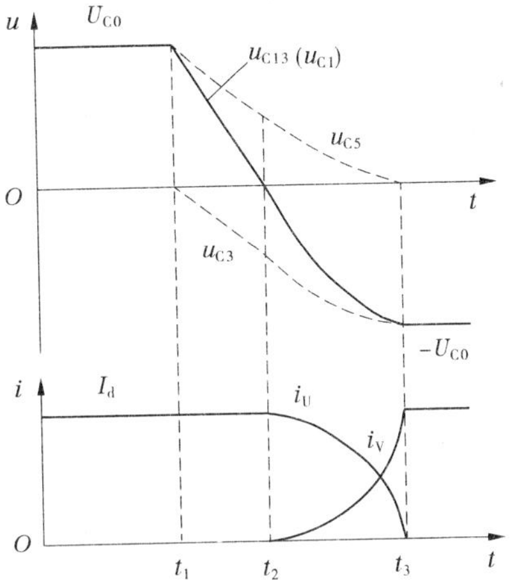

图 5-17 串联二极管晶闸管逆变电路换流过程波形

5.3.3 无换相器电动机

电流型三相桥式逆变器驱动同步电动机，负载换流，工作特性和调速方式与直流电动机相似，但无换相器，因此称为无换相器电动机。无换相器电动机的基本电路及工作波形见图 5-18、图 5-19。

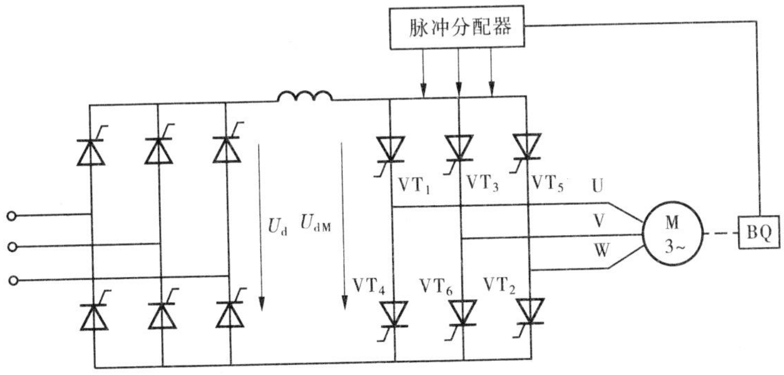

图 5-18 无换相器电动机的基本电路

图 5-18 中，BQ 为转子位置检测器，用于检测磁极位置以决定什么时候给哪个晶闸管发出触发脉冲。

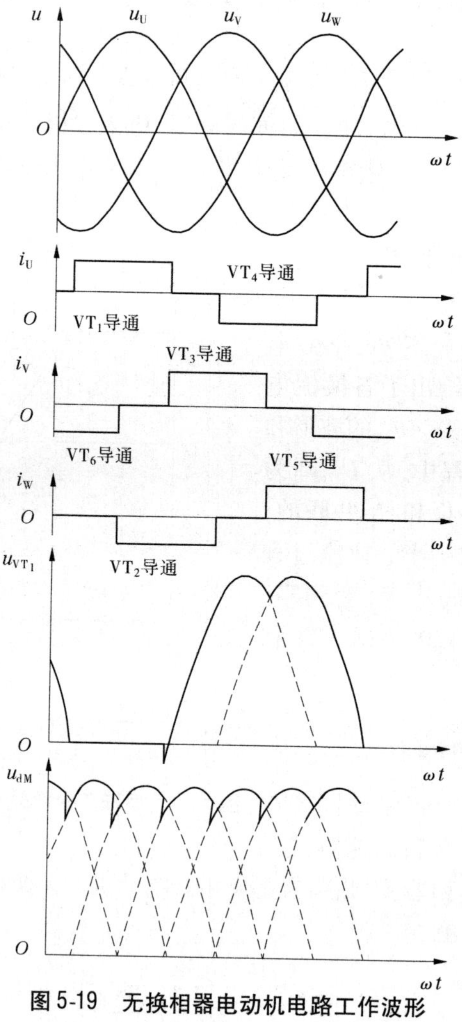

图 5-19　无换相器电动机电路工作波形

本章小结

本章主要讲述基本的逆变电路的结构及其工作原理。

换流方式分为外部换流和自换流两大类。外部换流包括电网换流和负载换流两种，自换流包括器件换流和强迫换流两种。晶闸管时代换流十分重要，全控型器件时代其重要性有所下降。

逆变电路可按换流方式、输出相数、直流电源的性质或用途等分类。本章主要采用按直流侧电源性质分类的方法，分为电压型和电流型两类。负载为大电感的整流电路可看成电流型整流电路。电容滤波的整流电路可看成电压型整流电路。

本章对逆变电路的讲述是很基本的，还远不完整。第 7 章的 PWM 控制技术在逆变电路中应用最多，绝大部分逆变电路都是 PWM 控制的，学完第 7 章才能对逆变电路有一个较为完整的认识。逆变电路的直流电源往往由整流电路而来，二者结合构成间接交流变流电路。

习题与思考题

5-1　无源逆变电路和有源逆变电路有何不同?

5-2　换流方式有哪几种? 各有什么特点?

5-3　什么是电压型逆变电路? 什么是电流型逆变电路? 二者各有什么特点?

5-4　电压型逆变电路中反馈二极管的作用是什么? 为什么电流型逆变电路中没有反馈二极管?

5-5　三相桥式电压型逆变电路,180°导电方式,$U_d = 100$ V。试求输出相电压的基波幅值 U_{UN1m}和有效值 U_{UN1}、输出线电压的基波幅值 U_{UV1m}和有效值 U_{UV1}、输出线电压中5次谐波的有效值 U_{UV5}。

5-6　并联谐振式逆变电路利用负载电压进行换相,为保证换相应满足什么条件?

5-7　串联二极管式电流型逆变电路中,二极管的作用是什么? 试分析换流过程。

5-8　逆变电路多重化的目的是什么? 如何实现? 串联多重和并联多重逆变电路各用于什么场合?

第 6 章　交—交变流电路

交—交变流电路，即把一种形式的交流电变成另一种形式交流电的电路。在进行交—交变流时，可以改变相关的电压(电流)、频率和相数等。

交—交变流电路可以分为直接方式(无中间直流环节)和间接方式(有中间直流环节)两种，由于间接方式可以看作交—直变换电路和直—交变流电路的组合，所以本章所讨论的交—交变流电路均为直接方式，间接交—交变流电路在第 8 章组合变流电路中加以介绍。

在交—交变流电路中，只改变电压、电流或对电路的通断进行控制，而不改变频率的电路称为交流电力控制电路，改变频率的电路称为变频电路。

6.1　双向晶闸管

双向晶闸管(TRIAC, Bidirectional Triode Thyristor, Triode AC Switch)是把两个反并联的晶闸管集成在同一硅片上，用一个门极控制触发的组合型器件。这种结构使它在两个方向都具有和晶闸管同样的对称的开关特性，且伏安特性相当于两只反向并联的晶闸管，不同的是它由一个门极进行两个方向控制，因此可以认为是一种控制交流功率的理想器件，主要应用于交流无触点继电器、交流相位控制等场合。

6.1.1　双向晶闸管的基本结构和伏安特性

双向晶闸管是一种交流器件，其伏安特性是对称的，即正向或反向都具有能触发导通的开关特性，因此无所谓阳极与阴极。通常，把通向主回路的两个引出端子分别称为 T_1、T_2 端，并假定靠近门极的端子为 T_1 端，也就是常规的阴极，见图 6-1。

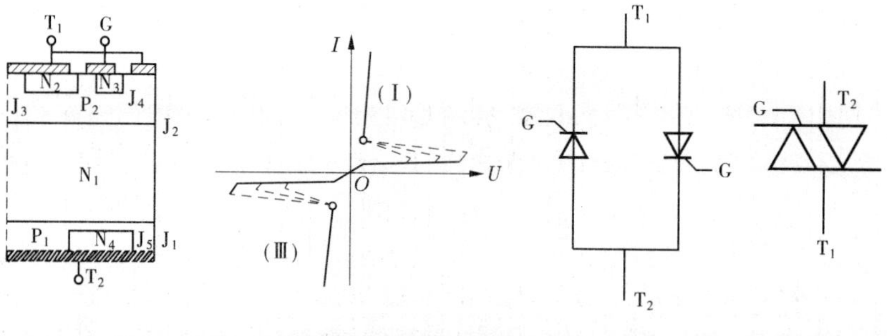

(a)　(b)　(c)

图 6-1　双向晶闸管的基本结构和伏安特性

6.1.1.1 **特性与符号**

双向晶闸管的外形与普通晶闸管相同，有塑封式、螺栓式和平板式，也有三个电极，其中一个是门极 G，另外两个则分别叫作第一阳极和第二阳极。

图 6-1(a)给出了双向晶闸管的典型结构。它内部有 NPNPN 五层结构；T_2、T_1、G 为三个引出端子。其中 $P_1N_1P_2N_2$ 称为正向晶闸管，其伏安特性画在第 1 象限，称为(Ⅰ)特性。而把与正向晶闸管反向并联的 $N_4P_1N_1P_2$ 称为反向晶闸管，其伏安特性画在第 3 象限，称为(Ⅲ)特性，如图 6-1(b)所示。这两个晶闸管的触发导通都是由门极 G 来控制的。

6.1.1.2 **触发方式**

双向晶闸管的触发信号加在门极与第一阳极之间。不论触发信号的极性如何，都能被触发。因此，可用交流信号做触发信号。因双向晶闸管的主电路加正、反向电压都能被触发的特性，双向晶闸管的触发方式有以下四种：

(1) Ⅰ + 触发方式：曲线在第 1 象限，T_2 为正，T_1 为负，G 对 T_1 为正。

(2) Ⅰ − 触发方式：曲线在第 1 象限，T_2 为正，T_1 为负，G 对 T_1 为负。

(3) Ⅲ + 触发方式：曲线在第 3 象限，T_2 为负，T_1 为正，G 对 T_1 为正。

(4) Ⅲ − 触发方式：曲线在第 3 象限，T_2 为负，T_1 为正，G 对 T_1 为负。

四种触发方式中以Ⅲ + 方式要求触发电流最大，因而触发灵敏度最低，使用中应尽量避免这种触发方式。

双向晶闸管的电气图形符号如图 6-1(c)所示。

6.1.2 双向晶闸管的主要参数

双向晶闸管的参数与普通晶闸管相似，但因其结构及使用条件的差异又有所不同。

6.1.2.1 **额定电流、通态压降**

普通晶闸管在半波下使用，其峰值电流是平均值的 π 倍；而双向晶闸管在全波下使用，其峰值电流是有效值的$\sqrt{2}$倍。通常，双向晶闸管的额定电流是指有效值电流。双向晶闸管每个半波都有各自的通态压降。由于结构及工艺的原因，其正、反两个通态压降值可能有较大的差别，使用时应尽量选用偏差小的，即具有比较对称的正、反向通态压降的器件。

6.1.2.2 **动态参数**

1. 电流上升率 di/dt

双向晶闸管通常不用于逆变电路，对 di/dt 的要求不高。但实际上，仍然存在因 di/dt 损坏器件的可能。因此，提高双向晶闸管 di/dt 容量的方法及保护电路和普通晶闸管一样考虑。

2. 开通时间和关断时间

双向晶闸管的触发导通过程需经过多个晶体管的相互作用后才能完成，故载流子渡越时间较长，导致开通延迟时间较长。关断时间不是双向晶闸管的必测参数，但关断时间与存储电荷有关。所以，实际上关断时间是反映换向能力强弱的重要参数。

3. 电压上升率 du/dt

du/dt 是双向晶闸管的一个重要参数。因为双向晶闸管作为开关器件使用时，有可能出现相当高的 du/dt 值，du/dt 是一项必测参数。

6.1.2.3　**双向晶闸管的型号规格定义**

双向晶闸管的型号通常表示为

K　S　□ - □

其中　K——闸流特性；

S——双向型；

□(第一个)——额定电流，有效值；

□(第二个)——额定电压。

例如：型号 KS100 - 8 表示双向晶闸管额定电流 100 A、额定电压 800 V。

双向晶闸管通常用在交流电路中，因此不用平均值而用有效值来表示其额定电流值。普通晶闸管与双向晶闸管额定电流之间的等效关系如下

$$I_{T(AV)} = 0.45 I_{T(RMS)} \tag{6-1}$$

6.2　单相交流调压电路

6.2.1　电阻性负载

带电阻性负载的单相交流调压电路及其工作波形如图 6-2 所示。

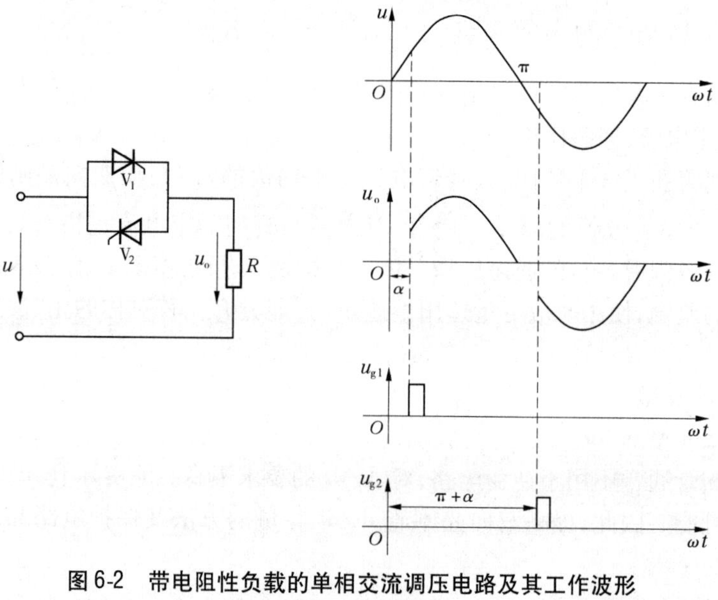

图 6-2　带电阻性负载的单相交流调压电路及其工作波形

在电源 u 的正半周内，晶闸管 V_1 承受正向电压，当 $\omega t = \alpha$ 时，触发 V_1 使其导通，则负载上得到缺 α 角的正弦半波电压，当电源电压过零时，V_1 管电流下降为零而关断。在电源电压 u 的负半周，晶闸管 V_2 承受正向电压，当 $\omega t = \pi + \alpha$ 时，触发 V_2 使其导通，则负载上又得到缺 α 角的正弦负半波电压。持续这样的控制，在负载电阻上便得到每半波缺 α 角的正弦电压。改变 α 角的大小，便改变了输出电压有效值的大小。

设 $u=\sqrt{2}U\sin\omega t$，则负载电压的有效值为

$$U_o = U\sqrt{\frac{1}{2\pi}\sin 2\alpha + \frac{\pi-\alpha}{\pi}} \tag{6-2}$$

负载电流有效值为

$$I_o = \frac{U_o}{R} = \frac{U}{R}\sqrt{\frac{1}{2\pi}\sin 2\alpha + \frac{\pi-\alpha}{\pi}} \tag{6-3}$$

从上式中可以看出，随着 α 角的增大，U_o 逐渐减小，当 $\alpha=\pi$ 时，$U_o=0$。因此，单相交流调压器对于电阻性负载，其电压的输出调节范围为 $0\sim U$，控制角 α 的移相范围为 $0\sim\pi$。

6.2.2 电感性负载

图 6-3 所示为带电感性负载的单相交流调压电路。

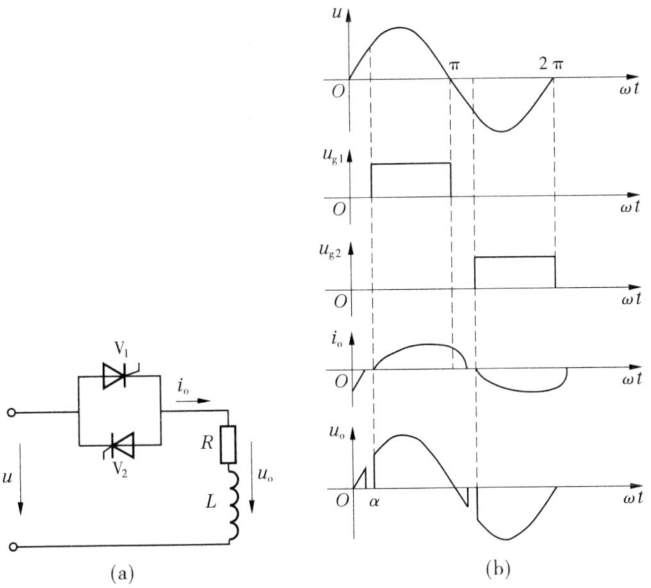

图 6-3 带电感性负载的单相交流调压电路及其工作波形

由图 6-3(b)可知，晶闸管的导通角的大小，不但与控制角有关，而且与负载阻抗角有关。一个晶闸管导通时，其负载电流 i_o 的表达式为

$$i_o = \frac{\sqrt{2}U}{Z}\left[\sin(\omega t-\varphi) - \sin(\alpha-\varphi)e^{\frac{\alpha-\omega t}{\tan\varphi}}\right] \tag{6-4}$$

式中

$$\alpha \leqslant \omega t \leqslant \alpha+\theta \tag{6-5}$$

$$Z = \left[R^2 + (\omega L)^2\right]^{\frac{1}{2}} \tag{6-6}$$

$$\varphi = \arctan\frac{\omega L}{R} \tag{6-7}$$

当 $\omega t=\alpha+\theta$ 时，$i_o=0$。将此条件代入可求得导通角 θ 与控制角 α、负载阻抗（功率因数）角 φ 之间的定量关系表达式为

$$\sin(\alpha+\theta-\varphi)=\sin(\alpha-\varphi)e^{-\frac{\theta}{\tan\varphi}} \quad (6\text{-}8)$$

针对交流调压器，其导通角 $\theta\leqslant 180°$，再根据式(6-8)可绘出 $\theta=f(\alpha,\varphi)$ 曲线，如图6-4所示。

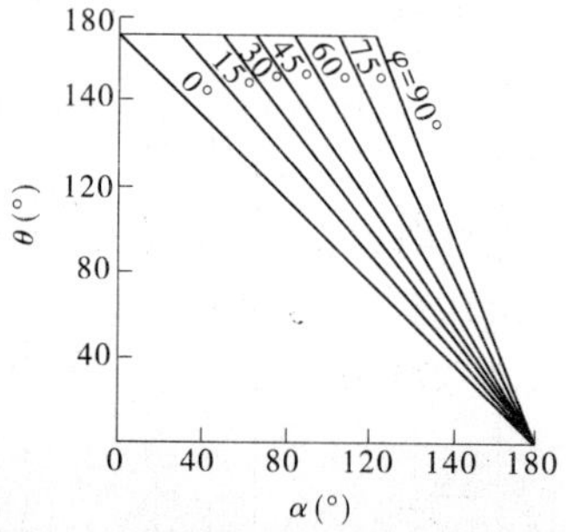

图6-4 单相交流调压电路以 φ 为参变量时 θ 与 α 的关系

下面分别就 $\alpha>\varphi$、$\alpha=\varphi$、$\alpha<\varphi$ 三种情况来讨论调压电路的工作情况。

(1)当 $\alpha>\varphi$ 时，由式(6-8)可以判断出导通角 $\theta<180°$，正负半波电流断续。α 越大，θ 越小，波形断续愈严重。

(2)当 $\alpha=\varphi$ 时，由式(6-8)可以计算出每个晶闸管的导通角 $\theta=180°$。此时，每个晶闸管轮流导通 180°，相当于两个晶闸管轮流被短接，负载电流处于连续状态，输出完整的正弦波。

(3)当 $\alpha<\varphi$ 时，电源接通后，在电源的正半周，如果先触发 V_1，则可判断出它的导通角 $\theta>180°$。如果采用窄脉冲触发，当 V_1 的电流下降为零而关断时，V_2 的门极脉冲已经消失，V_2 无法导通。到了下一周期，V_1 又被触发导通重复上一周期的工作，结果形成单相半波整流现象，如图6-5所示，回路中出现很大的直流电流分量，无法维持电路的正常工作。

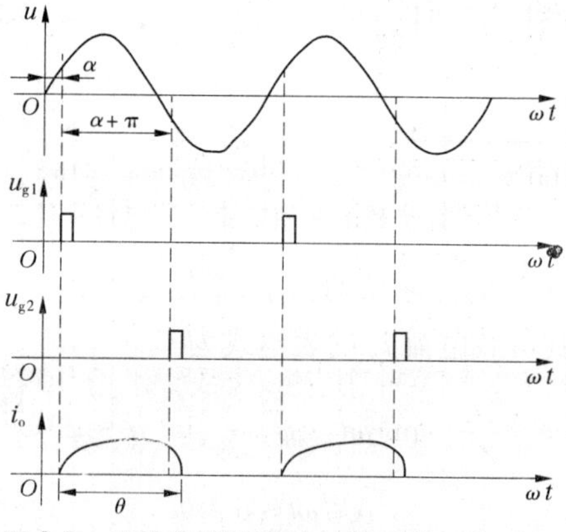

图6-5 感性负载窄脉冲触发时的工作波形

解决上述失控现象的办法是：采用宽脉冲或脉冲列触发，以保证 V_1 管电流下降到零时，V_2 管的触发脉冲信号还未消失，V_2 可在 V_1 电流为零关断后接着导通。但 V_2 的初始触发控制角 $\alpha+\theta-\pi>\varphi$，即 V_2 的导通角 $\theta<180°$。从第二周开始，由于 V_2 的关断时刻向后移，因此 V_1 的导通角逐渐减小，V_2 的导通角逐渐增大，直到两个晶闸管的导通角

$\theta=180°$时达到平衡。

根据以上分析，当 $\alpha\leqslant\varphi$ 并采用宽脉冲触发时，负载电压、电流总是完整的正弦波，改变控制角 α，负载电压、电流的有效值不变，即电路失去交流调压作用。在感性负载时，要实现交流调压的目的，则最小控制角 $\alpha=\varphi$（负载的功率因数角），所以 α 的移相范围为 $\varphi\sim180°$。

6.3 三相交流调压电路

根据三相联结形式的不同，三相交流调压电路具有多种形式，见图6-6。

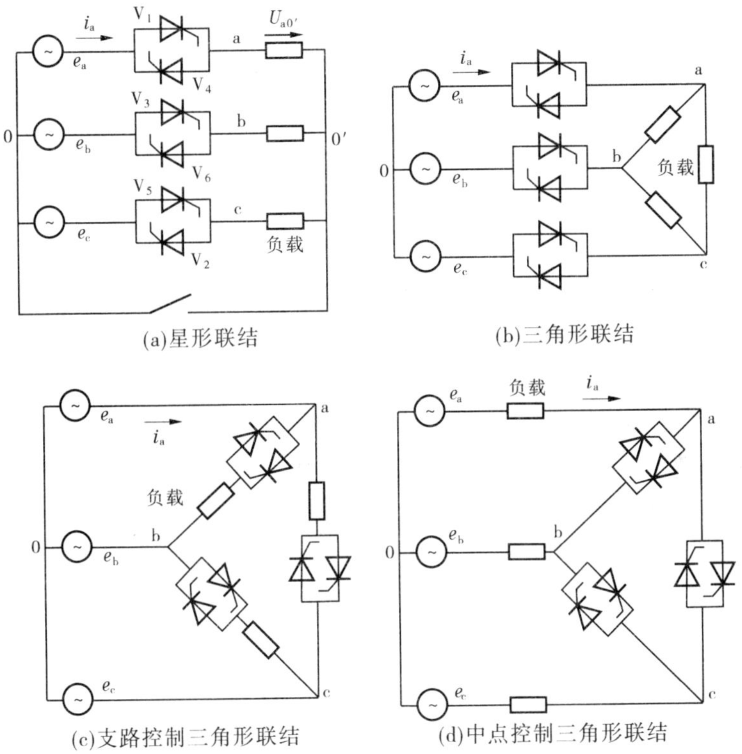

图6-6 三相交流调压电路

图6-6(a)所示为星形联结，图6-6(b)所示为三角形联结，图6-6(c)所示为支路控制三角形联结，图6-6(d)所示为中点控制三角形联结。其中图6-6(a)和图6-6(c)所示两种电路最为常用，下面分别简单介绍这两种电路的基本工作原理和特性。

6.3.1 星形联结电路

如图6-6(a)所示，这种电路又可分为三相三线和三相四线两种情况。三相四线时，相当于三个单相交流调压电路的组合，三相互相错开120°工作，单相交流调压电路的工作原理和分析方法均适用于这种电路。在单相交流调压电路中，电流中含有基波和各次谐波。组成三相电路后，基波和3的整数倍次以外的谐波在三相之间流动，不流过中性线。而3的整数倍次谐波是同相位的，不能在各相之间流动，全部流过中性线。因此，中性线中会有很大的3次谐波电流及其他3的整数倍次谐波电流。当 $\alpha=90°$ 时，中性线电流甚至和各相电流的有效值接近。在选择导线线径和变压器时必须注意这一问题。

三相三线带电阻负载时，任一相在导通时必须和另一相构成回路，因此和三相桥式全控整流电路一样，电流流通路径中有两个晶闸管，所以应采用双脉冲或宽脉冲触发。三相的触发脉冲应依次相差120°，同一相的两个反并联晶闸管脉冲相位应相差180°。因此，和三相桥式全控整流电路一样，触发脉冲顺序也是 $VT_1 \sim VT_6$，依次相差60°。

三相三线电路中 α 的移相范围是 $0° \sim 150°$。

(1) $0° \leqslant \alpha \leqslant 60°$，电路处于三个晶闸管导通与两个晶闸管导通的交替状态，每个晶闸管导通角为 $180°-\alpha$。但 $\alpha=0°$ 时是一种特殊情况，一直是三个晶闸管导通。

(2) $60° \leqslant \alpha \leqslant 90°$，任一时刻都是两个晶闸管导通，每个晶闸管的导通角为120°。

(3) $90° \leqslant \alpha \leqslant 150°$，电路处于两个晶闸管导通与无晶闸管导通的交替状态，每个晶闸管导通角为 $300°-2\alpha$，而且这个导通角被分割为不连续的两部分，在半周期内形成两个断续的波头，各占 $150°-\alpha$。

6.3.2 支路控制三角形联结电路

如图6-6(c)所示，这种电路由三个单相交流调压电路组成，三个单相电路分别在不同的线电压的作用下单独工作。因此，单相交流调压电路的分析方法和结论完全适用于支路控制三角形联结三相交流调压电路。在求取输入线电流时，只要把与该线相连的两个负载相电流求和就可以了。

6.4 交流过零调功电路

图6-7所示为过零触发单相交流调功和三相交流调功电路。交流电源电压 u 以及 V_1 和 V_2 的触发脉冲 u_{g1}、u_{g2} 的波形分别如图6-8所示。由于各晶闸管都是在电压 u 过零时加触发脉冲的，因此就有电压 u_o 输出。如果不触发 V_1 和 V_2，则输出电压 $u_o=0$。由于是电阻性负载，因此当交流电源电压过零时，原来导通的晶闸管因其电流下降到维持电流以下而自行关断，这样使负载得到完整的正弦波电压和电流。由于晶闸管是在电源电压过零的瞬时被触发导通的，这就可以保证大大减小瞬态负载浪涌电流和触发导通时的电流变化率 di/dt，从而使晶闸管由于 di/dt 过大而失效或换相失败的概率大大减小。

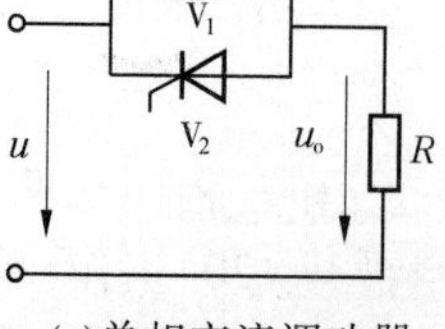

(a)单相交流调功器

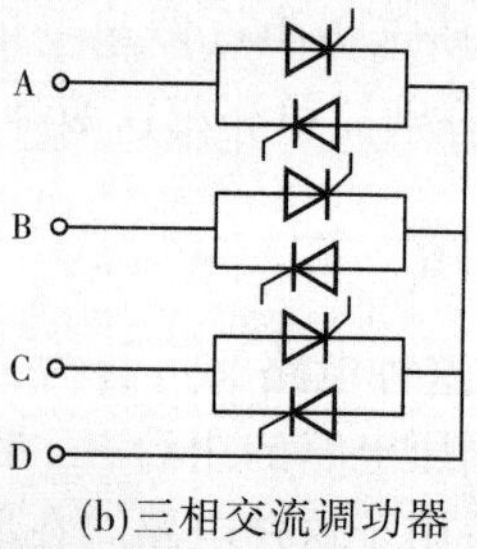

(b)三相交流调功器

图6-7 交流调功器

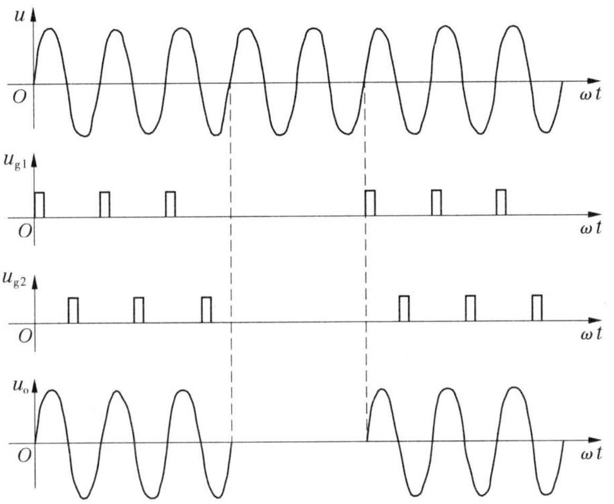

图 6-8 单相交流零触发开关电路的工作波形

如设定运行周期 T_C 内的周波数为 n，每个周波的频率为 50 Hz，周期为 T(20 ms)，则调功器的输出功率 P_2 为

$$P_2 = \frac{nT}{V_C}P_N = k_z P_N \quad (\text{kVA}) \tag{6-9}$$

$$P_N = U_{2N}I_{2N} \times 10^{-3} \quad (\text{kVA}) \tag{6-10}$$

式中 T——电源的周期，ms；

n——调功器运行周期内的导通周波数；

P_N——额定输出容量(晶闸管在每个周波都导通时的输出容量)；

U_{2N}——每相的额定电压，V；

I_{2N}——每相的额定电流，A；

k_z——导通比。

由输出功率 P_2 的表达式可知，控制调功电路的导通比就可实现对被调对象(如电阻炉)的输出功率的调节控制。

T_C 应大于电源电压一个周波的时间且远远小于负载的热时间常数，一般取 1 s 左右就可满足工业要求。

图 6-9 是一个调功电路实例，该电路是一个包括控制电路在内的单相过零调功电路，由两只晶闸管反并联组成交流开关。

由图 6-9 可见，负载是电炉，而过零触发电路由锯齿波发生器、信号综合、直流开关、同步电压与过零脉冲触发五个环节组成。该电路的工作原理简述如下：

(1)锯齿波是由单结晶体管 BT、R_1、R_2、R_3、R_{W1} 和 C_1 组成的张弛振荡器产生的，然后经射极跟随器(V_1、R_4)输出。

(2)控制电压 U_c 与锯齿波电压进行电流叠加后送到 V_2 的基极，合成电压为 U_s。当 $U_s > 0$ 时，V_2 导通；$U_s < 0$ 时，V_2 截止。

(3)由 V_2、V_3 以及 R_8、R_9、VD_{W1} 组成一个直流开关，当 V_2 的基电压 $U_{BE2} > 0$(0.7 V)时，V_2 导通，V_3 的基极电压 U_{BE3} 接近零电位，V_3 截止，直流开关阻断。当 $U_{BE2} < 0$ 时，V_2

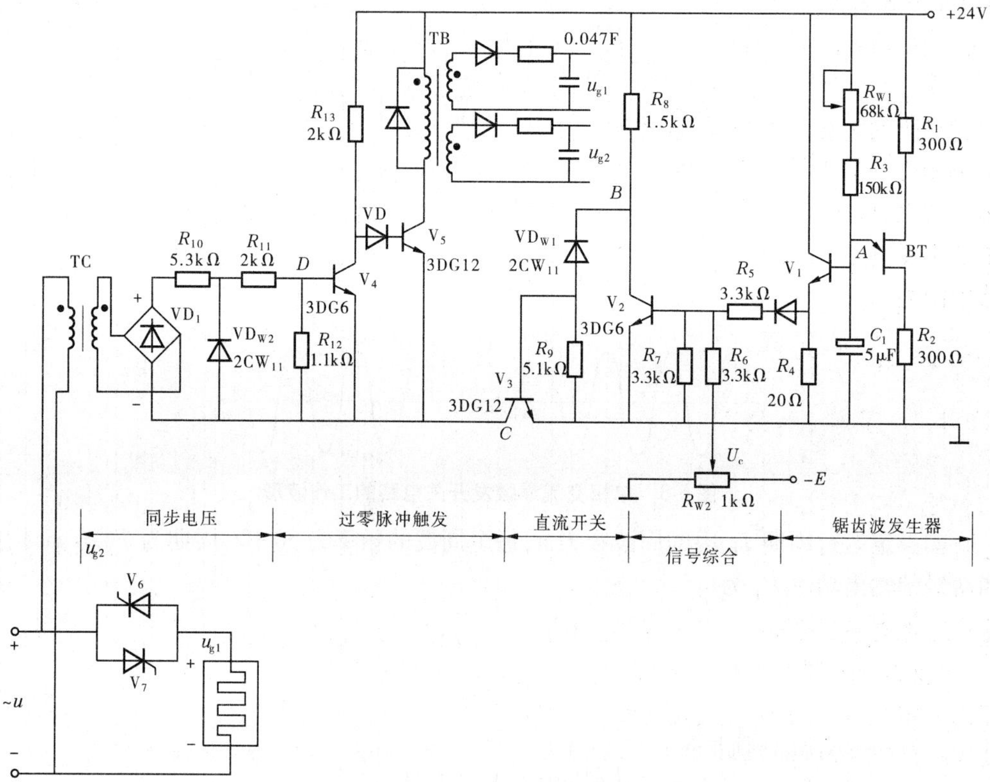

图6-9 单相晶闸管过零调功电路

截止，由 R_8、VD_{W1} 和 R_9 组成的分压电路使 V_3 导通，直流开关导通。

(4)同步变压器 TC、整流桥 VD_1 及 R_{10}、R_{11}、VD_{W2} 组成一个削波同步电源，这个电源与直流开关的输出电压共同去控制 V_4 与 V_5。只有在直流开关导通期间，V_4、V_5 集电极和发射极之间才有工作电压，两个管子才能工作。在此期间，同步电压每次过零时，V_4 截止，其集电极输出一个正电压，使 V_5 由截止转导通，经脉冲变压器输出触发脉冲，而此脉冲使晶闸管 V_6(V_7)在需要导通的时刻导通。

在直流开关(V_3)导通期间输出连续的正弦波，控制电压 U_c 的大小决定了直流开关导通时间的长短，也就决定了在设定周期内电路输出的周波数，从而实现对输出功率的调节。

显然，控制电压 U_c 越大，导通的周波数越多，输出的功率就越大，电阻炉的温度也就越高；反之，电阻炉的温度就越低。利用这种系统就可实现对电阻炉炉温的控制。

由于图 6-9 所示的温度调节系统是手动的开环控制，因此炉温波动大，控温精度低。故这种系统只能用于控温精度要求不高且热惯性较大的电热负载。当控温精度要求较高、较严时，必须采用闭环控制的自动调节装置。

6.5 交—交变频电路

交—交变频电路是一种可直接将某固定频率的交流电变换成可调频率交流电的频率变换电路，无需中间直流环节。与交—直—交间接变频相比，提高了系统变换效率。又由于整个变频电路直接与电网相连接，各晶闸管元件上承受的是交流电压，故可采用电网电压自然换流，无需强迫换流装置，简化了变频器主电路结构，提高了换流能力。

交—交变频电路广泛应用于大功率、低转速的交流电动机调速传动，交流励磁变速恒频发电机的励磁电源等。实际使用的交—交变频器多为三相交—交变频电路，但其基础是单相交—交变频电路，因此本节首先介绍单相输出电路的工作原理、触发控制、四象限运行特性、输入/输出特性等；然后介绍三相输出电路结构、输入/输出特性及其改善措施。本节主要阐述交—交直接变频电路，而交—直—交间接变频电路将在第8章组合变流电路中阐述。

6.5.1 单相交—交变频电路

6.5.1.1 基本工作原理

单相交—交变频器原理如图6-10所示，它是由两组反并联的三相晶闸管可控整流桥和单相负载组成的。其中图(a)接入了足够大的输入滤波电感，输入电流近似矩形波，称电流型电路；图(b)则为电压型电路，其输出电压可为矩形波，亦可通过控制成为正弦波。图(c)为图(b)电路输出的矩形波电压，用以说明交—交变频电路的工作原理。当正组变流器工作在整流状态时，反组封锁，以实现无环流控制，负载 Z 上电压 u_o 为上+、下-；反之，当反组变流器处于整流状态而正组封锁时，负载电压 u_o 为上-、下+，负载电压交变。若以一定频率控制正、反两组变流器交替工作（切换），则向负载输出交流电压的频率 f_o 就等于两组变流器的切换频率，而输出电压 u_o 大小则取决于晶闸管的触发角 α。

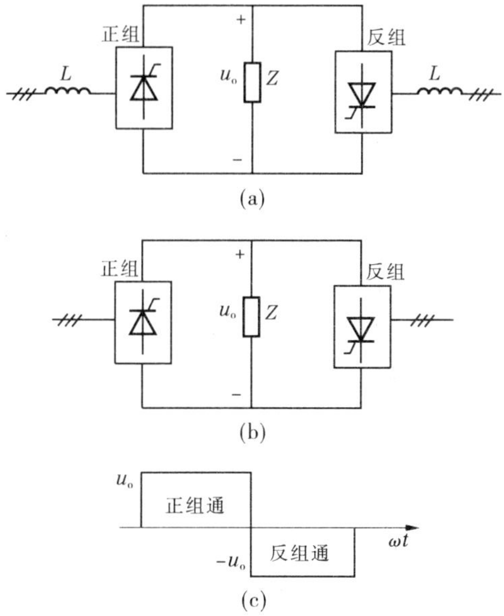

图6-10 三相输入、单相输出交—交变频器原理图

交—交变频电路根据输出电压波形不同可分为方波型和正弦波型。方波型控制简单，正、反两桥工作时维持晶闸管触发角 α 恒定不变，但其输出波形不好，低次谐波大，用于电动机调速传动时会增大电机损耗，降低运行效率，特别是增大转矩脉动，很少采用。

因此，以下仅讨论正弦波型交—交变频电路。

6.5.1.2　工作状态

单相正弦波型交—交变频电路如图 6-11 所示，它由两个三相桥式可控整流电路构成。如果输出电压的半周期内使导通组变流器晶闸管的触发角变化，如从 $\alpha=90°$ 逐渐减小到 $\alpha=0°$，然后再逐渐增大到 $\alpha=90°$，则相应变流器输出电压的平均值就可以按正弦规律从零变到最大、再减小至零，形成平均意义上的正弦波电压波形输出，如图 6-11(b)所示。可以看出，输出电压的瞬时值波形不是平滑的正弦波，而是由片段电源电压波形拼接而成的。在一个输出周期中所包含的电源电压片段数越多，波形就越接近正弦，通常要采用六脉波的三相桥式电路或十二脉波变流电路来构成交—交变频器。

在无环流工作方式时，变频电路正、反两组变流器轮流向负载供电。为了分析两组变流器的工作状态，忽略输出电压、电流中的高次谐波，因此可将图 6-11(a)所示电路等效成图 6-12(a)所示理想形式，其中交流电源表示变流器输出的基波正弦电压，二极管体现电流的单向流动特征，负载 Z 为感性，负载阻抗(功率因数)角为 φ。

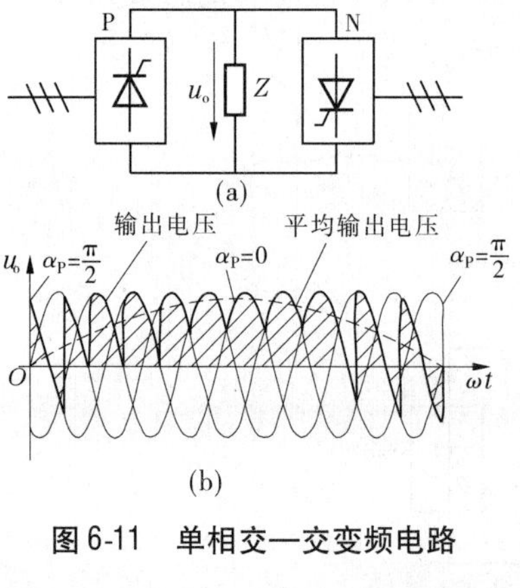

图 6-11　单相交—交变频电路

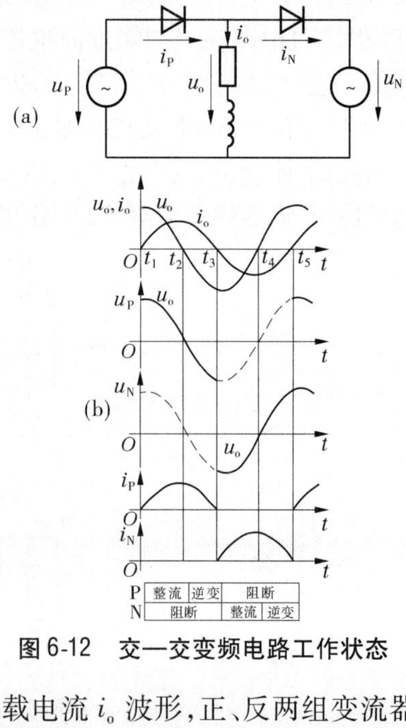

图 6-12　交—交变频电路工作状态

图 6-12(b)给出了一个周期内负载电压 u_o、负载电流 i_o 波形，正、反两组变流器的电压 u_P、u_N 和电流 i_P、i_N 以及正、反两组变流器的工作状态。如图所示，在负载电流的正半周 $t_1 \sim t_3$ 区间，正组变流器导通，反组变流器被封锁。在 $t_1 \sim t_2$ 区间，正组变流器导通后输出电压、电流均为正，故正组变流器向外输出功率，工作于整流状态；在 $t_2 \sim t_3$ 区间，负载电流方向不变，仍是正组变流器导通，输出电压却反了向，因此负载向正组变流器反馈功率，正组变流器工作于逆变状态。在 $t_3 \sim t_4$ 区间，负载电流反向，反组变流器导通，正组变流器被封锁，负载电压、电流均为负，故反组变流器处于整流状态。在 $t_4 \sim t_5$ 区间，电流方向不变，仍为反组导通，但输出电压反向，反组变流器工作在逆变状态。

从以上分析可知，交—交变频电路中，正、反组变流器的导通由电流方向来决定，与电压极性无关；每组变流器的工作状态（整流或逆变），则由输出电压与电流是否同极性来决定。

6.5.1.3　输出电压波形

正弦型交—交变频电路实际输出电压波形如图 6-13 所示，图（a）～（d）分别表示了正、反组变流器不同的工作状态。

图 6-13（a）表示正组变流器工作，A 点处其晶闸管触发角 $\alpha_P = 0$，平均电压 U_d 最大。随着 α_P 的增大，U_d 值减小，当 $\alpha_P = \pi/2$ 时，$U_d = 0$。半周内平均输出电压如图中虚线所示，为一正弦波。由于整流电压波形上部包围的面积比下部面积大，总的功率为正，从电源供向负载，此时正组变流器工作在整流状态。

图 6-13（b）所示仍为正组变流器工作，但触发角 α_P 在 $\pi/2 \sim \pi \sim \pi/2$ 间变化，变流器输出平均电压为负值。由于整流电压波形下部包围的面积比上部大，总的功率为负，从负载流向电源，此时正组变流器工作在逆变状态。

图 6-13（c）、（d）所示为反组变流器工作。当其触发角 $\alpha_N < \pi/2$ 时，反组变流器处于整流状态，总的功率由电源输向负载；当 $\alpha_N > \pi/2$ 时，反组变流器处于逆变状态，负载将向电源反馈功率。

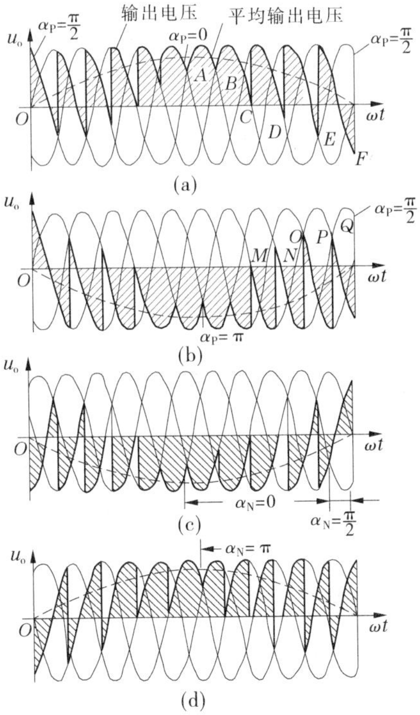

图 6-13　正弦型交—交变频器输出电压波形

如果改变 α_P、α_N 的变化范围（调制深度），使它们在 $0 < \alpha < \pi/2$ 范围内调节，输出平均电压正弦波幅值也会改变，从而达到调压目的。

由此得出结论：正弦波交—交变频电路由两组反并联的可控整流器组成，运行中正、反两组变流器的 α 角要不断加以调制，使输出电压为正弦波；同时，正、反组变流器也需按规定频率不停地进行切换，以输出频率可变交流。

6.5.1.4 余弦交点控制法

要实现交—交变频电路输出电压波形正弦化，必须不断改变晶闸管的触发角 α，其方法很多，但应用最为广泛的是余弦交点控制法。该方法的基本思想是使构成交—交变频器的各可控整流器输出电压尽可能接近理想正弦波形，使实际输出电压波形与理想正弦波之间的偏差最小。

图 6-14 为余弦交点控制法波形控制原理图。交—交变频电路中任一相负载在任一时刻都要经过一个正组和一个反组的整流器接至三相电源，根据导通晶闸管的不同，加在负载上的瞬时电压可能是 u_{ab}、u_{ac}、u_{bc}、u_{ba}、u_{ca}、u_{cb} 六种线电压，它们在相位上互差 60°。如用 $u_1 \sim u_6$ 来表示时，则有

$$u_1 = \sqrt{2}U\sin\omega t \tag{6-11}$$

$$u_2 = \sqrt{2}U\sin(\omega t - \pi/3) \tag{6-12}$$

$$u_3 = \sqrt{2}U\sin(\omega t - 2\pi/3) \tag{6-13}$$

$$u_4 = \sqrt{2}U\sin(\omega t - \pi) \tag{6-14}$$

$$u_5 = \sqrt{2}U\sin(\omega t - 4\pi/3) \tag{6-15}$$

$$u_6 = \sqrt{2}U\sin(\omega t - 5\pi/3) \tag{6-16}$$

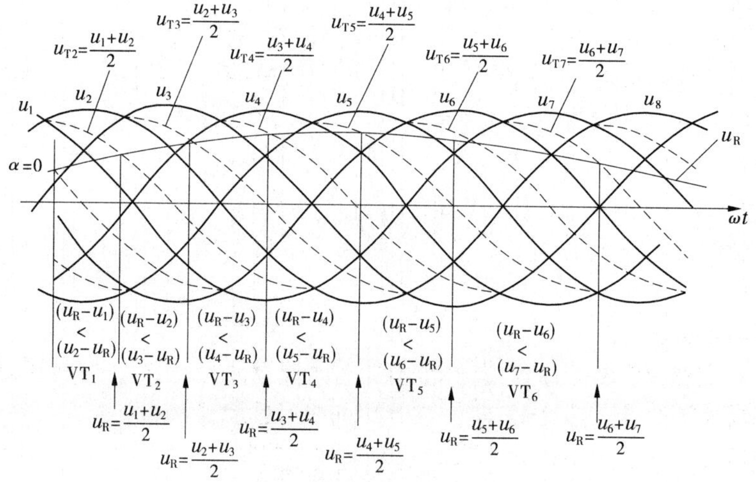

图 6-14 余弦交点控制法波形原理

设 $u_R = \sqrt{2}U_1\sin\omega_1 t$ 为期望输出的理想正弦电压波形。为使输出实际正弦电压波形的偏差尽可能小，应随时将第一个晶闸管导通时的电压偏差 $(u_R - u_1)$ 与让下一个管子导通时的偏差 $(u_2 - u_R)$ 相比较，如 $(u_R - u_1) < (u_2 - u_R)$，则第一个管子继续导通；如 $(u_R - u_1) > (u_2 - u_R)$，则应及时切换至下一个管子导通。因此，$u_1$ 换相至 u_2 的条件为

$$u_R - u_1 = u_2 - u_R \tag{6-17}$$

即

$$u_R = (u_1 + u_2)/2 \tag{6-18}$$

同理，由 u_i 换相到 u_{i+1} 的条件应为

$$u_R = (u_i + u_{i+1})/2 \tag{6-19}$$

当 u_i 和 u_{i+1} 都为正弦波时，$(u_i + u_{i+1})/2$ 也应为正弦波，如图 6-14 中各虚线所示。

这些正弦波的峰值正好处于 u_{i+1} 波上相当于触发角 $\alpha=0°$ 的位置上，故此波即为 u_{i+1} 波触发角 α 的余弦函数，常称为 u_{i+1} 的同步波。由于换相点应满足 $u_R=u_T=(u_i+u_{i+1})/2$ 的条件，故应在 u_R 和 u_T 的交点上发出触发脉冲导通相应晶闸管元件，从而使交—交变频电路输出接近于正弦波的瞬时电压波形，如图 6-15 中粗实线波形所示，相应阻感性负载下的输出电流波形 i_o 则相当接近正弦形。

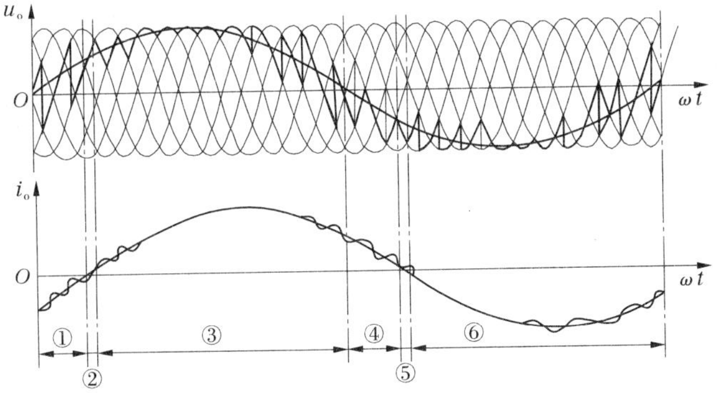

图 6-15 正弦型交—交变频电路输出电压 u_o、电流 i_o 波形

6.5.1.5 输入、输出特性

1. 输出频率上限

交—交变频电路输出电压是由多段电源电压片段“拼凑”而成的，如图 6-15 所示。一个输出周期内拼接的电源电压段数越多，输出电压波形越接近正弦。当输出频率增高时，输出电压一周内所包含的电源电压段数减少，波形将严重偏离正弦，致使输出电力谐波增加，因而限制了最高输出频率。由于每段电源电压的平均持续时间决定于变流电路的脉波数，增加构成交—交变频电路的两组变流器脉波数可改善输出波形，提高输出频率上限。常用六脉波三相桥式变频电路的上限频率不能高于电网频率的（1/3 ~ 1/2），约 20 Hz。

2. 输入功率因数

由于交—交变频电路采用移相触发控制，晶闸管换流时需要从电网吸收感性无功，致使不论负载功率因数是领先还是滞后，输入功率因数总是滞后。

在正弦波交—交变频电路余弦交点法移相触发控制中，期望输出的理想正弦电压为 $u_R=\sqrt{2}U_1\sin\omega_1 t$，每次触发时该触发角 α_i 下输出电压为 $u_i=U_{d0}\cos\alpha_i$，U_{d0} 为 $\alpha_i=0$ 时的整流电压。当 $u_i=u_R$ 时可以确定出

$$\cos\alpha_i=\frac{\sqrt{2}U_1}{U_{d0}}\sin\omega_1 t=\gamma\sin\omega_1 t \tag{6-20}$$

其中，$\gamma=\dfrac{\sqrt{2}U_1}{U_{d0}}$，为输出电压比，它是一个影响输入功率因数的重要因素。

图 6-16 给出了不同 γ 下，交—交变频电路输出电压在 $\omega_1 t=0\sim2\pi$ 的一个周期内随移相触发角 α 的变化规律，它反映了输入功率因数的变化。γ 越小，输出电压越低，半周期内 α 平均值越接近 90°，位移因数或功率因数就越低。

图 6-17 则给出了输入功率因数与负载功率因数间关系。可以看出，即使负载功率因

数为 1 且满电压输出($\gamma=1$),输入功率因数也低于 1。随着负载功率因数的降低和输出电压比 γ 的减小,输入功率因数将会更低。

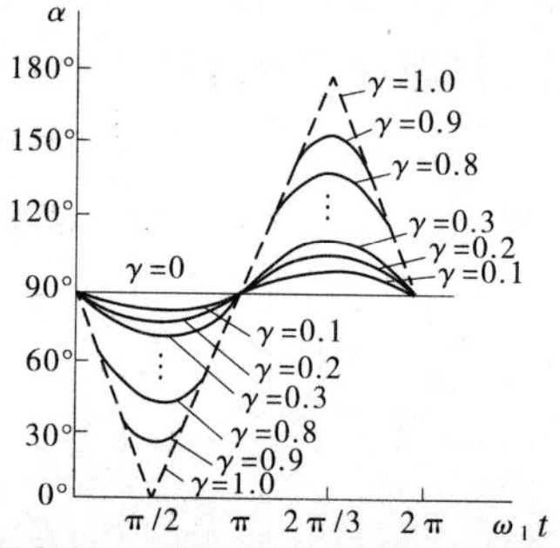

图 6-16 不同 γ 下,α 和 $\omega_1 t$ 关系

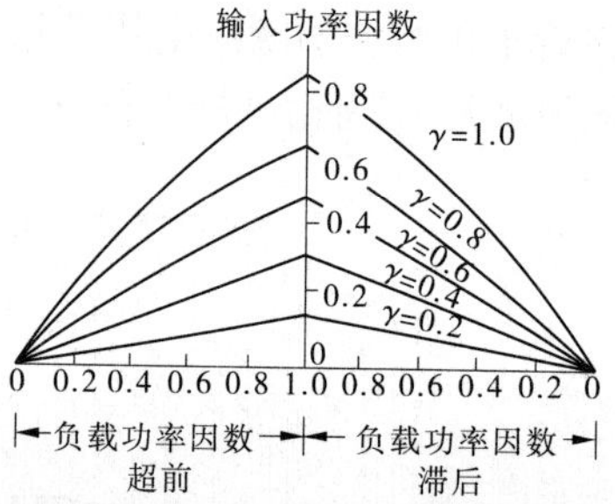

图 6-17 输入、负载功率因数间关系

3. 输出电压谐波

交—交变频电路输出电压谐波成分非常复杂,和输入频率 f_i、输出频率 f_o、电路脉波数均有关。采用三相桥式变流器的单相交—交变频电路输出电压中主要谐波频率为 $6f_i \pm f_o, 6f_i \pm 3f_o, 6f_i \pm 5f_o, \cdots, 12f_i \pm f_o, 12f_i \pm 3f_o, 12f_i \pm 5f_o, \cdots$,包含有 3 次谐波,它们在构成三相输出时会被抵消。如采用无环流控制,由于确保正、反两桥安全切换所需死区的影响,还将出现 $5f_o$、$7f_o$ 等次谐波。

4. 输入电流谐波

由于交—交变频电路输入电流波形及幅值均按正弦规律被调制,和可控整流电路相比,其输入电流频谱要复杂得多。采用三相桥式变换器的单相交—交变频电路的输入电流频率为

$$f_{in} = |(6k \pm 1)f_i \pm 2lf_o| \tag{6-21}$$

和

$$f_{in} = |f_i \pm 2kf_o| \tag{6-22}$$

式中 $k=1,2,3,\cdots; l=0,1,2,\cdots$。

6.5.2 三相交—交变频电路

三相交—交变频电路由三个输出电压相位互差 120°的单相交—交变频电路按照一定方式联结而成,主要用于低速、大功率交流电机变频调速传动。

6.5.2.1 三相输出连接方式

三相交—交变频电路有两种主要接线方式,如图 6-18(a)、(b)所示。

1. 公共交流母线进线方式

它是由三组彼此独立、输出电压互差 120°的单相输出交—交变频电路构成的,其电源进线经交流进线电抗器接至公用电源。因电源进线端公用,三组单相输出必须隔离。这种接法主要用于中等容量交流调速系统。

2. 输出 Y 接(星形联结)方式

三组单相输出交—交变频电路 Y 接,中点为 O;三相交流电动机绕组亦为 Y 接,中点

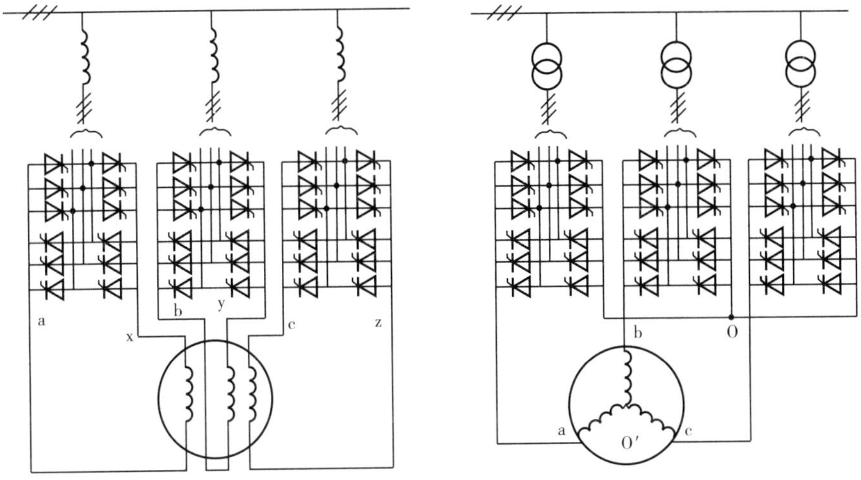

(a)公共交流母线进线方式 (b)输出星形联结方式

图 6-18 三相输出交—交变频电路连接方式

为 O′。由于三组输出连接在一起,电源进线必须采用变压器隔离。这种接法可用于较大容量交流调速系统。

6.5.2.2 输入、输出特性

三相输出交—交变频电路的输出频率上限和输出电压谐波成分与单相输出交—交变频电路相同。

三相输出交—交变频电路总的输入电流是由三个单相输出交—交变频电路同一相输入电流合成得到的,此时有的谐波会因相位关系相互削弱或抵消,因此谐波种类将有所减少,总谐波幅值也有所下降。其谐波频率为

$$f_{in} = |(6k \pm 1)f_i \pm 6lf_o| \tag{6-23}$$

和

$$f_{in} = |f_i \pm 6kf_o| \tag{6-24}$$

式中 $k=1,2,3,\cdots;l=0,1,2,\cdots$。

当正、反组变流器采用三相桥式电路时,输出电流谐波频率为 $f_i \pm 6f_o$,$5f_i$,$5f_i \pm 6f_o$,$7f_i$,$7f_i \pm 6f_o$,$11f_i$,$11f_i \pm 6f_o$,$13f_i$,$13f_i \pm 6f_o$,$f_i \pm 12f_o$ 等。其中以 $5f_i$ 次谐波幅值为最大。

三相输出交—交变频电路输入功率因数按下式计算

$$PF = \frac{P}{S} = \frac{P_a + P_b + P_c}{S} \tag{6-25}$$

即三相电路总有功功率可为每相电路有功功率之和,但视在功率不能简单相加,应由总输入电流、输入电压有效值之积来算。由于三相电路输入电流谐波有所减小,三相总视在功率比三个单相视在功率之和小,故三相输出交—交变频电路总输入功率因数比单相输出交—交变频电路有所改善。

6.5.2.3 改善输入功率因数和提高输出电压的措施

要改善三相输出交—交变频电路的输入功率因数和提高输出电压,其基本思想是在各相电压中叠加零序分量成分(如直流、三次谐波等),由于它们不会出现在线电压中,因

此也不会加到 Y 接负载之上。具体措施有直、交流偏置方法。

1. 直流偏置法

当交—交变频电路驱动交流电机作变频调速运行时,根据电机运行理论,低频低速时必须相应降低机端电压,此时变频电路输出电压幅值很低,各组变流器触发角 α 都在 90°附近,输入功率因数很低。此时如给各相输出电压上叠加相同大小的直流,可使 α 角减小,提高输入功率因数,但输出负载线电压并不改变。这种方法称直流偏置法,常用于长期低速运行的交流电动机供电。

2. 交流偏置法

交流偏置法是指给各相输出电压上叠加三次为主的零序分量谐波,使输出电压波形呈梯形波,如图 6-19 所示。但线电压中三次谐波等互相抵消,负载上电压仍为正弦。这种控制方式下两变流器可长时间工作在高电压输出的梯形波平顶区,α 角小,输入功率因数可提高 15% 左右。

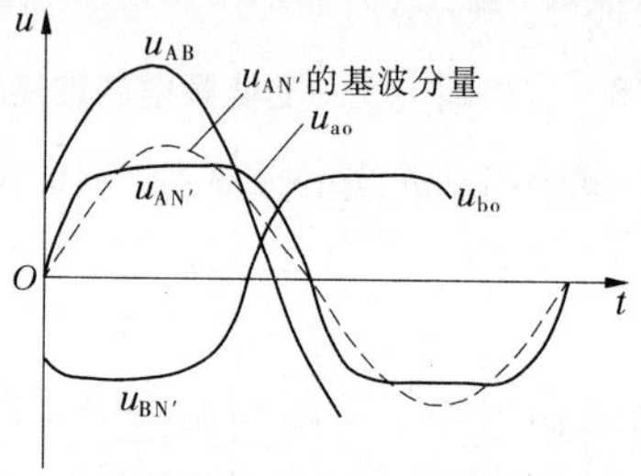

图 6-19　交流偏置法控制下,理想输出电压波形

与此同时,正弦波输出控制时最大输出相电压幅值只能为 $\alpha = 0°$时的 U_{d0},而梯形波输出中的基波幅值可比 U_{d0}高 15%,故采用梯形波输出控制方式可使交—交变频器输出电压提高 15%。

由于梯形波输出控制相当于在相电压中加入三次等交流谐波,故称交流偏置法。

本章小结

本章主要介绍的各种电路,从交流调压电路到交流调功电路,再到改变频率的交—交变频电路,都属于直接交—交变流电路。还有一种交—直—交间接变频电路,将在第 8 章组合变流技术中介绍,学完第 8 章的交—直—交间接变频后会对变频技术有更深刻的理解。

本章的要点如下:

(1) 交—交变流电路的分类及其概念。

(2) 单相交流调压电路和三相交流调压电路的基本原理和工作波形。

(3) 交流调功电路的基本概念。

(4) 各种交—交变频电路的基本构成、工作原理和输入/输出特性。

习题与思考题

6-1 一台调光台灯由单相交流调压电路供电，设该台灯可看作电阻负载，在 $\alpha = 0°$ 时输出功率为最大值，试求功率为最大输出功率的80%、50%时的控制角 α。

6-2 一单相交流调压器，电源为工频220 V，阻感串联作为负载，其中 $R = 0.5\ \Omega$，$L = 2\ \text{mH}$。试求：①控制角 α 的变化范围；②负载电流的最大有效值；③最大输出功率及此时电源侧的功率因数；④当 $\alpha = \pi/2$ 时，晶闸管电流有效值、晶闸管导通角和电源侧功率因数。

6-3 交流调压电路和交流调功电路有什么区别？二者各应用于什么样的负载？为什么？

第7章　PWM控制技术

PWM(Pulse Width Modulation)——脉冲宽度调制技术,通过对一系列脉冲的宽度进行调制,来等效地获得所需要波形(含形状和幅值)。PWM 控制技术对读者来说并不陌生,直流斩波电路实际上采用的就是 PWM 控制技术。

PWM 控制技术在逆变电路中应用最广,应用的逆变电路绝大部分是 PWM 型,PWM 控制技术正是有赖于在逆变电路中的应用,才确定了它在电力电子技术中的重要地位。

本章主要以逆变电路为控制对象来介绍 PWM 控制技术及 PWM 整流电路。

7.1　PWM 控制的基本原理

在采样控制理论中,有一个重要结论:冲量相等而形状不同的窄脉冲,加在具有惯性的环节上时,其效果基本相同。冲量指窄脉冲的面积。效果基本相同,是指环节的输出响应波形基本相同。如果把输出波形用傅里叶变换展开,则其低频段非常接近,仅在高频段略有差异。

例如图 7-1 所示的三个窄脉冲形状不同,其中图 7-1(a)是矩形窄脉冲,图 7-2(b)是三角窄脉冲,图 7-1(c)是正弦半波窄脉冲,但它们的面积即冲量都等于 1,那么当它们分别加在具有惯性的同一个环节上时,其输出响应基本相同。当窄脉冲变为图 7-1(d)所示的单位脉冲函数时,环节的响应即为该环节的脉冲过渡函数。

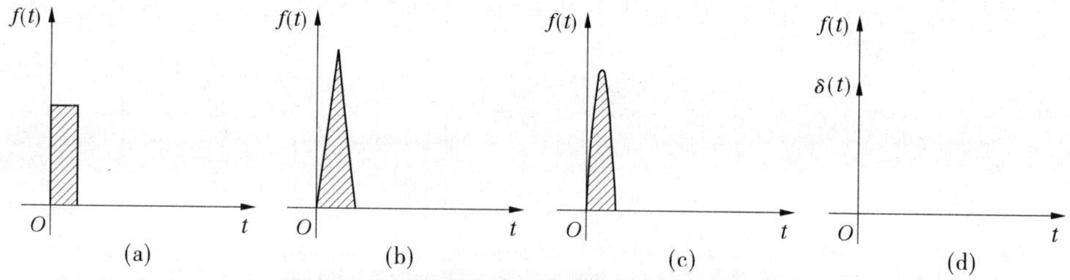

图 7-1　形状不同而冲量相同的各种窄脉冲

分别将如图 7-1 所示的电压窄脉冲加在一阶惯性环节(R－L 电路)上,如图 7-2(a)所示。其输出电流 $i(t)$ 对不同窄脉冲时的响应波形如图 7-2(b)所示。从波形可以看出,在 $i(t)$ 的上升段,$i(t)$ 的形状也略有不同,但其下降段则几乎完全相同。脉冲越窄,各 $i(t)$ 响应波形的差异也越小。如果周期性地施加上述脉冲,则响应 $i(t)$ 也是周期性的。用傅里叶级数分解后可看出,各 $i(t)$ 在低频段的特性将非常接近,仅在高频段有所不同。

上面所说的就是面积等效的原理,它是 PWM 控制技术的重要理论基础。

下面分析如何用一系列等幅不等宽的窄脉冲来代替一个正弦半波。

把图 7-3(a)所示正弦半波 N 等分,看成 N 个相连的脉冲序列,宽度相等,但幅值不

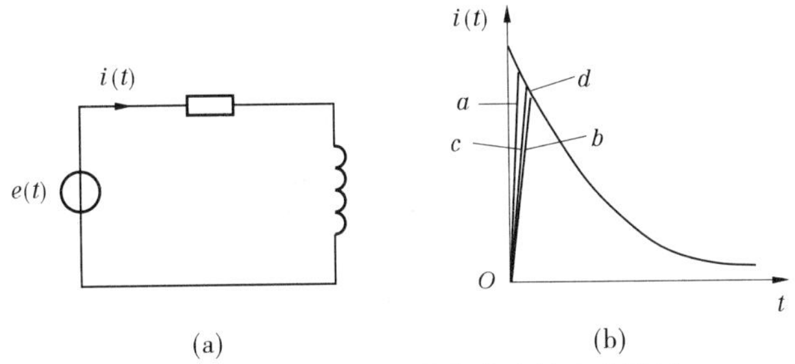

图7-2 冲量相同的各种窄脉冲的响应波形

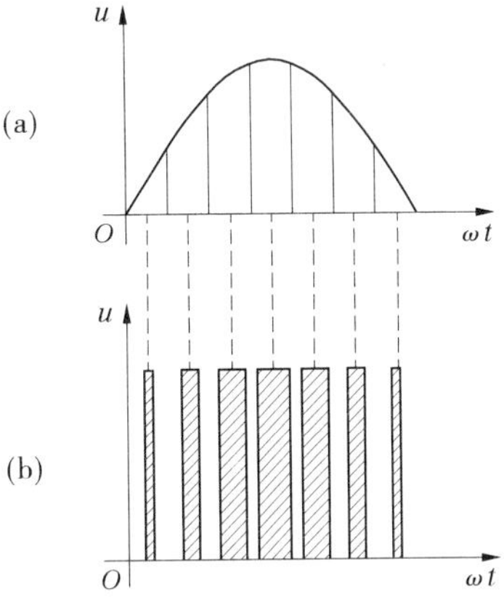

图7-3 用PWM波代替正弦半波

等;用一系列等幅不等宽的矩形脉冲代替,使矩形脉冲的中点与相应的正弦波部分重合,也使其相对应的脉冲面积(冲量)相等,可以得到图7-3(b)所示的PWM波形,宽度按正弦规律变化。根据面积等效原理,PWM波形和正弦半波是等效的。同样,可以用相同方法获得正弦半波负半周的等效PWM波形。

像这种脉冲宽度按正弦规律变化而和正弦波等效的PWM波形,也称作SPWM(Sinusoidal PWM)波形。

如果要改变等效输出正弦波的幅值,按同一比例改变各脉冲宽度即可。

PWM波形按输出幅值,还可以分为等幅PWM波和不等幅PWM波。

由直流电源产生的PWM波通常是等幅PWM波,如直流斩波电路及本章主要介绍的PWM逆变电路和PWM整流电路。输入电源是交流,得到不等幅PWM波,如斩控式交流调压电路和矩阵式变频电路。基于面积等效原理,其本质是相同的。

7.2 PWM逆变电路及其控制方法

目前中小功率的逆变电路几乎都采用PWM技术。逆变电路是PWM控制技术最为重要的应用场合。本节内容构成了本章的主体。

PWM逆变电路也可分为电压型和电流型两种,目前实用的几乎都是电压型。

7.2.1 计算法和调制法

7.2.1.1 计算法

根据PWM控制的基本原理,如果给出了正弦波频率、幅值和半周期脉冲数,就能准确计算PWM波各脉冲宽度和间隔,据此控制逆变电路开关器件的通断,就可得到所需PWM波形。这种方法被称作计算法。

计算法的缺点是烦琐,当输出正弦波的频率、幅值或相位变化时,结果都要发生变化。

7.2.1.2 调制法

与计算法相对应的是调制法，把希望输出的波形作为调制信号，把接受调制的信号作为载波，通过信号波的调制得到所期望的 PWM 波，就是所谓的调制法。通常采用等腰三角波或锯齿波作为载波，等腰三角波应用最多，因为等腰三角波上任一点水平宽度和高度成线性关系且左右对称，与任一平缓变化的调制信号波相交时，在交点控制器件通断，就可以得到宽度正比于信号波幅值的脉冲，这恰恰符合 PWM 的要求。调制信号波为正弦波时，得到的就是 SPWM 波；调制信号不是正弦波，而是其他所需波形时，也能得到等效的 PWM 波。

下面结合图 7-4 所示 IGBT 单相桥式电压型逆变电路对调制法进行说明。设负载为阻感负载，工作时 V_1 和 V_2 通断互补，V_3 和 V_4 通断也互补。

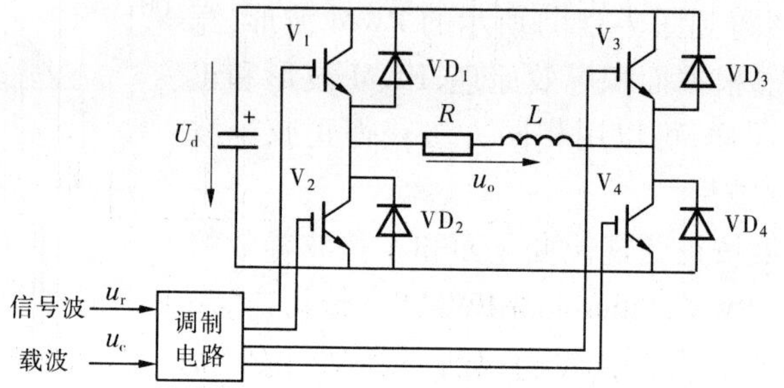

图 7-4　单相桥式 PWM 逆变电路

具体的控制规律如下：

u_o 正半周，V_1 通，V_2 断，V_3 和 V_4 交替通断，负载电流比电压滞后，电流有一段为正，一段为负。负载电流为正的区间，V_1 和 V_4 导通时，负载电压 u_o 等于直流电压 U_d，V_4 关断时，负载电流通过 V_1 和 VD_3 续流，$u_o=0$。负载电流为负的区间，i_o 为负，实际上从 VD_1 和 VD_4 流过，仍有 $u_o=U_d$，V_4 断，V_3 通后，i_o 从 V_3 和 VD_1 续流，$u_o=0$。这样 u_o 总可得到 U_d 和零两种电平。

同样，在 u_o 负半周，让 V_2 保持通，V_1 保持断，V_3 和 V_4 交替通断，u_o 可得 $-U_d$ 和零两种电平。

控制 V_3和 V_4 通断的方法，可以采用下面的单极性 PWM 控制方式（主电路是单相桥式逆变电路，如图 7-4 所示）：

在 u_r 和 u_c 的交点时刻控制 IGBT 的通断。u_r 正半周，V_1 保持通，V_2 保持断。当 $u_r>u_c$ 时使 V_4 通，V_3 断，$u_o=U_d$；当 $u_r<u_c$ 时使 V_4 断，V_3 通，$u_o=0$。u_r 负半周，V_1 保持断，V_2 保持通。当 $u_r<u_c$ 时使 V_3 通，V_4 断，$u_o=-U_d$，当 $u_r>u_c$ 时使 V_3 断，V_4 通，$u_o=0$。波形见图 7-5，虚线 u_{of}表示 u_o 的基波分量。

对图 7-4 所示单相桥式逆变电路，也可采用双极性 PWM 控制方式：

在 u_r 半个周期内，三角波载波有正有负，所得 PWM 波也有正有负。在 u_r 一周期内，输出 PWM 波只有 $\pm U_d$ 两种电平，仍在调制信号 u_r 和载波信号 u_c 的交点控制器件通断。u_r 正负半周，对各开关器件的控制规律相同：当 $u_r>u_c$ 时，给 V_1 和 V_4 导通信号，给 V_2 和 V_3 关断信号，如 $i_o>0$，V_1 和 V_4 通，如 $i_o<0$，VD_1 和 VD_4 通，$u_o=U_d$；当 $u_r<u_c$ 时，给 V_2

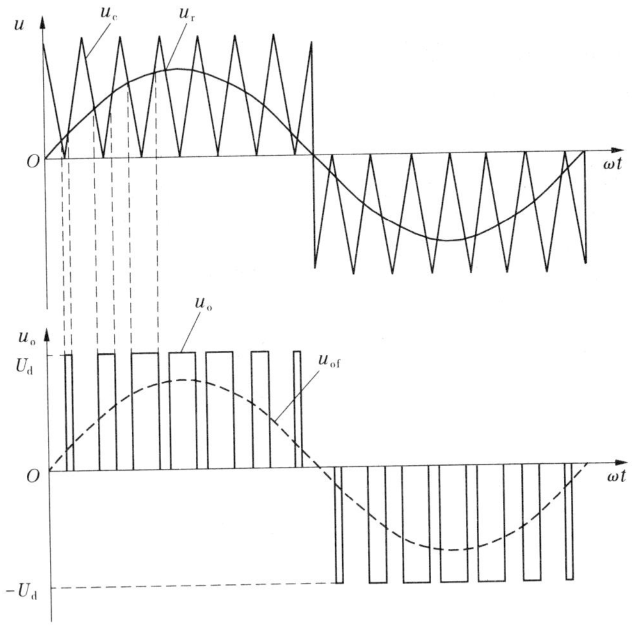

图7-5 单极性 PWM 控制方式波形

和 V_3 导通信号，给 V_1 和 V_4 关断信号，如 $i_o<0$，V_2 和 V_3 通，如 $i_o>0$，VD_2 和 VD_3 通，$u_o=-U_d$。波形见图7-6。

从上述分析知道，单相桥式电路既可采取单极性调制，也可采用双极性调制。但由于开关器件的通断规律不同，其输出波形差异也较大。

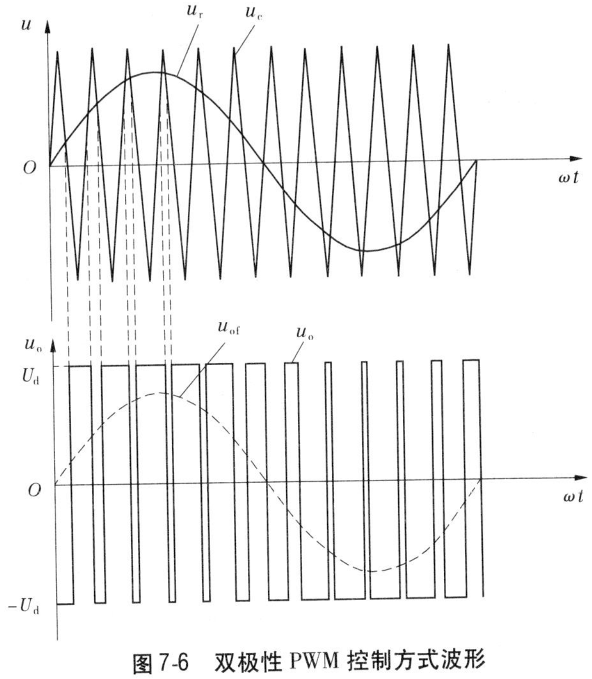

图7-6 双极性 PWM 控制方式波形

图 7-7 所示为三相桥式 PWM 逆变电路,这种电路多采用双极性 PWM 控制方式。

三相 PWM 控制通常公用一个三角载波 u_c,三相的调制信号 u_{rU}、u_{rV} 和 u_{rW} 依次相差 120°。

各相功率开关器件的控制规律相同,下面以 U 相为例来说明。

当 $u_{rU} > u_c$ 时,给 V_1 导通信号,给 V_4 关断信号,$u_{UN'} = U_d/2$;当 $u_{rU} < u_c$ 时,给 V_4 导通信号,给 V_1 关断信号,$u_{UN'} = -U_d/2$。当给 $V_1(V_4)$ 加导通信号时,可能是 $V_1(V_4)$ 导通,也可能是 $VD_1(VD_4)$ 导通。$u_{UN'}$、$u_{VN'}$ 和 $u_{WN'}$ 的 PWM 波形只有 $\pm U_d/2$ 两种电平,u_{UV} 波形可由 $u_{UN'} - u_{VN'}$ 得出,当桥臂 1 和桥臂 6 通时,$u_{UV} = U_d$,当桥臂 3 和桥臂 4 通时,$u_{UV} = -U_d$,当桥臂 1 和桥臂 3 或桥臂 4 和桥臂 6 通时,$u_{UV} = 0$。波形见图 7-8。图中的负载相电压 u_{UN} 可由下式求得

$$u_{UN} = u_{UN'} - \frac{u_{UN'} + u_{VN'} + u_{WN'}}{3} \tag{7-1}$$

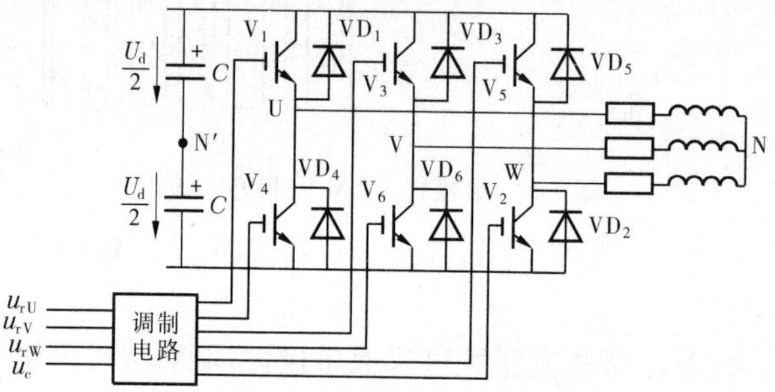

图 7-7　三相桥式 PWM 逆变电路

从波形图和式(7-1)可以得出,输出线电压 PWM 波由 $\pm U_d$ 和 0 三种电平构成,负载相电压 PWM 波由 $(\pm 2/3)U_d$、$(\pm 1/3)U_d$ 和 0 共 5 种电平组成。

这里需要注意的是,同一相上下两臂的驱动信号应该互补,目的是防止上下臂直通造成短路,并且应该留一小段上下臂都施加关断信号的死区时间。死区时间的长短主要由器件关断时间决定。死区时间会给输出 PWM 波带来影响,使其稍稍偏离正弦波。

7.2.1.3　特定谐波消去法(Selected Harmonic Elimination PWM——SHEPWM)

特定谐波消去法是计算法中一种较有代表性的方法,如图 7-9 所示。输出电压半周期内,器件通、断各 3 次(不包括 0 和 π),共 6 个开关时刻可控。为减少谐波并简化控制,要尽量使波形对称。

首先,为消除偶次谐波,使波形正负两半周期镜对称,即

$$u(\omega t) = -u(\omega t + \pi) \tag{7-2}$$

其次,为消除谐波中余弦项,使波形在半周期内前后 1/4 周期以 π/2 为轴线对称,即

$$u(\omega t) = u(\pi - \omega t) \tag{7-3}$$

1/4 周期对称波形,可用傅里叶级数表示为

$$u(\omega t) = \sum_{n=1,3,5,\cdots}^{\infty} a_n \sin n\omega t \tag{7-4}$$

其中

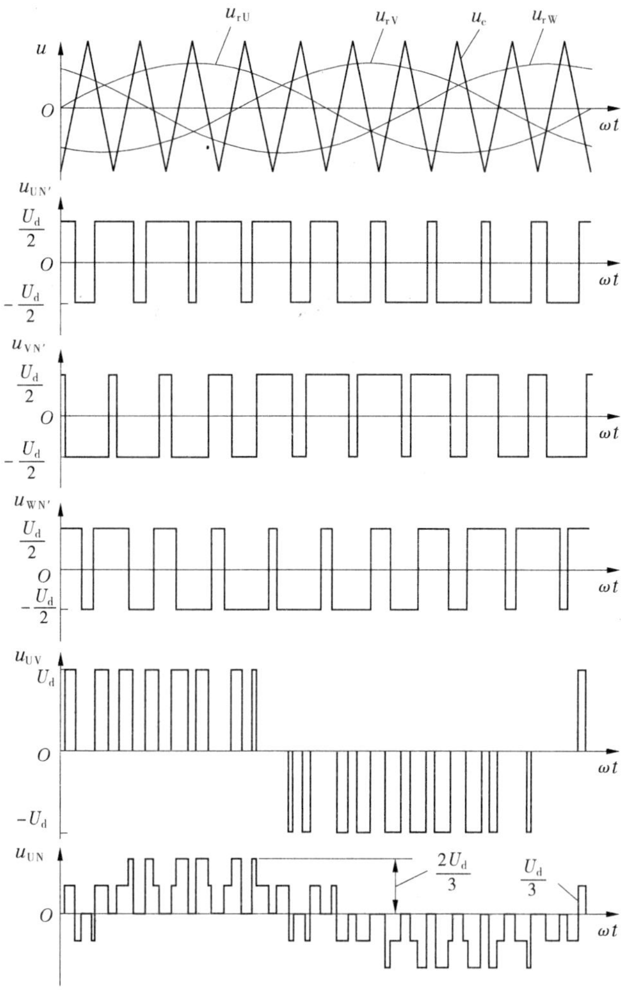

图 7-8 三相桥式 PWM 逆变电路波形

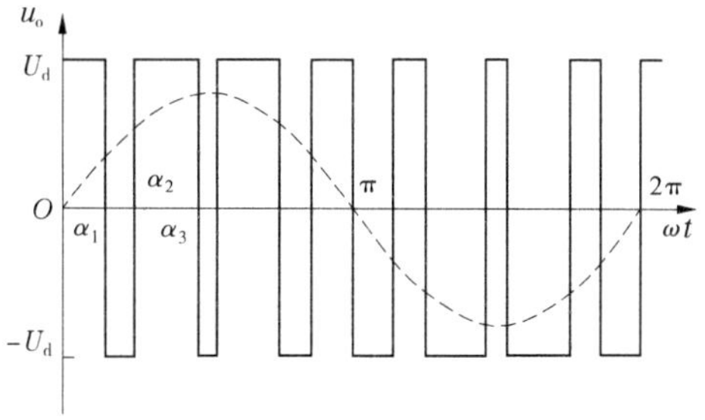

图 7-9 特定谐波消去法的输出 PWM 波形

$$a_n = \frac{4}{\pi}\int_0^{\frac{\pi}{2}} u(\omega t)\sin n\omega t \mathrm{d}\omega t \tag{7-5}$$

特定谐波消去法能独立控制 α_1、α_2 和 α_3 共 3 个时刻。其输出波形的 a_n 为

$$a_n = \frac{4}{\pi}\Big[\int_0^{\alpha_1}\frac{U_d}{2}\sin n\omega t \mathrm{d}\omega t + \int_{\alpha_1}^{\alpha_2}\Big(-\frac{U_d}{2}\sin n\omega t\Big)\mathrm{d}\omega t +$$

$$\int_{\alpha_2}^{\alpha_3}\frac{U_d}{2}\sin n\omega t\mathrm{d}\omega t+\int_{\alpha_3}^{\frac{\pi}{2}}(-\frac{U_d}{2}\sin n\omega t)\mathrm{d}\omega t]$$

$$=\frac{2U_d}{n\pi}(1-2\cos n\alpha_1+2\cos n\alpha_2-2\cos n\alpha_3) \tag{7-6}$$

式中，$n=1,3,5,\cdots$。

确定 a_1 的值，再令两个不同的 $a_n=0$，就可建三个方程，求得 α_1、α_2 和 α_3。这样，即可以消去两种特定频率的谐波。

在三相对称电路的线电压中，相电压所含的 3 次谐波相互抵消，可考虑消去 5 次和 7 次谐波，得如下联立方程

$$\left.\begin{aligned}a_1&=\frac{2U_d}{\pi}(1-2\cos\alpha_1+2\cos\alpha_2-2\cos\alpha_3)\\a_5&=\frac{2U_d}{5\pi}(1-2\cos5\alpha_1+2\cos5\alpha_2-2\cos5\alpha_3)=0\\a_7&=\frac{2U_d}{7\pi}(1-2\cos7\alpha_1+2\cos7\alpha_2-2\cos7\alpha_3)=0\end{aligned}\right\} \tag{7-7}$$

给定 a_1，解方程可得 α_1、α_2 和 α_3。a_1 变，α_1、α_2 和 α_3 也相应改变。

一般，在输出电压半周期内器件通、断各 k 次，考虑 PWM 波 1/4 周期对称，k 个开关时刻可控，除用一个控制基波幅值，可消去 $k-1$ 个频率的特定谐波，k 越大，开关时刻的计算越复杂。

除计算法和调制法外，还有跟踪控制方法，在 7.3 节介绍。

7.2.2 异步调制和同步调制

在 PWM 控制电路中，载波频率 f_c 与调制信号频率 f_r 之比 $N=f_c/f_r$ 称为载波比。根据载波和信号波是否同步及载波比的变化情况，PWM 调制方式分为异步调制和同步调制。

7.2.2.1 异步调制

载波信号和调制信号不保持同步的调制方式称为异步调制。

通常保持载波频率 f_c 固定不变，当调制信号频率 f_r 变化时，载波比 N 是变化的。在信号波的半周期内，PWM 波的脉冲个数不固定，相位也不固定，正负半周期的脉冲不对称，半周期内前后 1/4 周期的脉冲也不对称。

当调制信号频率 f_r 较低时，N 较大，一周期内脉冲数较多，脉冲不对称的不利影响都较小，PWM 波形接近正弦波；当调制信号频率 f_r 增高时，N 减小，一周期内的脉冲数减少，PWM 脉冲不对称的影响就变大，使得输出 PWM 波和正弦波的差异变大。

因此，在采用异步调制方式时，希望采用较高的载波频率，以使在信号波频率较高时仍能保持较大的载波比。

7.2.2.2 同步调制

载波比 N 等于常数，并在变频时使载波和信号波保持同步的方式称为同步调制。

同步调制方式中，调制信号频率 f_r 变化时 N 不变，信号波一周期内输出脉冲数固定，

脉冲相位也固定。在三相 PWM 逆变电路中,通常公用一个三角波载波,且取 N 为 3 的整数倍,以使三相输出波形对称。为使一相的 PWM 波正负半周镜对称,N 应取奇数。当 $N=9$时的同步调制三相 PWM 波形如图 7-10 所示。

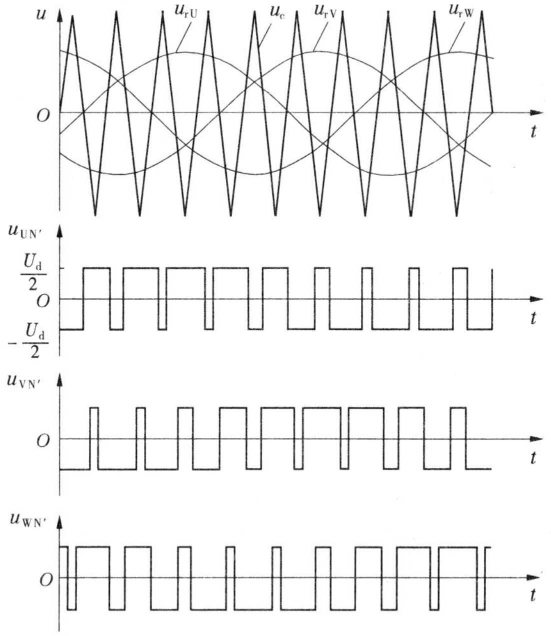

图 7-10 同步调制三相 PWM 波形

调制信号频率 f_r 很低时,载波频率 f_c 也很低,由调制带来的谐波不易滤除;调制信号频率 f_r 很高时,载波频率 f_c 会过高,使开关器件难以承受。为了克服上述缺点,可以采用分段同步调制的方法。

7.2.2.3 分段同步调制

所谓分段同步调制,即把逆变电路的输出频率 f_r 范围划分成若干个频段,每个频段内保持载波比 N 恒定,不同频段载波比 N 不同。在输出频率 f_r 高的频段采用较低的载波比 N,使载波频率不致过高;在输出频率 f_r 低的频段采用较高的载波比 N,使载波频率不致过低。

图 7-11 所示为分段同步调制一例。为防止 f_c 在切换点附近来回跳动,采用滞后切换的方法。

同步调制比异步调制复杂,但用微机控制时容易实现。可在低频输出时采用异步调制方式,高频输出时切换到同步调制方式,这样把两者的优点结合起来,和分段同步方式效果接近。

7.2.3 规则采样法

按 SPWM 控制的基本原理,在正弦波和三角波的自然交点时刻控制功率开关器件的通断,这种生成 SPWM 波形的方法称为自然采样法。自然采样法是最基本的方法,所得

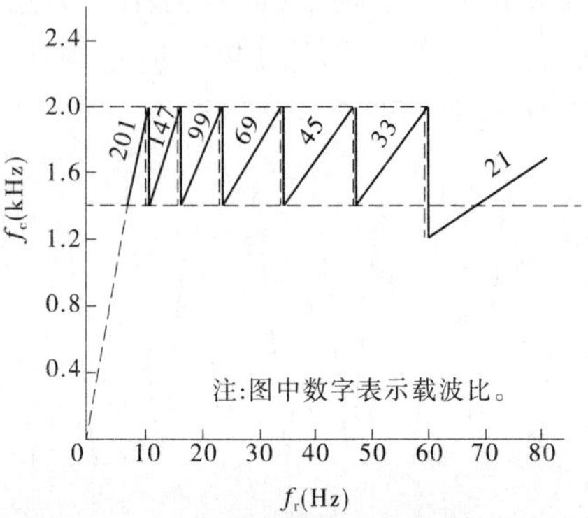

图 7-11 分段同步调制方式举例

到的 SPWM 波形最接近正弦波。但这种方法要求解复杂的超越方程,难以在实时控制中在线计算,工程应用不多。

规则采样法是一种应用较广的工程实用方法,其效果接近自然采样法,但是计算量相比自然采样法要小得多。

图 7-12 所示为规则采样法的说明图,取三角波两个正峰值之间为一个采样周期 T_c。自然采样法中,脉冲中点不和三角波一周期中点(负峰点)重合。规则采样法使两者重合,每个脉冲中点为相应三角波中点,计算大为简化。三角波负峰时刻 t_D 对信号波采样得 D 点,过 D 点作水平线和三角波交于 A、B 点,在 A 点时刻 t_A 和 B 点时刻 t_B 控制器件的通断,用这种方法得到的脉冲宽度 δ 和用自然采样法得到的脉冲宽度非常接近。

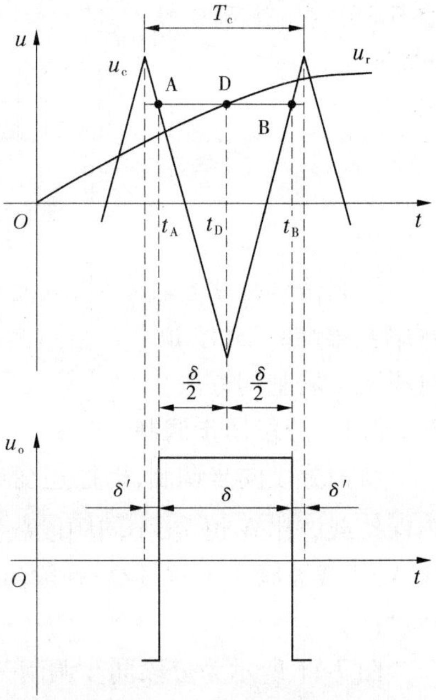

图 7-12 规则采样法

正弦调制信号波公式中,a 称为调制度,$0 \leqslant a < 1$;ω_r 为信号波角频率。从图 7-12 可得

$$u_r = a\sin\omega_r t \tag{7-8}$$

三角波一周期内,脉冲两边间隙宽度

$$\frac{1 + a\sin\omega_r t_D}{\frac{\delta}{2}} = \frac{2}{\frac{T_c}{2}} \tag{7-9}$$

通常三相的三角波载波公用,三相调制波相位依次差 120°,同一三角波周期内三相的脉宽分别为 δ_U、δ_V 和 δ_W,脉冲两边的间隙宽度分别为 δ'_U、δ'_V 和 δ'_W,同一时刻三相正弦调制波电压之和为零,由式(7-9)得

$$\delta = \frac{T_c}{2}(1 + a\sin\omega_r t_D) \tag{7-10}$$

由图 7-12 得

$$\delta' = \frac{1}{2}(T_c - \delta) = \frac{T_c}{4}(1 - a\sin\omega_r t_D) \tag{7-11}$$

故由式(7-10)可得

$$\delta_U + \delta_V + \delta_W = \frac{3T_c}{2} \tag{7-12}$$

由式(7-11)可得

$$\delta'_U + \delta'_V + \delta'_W = \frac{3T_c}{4} \tag{7-13}$$

利用以上两式可简化三相 SPWM 波的计算。

7.2.4　PWM 逆变电路的多重化

和一般逆变电路一样,大容量 PWM 逆变电路也可采用多重化技术。采用 SPWM 技术理论上可以不产生低次谐波,因此在构成 PWM 多重化逆变电路时,一般不再以减少低次谐波为目的,而是为了提高等效开关频率,减少开关损耗,减少和载波有关的谐波分量。

PWM 逆变电路多重化联结方式有变压器方式和电抗器方式,利用电抗器连接实现二重 PWM 逆变电路的例子如图 7-13 所示。电路的输出从电抗器中心抽头处引出,图中两个逆变电路单元的载波信号相互错开 180°,所得到的输出电压波形如图 7-14 所示。图 7-14中,输出端相对于直流电源中点 N′的电压 $u_{UN'} = (u_{U1N'} + u_{U2N'})/2$,已变为单极性 PWM 波了。输出线电压共有 0、$\pm(1/2)U_d$、$\pm U_d$ 五个电平,比非多重化时谐波有所减少。

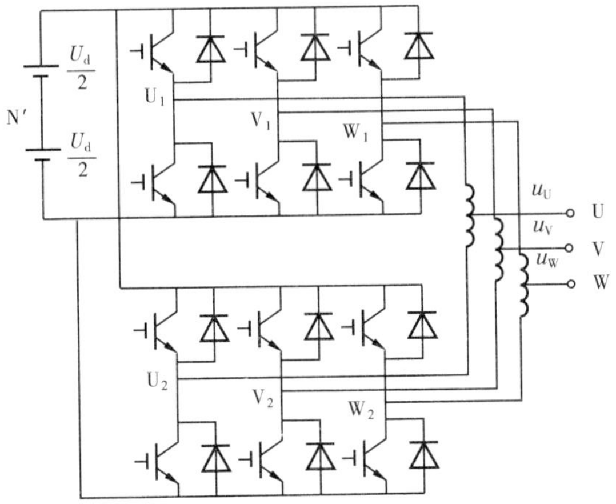

图 7-13　二重 PWM 型逆变电路

一般多重化逆变电路中电抗器所加电压频率为输出频率,因而需要的电抗器较大。而在多重 PWM 型逆变电路中,电抗器上所加电压的频率为载波频率,比输出频率高得多,因此只要很小的电抗器就可以了。

电抗器上所加电压频率为载波频率,比输出频率高得多,因此只要很小的电抗器就可以了。二重化后,输出电压所含谐波角频率仍可表示为 $n\omega_c + k\omega_r$,但其中 n 为奇数时的谐波已全被除去,谐波最低频率在 $2\omega_c$ 附近,相当于电路的等效载波频率提高一倍。

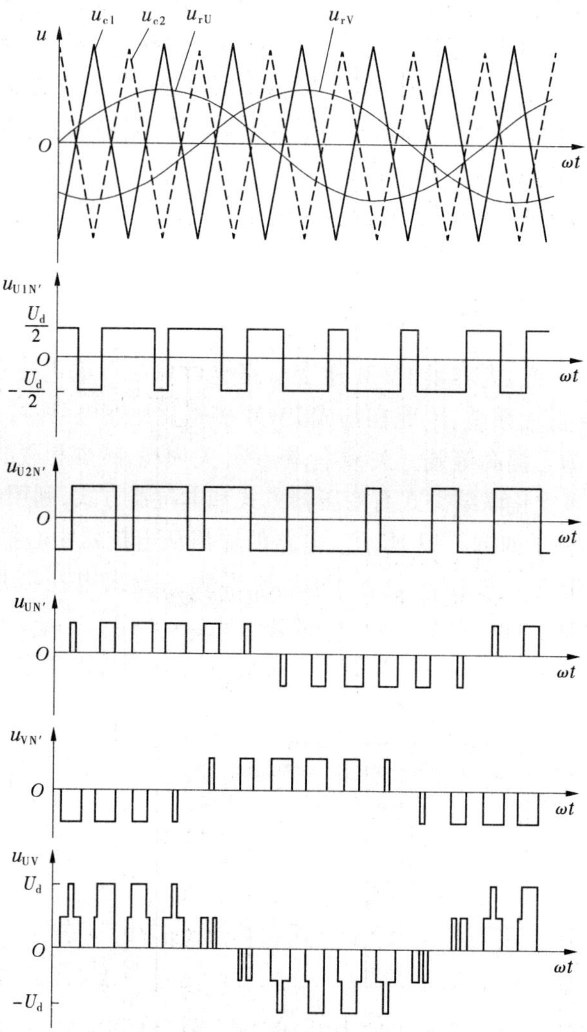

图 7-14　二重 PWM 型逆变电路输出波形

7.3　PWM 跟踪控制技术

本节主要介绍 PWM 波形生成的第三种方法——跟踪控制法。

跟踪控制法是指把希望输出的波形作为指令信号，把实际波形作为反馈信号，通过两者的瞬时值比较来决定逆变电路各器件的通断，使实际的输出跟踪指令信号变化。常用的有滞环比较方式和三角波比较方式。

7.3.1　滞环比较方式

7.3.1.1　电流跟踪控制

跟踪型 PWM 变流电路中，电流跟踪控制应用最多。图 7-15 给出了采用滞环比较方式的 PWM 电流跟踪控制单相半桥逆变电路的原理图。图 7-16 给出了其电流波形。把指

令电流 i^* 和实际输出电流 i 的偏差 i^*-i 作为滞环比较器的输入，比较器输出控制器件 V_1 和 V_2 的通断。V_1（或 VD_1）通时，i 增大，V_2（或 VD_2）通时，i 减小。通过环宽为 $2\Delta I$ 的滞环比较器的控制，i 就在 $i^*+\Delta I$ 和 $i^*-\Delta I$ 的范围内，呈锯齿状地跟踪指令电流 i^*。

滞环的环宽对跟踪性能是有影响的，环宽过宽时，开关频率低，跟踪误差大；环宽过窄时，跟踪误差小，但是开关频率往往过高。

电抗器 L 也会影响跟踪性能，L 大时，i 的变化率小，跟踪慢。L 小时，i 的变化率大，开关频率过高。

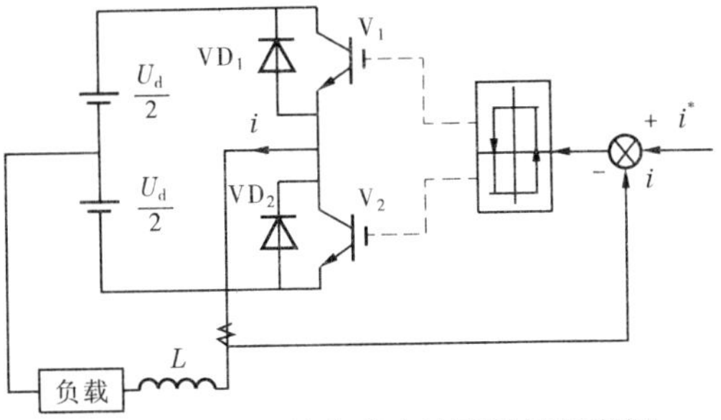

图 7-15　滞环比较方式电流跟踪控制举例

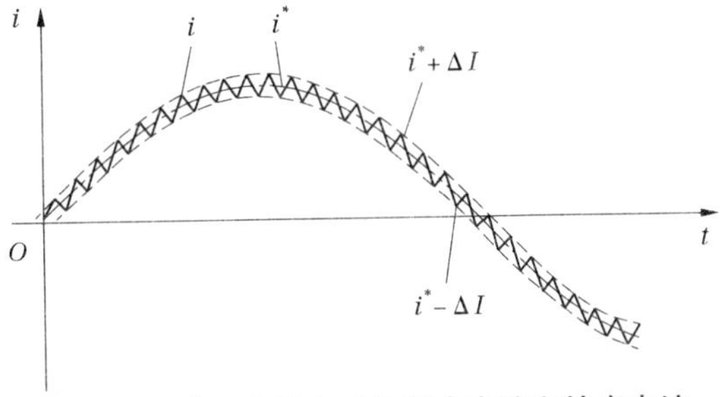

图 7-16　滞环比较方式的指令电流和输出电流

图 7-17 所示为采用滞环比较方式的三相电流跟踪型 PWM 逆变电路，三相电流指令信号 i_U^*、i_V^*、i_W^* 依次相差 120°。图 7-18 给出了该电路输出的线电压和线电流波形。可以看出，在线电压的正半周和负半周内，都有极性相反的脉冲输出，这将使输出电压中的谐波分量增大，也使负载的谐波损耗增加。

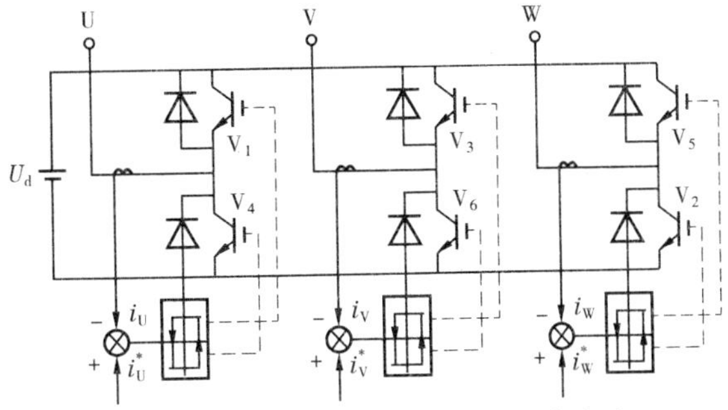

图 7-17　三相电流跟踪型 PWM 逆变电路

采用滞环比较方式的电流跟踪型 PWM 逆变电路有如下特点：

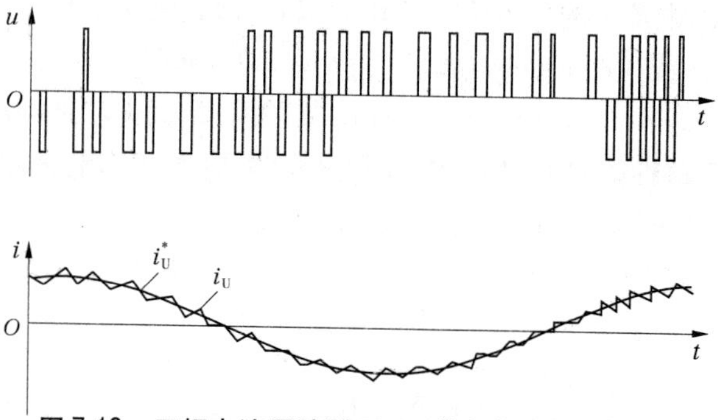

图 7-18 三相电流跟踪型 PWM 逆变电路输出波形

(1)硬件电路简单；

(2)实时控制,电流响应快；

(3)不用载波,输出电压波形中不含特定频率的谐波；

(4)和计算法及调制法相比,相同开关频率时输出电流中高次谐波含量多；

(5)闭环控制,是各种跟踪型 PWM 逆变电路的共同特点。

7.3.1.2 电压跟踪控制

采用滞环比较方式也可以实现电压跟踪控制,如图 7-19 所示。把指令电压 u^* 和输出电压 u 进行比较,滤除偏差信号中的谐波,滤波器的输出送入滞环比较器,由比较器输出控制开关通断,从而实现电压跟踪控制。和电流跟踪控制电路相比,电压跟踪控制只是把指令和反馈从电流变为电压。输出电压 PWM 波形中含大量高次谐波,必须用适当的滤波器滤除。

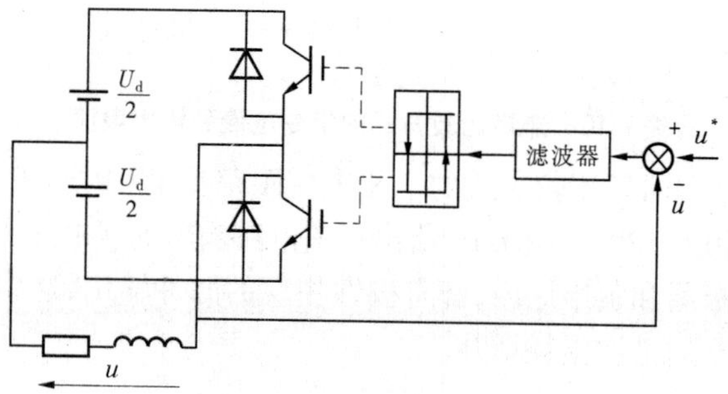

图 7-19 电压跟踪控制电路举例

$u^*=0$ 时,输出 u 为频率较高的矩形波,相当于一个自励振荡电路。

u^* 为直流信号时,u 产生直流偏移,变为正负脉冲宽度不等,正宽负窄或正窄负宽的矩形波。

u^* 为交流信号时,只要其频率远低于上述自励振荡频率,从 u 中滤除由器件通断产生的高次谐波后,所得的波形就几乎和 u^* 相同,从而实现电压跟踪控制。

7.3.2 三角波比较方式

三角波比较方式不是把指令信号和三角波直接进行比较,而是闭环控制。把指令电流 i_U^*、i_V^* 和 i_W^* 和实际输出电流 i_U、i_V、i_W 进行比较,求出偏差,经放大器 A 放大后,再和三角波进行比较,产生PWM波形。

放大器A通常具有比例积分特性或比例特性,其系数直接影响电流跟踪特性。

三角波比较方式电流跟踪型逆变电路,开关频率固定,开关频率等于载波频率,高频滤波器设计方便;为改善输出电压波形,图7-20所示电路中,三角波载波常用三相三角波信号;和滞环比较方式相比,这种控制方式输出电流谐波少。

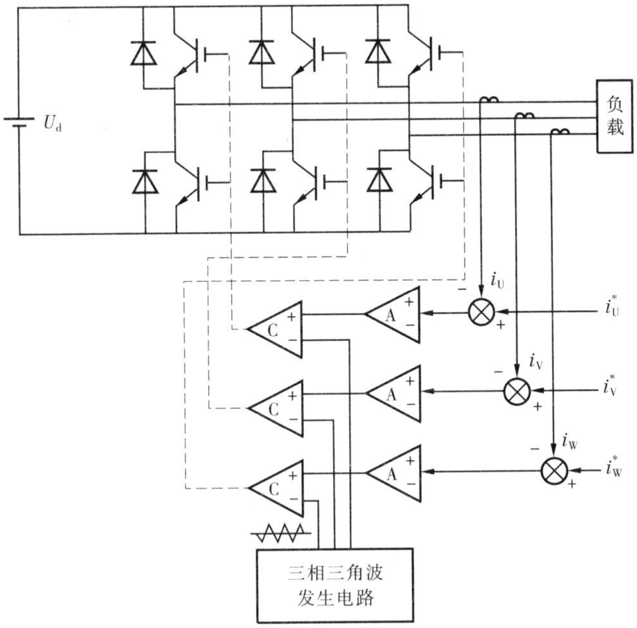

图7-20 三角波比较方式电流跟踪型逆变电路

除上述滞环比较方式和三角波比较方式外,PWM跟踪控制还有一种定时比较方式,这种方式不用滞环比较器,而是设置一个固定的时钟。以固定采样周期对指令信号和被控量采样,按偏差的极性来控制开关器件通断。在时钟信号到来时刻,如$i<i^*$,令V_1通,V_2断,使i增大;如$i>i^*$,令V_1断,V_2通,使i减小。每个采样时刻的控制作用都使实际电流与指令电流的误差减小。

采用定时比较方式时,器件最高开关频率为时钟频率的1/2,和滞环比较方式相比,电流误差没有一定的环宽,控制的精度低一些。

7.4 PWM整流电路及其控制方法

实用的整流电路几乎都是晶闸管整流或二极管整流。

晶闸管相控整流电路,输入电流滞后于电压,且谐波分量大,因此功率因数很低。

二极管整流电路,虽位移因数接近1,但输入电流谐波很大,所以功率因数也很低。

把逆变电路中的SPWM控制技术用于整流电路,就形成了PWM整流电路。可使其输入电流非常接近正弦波,且和输入电压同相位,功率因数近似为1,故其也称为单位功率因数变流器,或高功率因数整流器。

PWM 整流电路也可分为电压型和电流型两大类，目前电压型的较多。

7.4.1 单相 PWM 整流电路

图 7-21(a)和(b)分别为单相半桥和全桥 PWM 整流电路。半桥电路直流侧电容必须由两个电容串联，其中点和交流电源连接。全桥电路直流侧电容只要一个就可以。交流侧电感 L_s 包括外接电抗器的电感和交流电源内部电感，是电路正常工作所必需的。

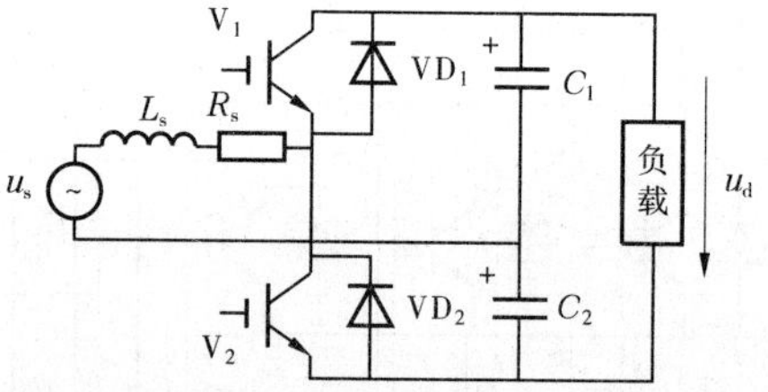

(a)单相半桥电路

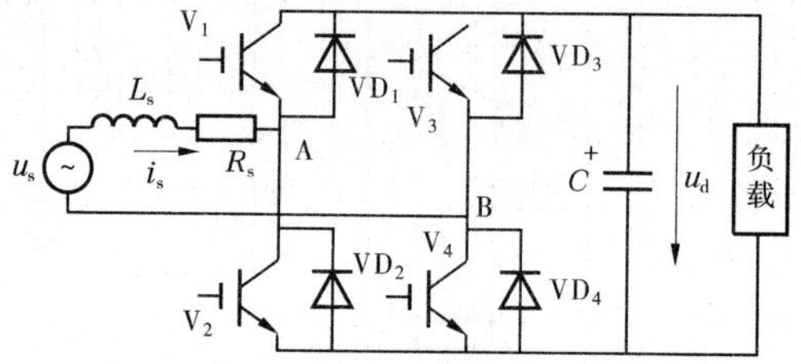

(b)单相全桥电路

图 7-21 单相 PWM 整流电路

单相全桥 PWM 整流电路的工作原理如下：

采用正弦信号波和三角波相比较的方法对 $V_1 \sim V_4$ 进行 SPWM 控制，就可在交流输入端 AB 产生 SPWM 波 u_{AB}。u_{AB} 中含有和信号波同频率且幅值成比例的基波、和载波有关的高频谐波，不含低次谐波。由于 L_s 的滤波作用，谐波电压只使 i_s 产生很小的脉动。当信号波频率和电源频率相同时，i_s 也为与电源频率相同的正弦波。u_s 一定时，i_s 幅值和相位仅由 u_{AB} 中基波 u_{ABf} 的幅值及其与 u_s 的相位差决定。改变 u_{ABf} 的幅值和相位，可使 i_s 和 u_s 同相或反相，i_s 比 u_s 超前 90°，或 i_s 与 u_s 相位差为所需角度。

PWM 整流电路的运行方式相量图见图 7-22。

图 7-22(a)：滞后相角 δ，$\dot{I}_s$ 和 $\dot{U}_s$ 同相，整流状态，功率因数为 1，为 PWM 整流电路最基本的工作状态

图 7-22(b)：超前相角 δ，$\dot{I}_s$ 和 $\dot{U}_s$ 反相，逆变状态，说明 PWM 整流电路可实现能量正反两方向流动，这一特点对于需再生制动的交流电动机调速系统很重要。

图 7-22(c)：滞后相角 δ，$\dot{I}_s$ 超前 $\dot{U}_s$ 90°，电路向交流电源送出无功功率，这时称为静止无功功率发送器(Static Var Generator——SVG)。

图 7-22(d)：通过对幅值和相位的控制，可以使 $\dot{I}_s$ 比 $\dot{U}_s$ 超前或滞后任一角度 φ。

对单相全桥 PWM 整流电路工作原理，进一步说明如下：

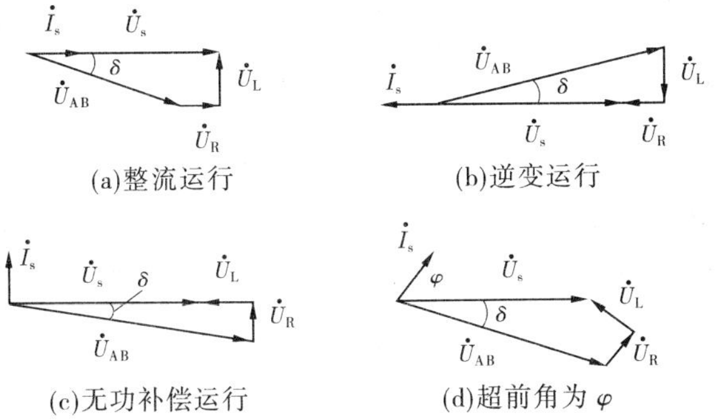

(a)整流运行　(b)逆变运行　(c)无功补偿运行　(d)超前角为 φ

图 7-22　PWM 整流电路的运行方式相量图

整流状态下，$u_s > 0$ 时，V_2、VD_4、VD_1、L_s 和 V_3、VD_1、VD_4、L_s 分别组成两个升压斩波电路，以 V_2、VD_4、VD_1、L_s 为例。V_2 通时，u_s 通过 V_2、VD_4 向 L_s 储能。V_2 关断时，L_s 中的储能通过 VD_1、VD_4 向 C 充电。$u_s < 0$ 时，V_1、VD_3、VD_2、L_s 和 V_4、VD_2、VD_3、L_s 分别组成两个升压斩波电路。由于是按升压斩波电路工作，如控制不当，直流侧电容电压可能比交流电压峰值高出许多倍，对器件形成威胁。

另一方面，如直流侧电压过低，例如低于 u_s 的峰值，则 u_{AB} 中就得不到图 7-22(a) 中所需的足够高的基波电压幅值，或 u_{AB} 中含有较大的低次谐波，这样就不能按需要控制 i_s，i_s 波形会畸变。

可见，电压型 PWM 整流电路是升压型整流电路，其输出直流电压可从交流电源电压峰值附近向高调节，如要向低调节就会使性能恶化，以致不能工作。

7.4.2　三相 PWM 整流电路

图 7-23 所示三相桥式 PWM 整流电路是最基本的 PWM 整流电路之一，其应用最为广泛。工作原理和前述的单相全桥电路相似，只是从单相扩展到三相进行 SPWM 控制，在交流输入端 A、B 和 C 可得 SPWM 电压，按图 7-22(a) 的相量图控制，可使 i_a、i_b、i_c 为正弦波，和电压同相，且功率因数近似为 1。和单相相同，该电路也可工作在逆变运行状态及图 7-22(c) 或图 7-22(d) 所示的状态。

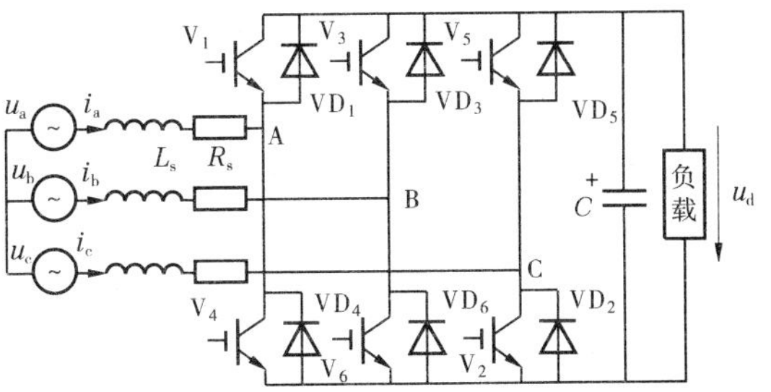

图 7-23　三相桥式 PWM 整流电路

本章小结

1. PWM 控制技术的地位

PWM 控制技术是在电力电子领域有着广泛的应用,并对电力电子技术产生了十分深远影响的一项技术。

2. 器件与 PWM 技术的关系

以 IGBT、电力 MOSFET 等为代表的全控型器件给 PWM 控制技术提供了强大的物质基础。

3. PWM 控制技术用于直流斩波电路

直流斩波电路实际上就是直流 PWM 电路,是 PWM 控制技术应用较早也成熟较早的一类电路,应用于直流电动机调速系统构成广泛应用的直流脉宽调速系统。

4. PWM 控制技术用于交—交变流电路

斩控式交流调压电路和矩阵式变频电路是 PWM 控制技术在这类电路中应用的代表,目前应用都还不多,但矩阵式变频电路因其容易实现集成化,可望有良好的发展前景。

5. PWM 控制技术用于逆变电路

PWM 控制技术在逆变电路中的应用最具代表性。正是由于在逆变电路中广泛而成功的应用,奠定了 PWM 控制技术在电力电子技术中的突出地位。除功率很大的外,不用 PWM 控制的逆变电路已十分少见。

逆变电路章节里因尚未涉及 PWM 控制技术,因此对逆变电路的介绍是不完整的。学完本章才能对逆变电路有较完整的认识。

6. PWM 控制技术用于整流电路

PWM 控制技术用于整流电路即构成 PWM 整流电路,可看成逆变电路中的 PWM 技术向整流电路的延伸。PWM 整流电路已获得了一些应用,并有良好的应用前景。PWM 整流电路作为对第 3 章的补充,可使我们对整流电路有更全面的认识。

7. PWM 控制技术与相位控制技术

以相控整流电路和交流调压电路为代表的相位控制技术至今在电力电子电路中仍占据着重要地位,以 PWM 控制技术为代表的斩波控制技术也越来越占据着主导地位,分别简称相控和斩控。把两种技术对照学习,对电力电子电路的控制技术会有更明晰的认识。

习题与思考题

7-1　试说明 PWM 控制的基本原理。

7-2　特定谐波消去法的基本原理是什么?设半个信号波周期内有 10 个开关时刻(不含 0 和 π 时刻)可以控制,可以消去的谐波有几种?

7-3　什么是异步调制?什么是同步调制?两者各有何特点?分段同步调制有什么优点?

7-4　什么是 SPWM 波形的规则采样法?和自然采样法相比,规则采样法有什么优点？

7-5　如何提高PWM逆变电路的直流电压利用率？

7-6　什么是电流跟踪型PWM变流电路？采用滞环比较方式的电流跟踪型变流器有何特点？

7-7　什么是PWM整流电路？它和相控整流电路的工作原理和性能有何不同？

7-8　在PWM整流电路中，什么是间接电流控制？什么是直接电流控制？

第 8 章　组合变流电路

将 AC/DC、DC/DC、AC/AC 和 DC/AC 四大类基本变流电路中的某几种基本的变流电路组合起来，以实现一定的新功能就是组合变流电路。

先将交流整流为直流，再逆变为交流，是先整流后逆变的组合，称作间接交流变流电路。典型的应用有：交—直—交变频电路（Variable Voltage Variable Frequency——VVVF），主要用作变频器；恒压恒频变流电路（Constant Voltage Constant Frequency——CVCF），主要用作不间断电源（Uninterruptable Power Supply——UPS）。

先将直流逆变为交流，再整流为直流，是先逆变后整流的组合，称作间接直流变流电路。各种开关电源（Switching Mode Power Supply——SMPS），就是其典型的应用。

8.1　间接交流变流电路

8.1.1　间接交流变流电路原理

8.1.1.1　电压型间接交流变流电路

图 8-1 是不能再生反馈的电压型间接交流变流电路的原理图，二极管整流电路将交流电整流成直流，可以得到脉动的直流，通过中间直流环节的电容滤波，获得性能较好的直流，再通过由 IGBT 和续流二极管反并联的逆变电路，逆变成交流供给交流负载使用。这种电路的特点是负载能量反馈到中间直流电路时，将导致电容电压升高，称为泵升电压，如果能量无法反馈回交流电源，泵升电压会危及整个电路的安全。

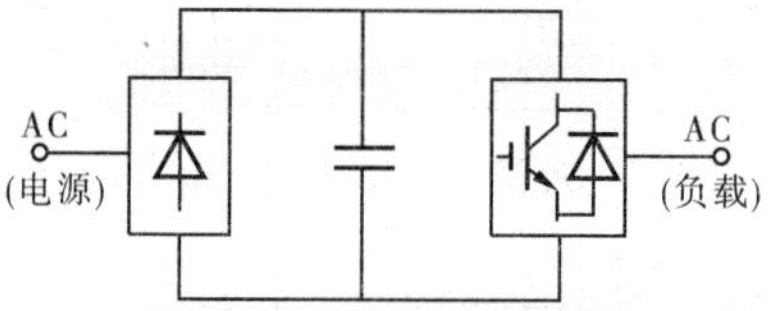

图 8-1　不能再生反馈的电压型间接交流变流电路

为使电路具备再生反馈电力的能力，可采用带有泵升电压限制电路的电压型间接交流变流电路，如图 8-2 所示，当泵升电压超过一定数值时，使 V_0 导通，把从负载反馈的能量消耗在 R_0 上。

而图 8-3 所示则是利用可控变流器实现再生反馈的电压型间接交流变流电路，当负载回馈能量时，可控变流器工作于有源逆变状态，将电能反馈回电网。

图 8-4 是整流和逆变均为 PWM 控制的电压型间接交流变流电路，整流和逆变电路的构成完全相同，均采用 PWM 控制，能量可双向流动。输入输出电流均为正弦波，输入功率因数高，且可实现电动机四象限运行。

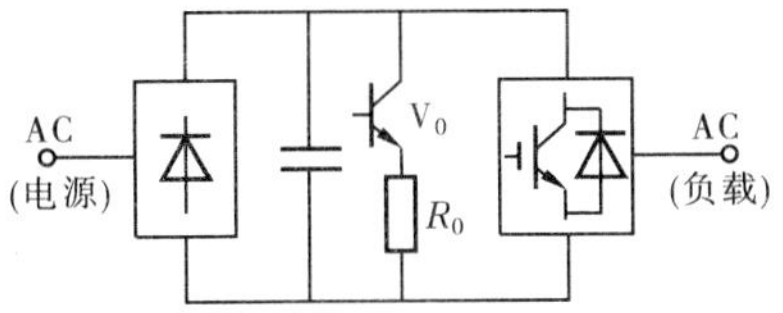

图8-2　带有泵升电压限制电路的电压型间接交流变流电路

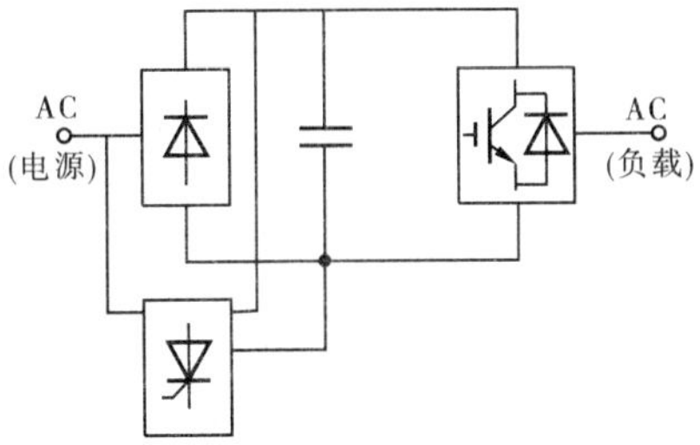

图8-3　利用可控变流器实现再生反馈的电压型间接交流变流电路

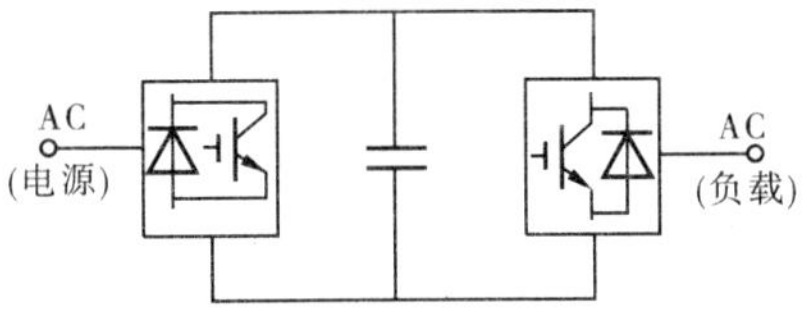

图8-4　整流和逆变均为PWM控制的电压型间接交流变流电路

8.1.1.2　电流型间接交流变流电路

整流电路为不可控的二极管整流时，电路不能将负载侧的能量反馈到电源侧，见图8-5。为使电路具备再生反馈电力的能力，可采用图8-6所示的电路，整流电路可采用晶闸管可控整流电路，负载回馈能量时，可控变流器工作于有源逆变状态，使中间直流电压反极性。

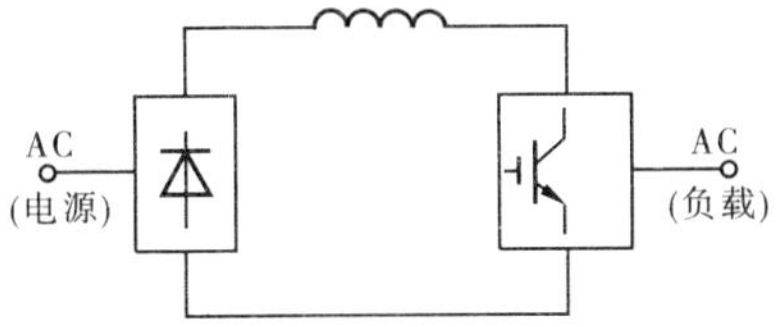

图8-5　不能再生反馈电力的电流型间接交流变流电路

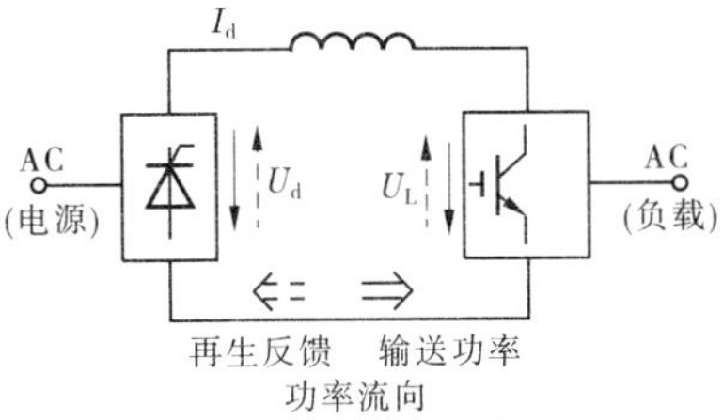

图8-6　采用可控整流的电流型间接交流变流电路

图8-7是仅逆变电路采用PWM控制，而图8-8是整流和逆变均为PWM控制的电流型间接交流变流电路，通过对整流电路的PWM控制，使输入电流为正弦波，并使输入功率因数为1。

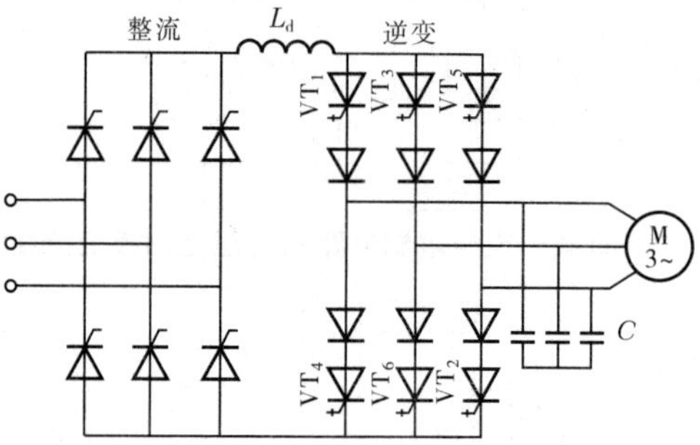

图 8-7　电流型交—直—交 PWM 变频电路

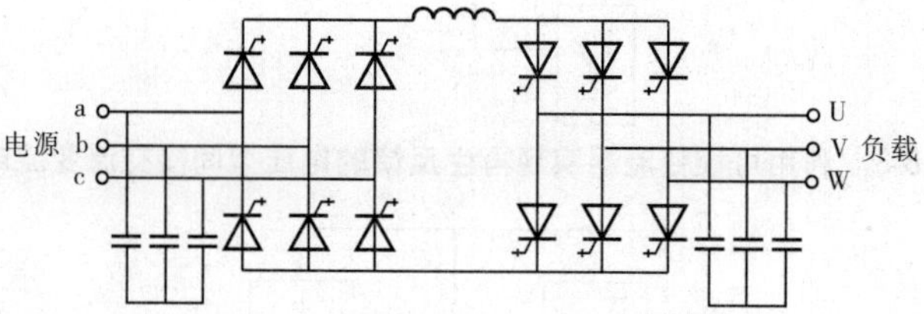

图 8-8　整流和逆变均为 PWM 控制的电流型间接交流变流电路

第 6 章中介绍了交—交变频电路,本章中介绍了交—直—交变频电路,两者的比较参见表 8-1。

表 8-1　交—交变频电路与交—直—交变频电路比较

比较内容	变频电路类型	
	交—交型	交—直—交型
换能形式	一次换能,效率高	两次换能,效率较低
换流方式	电网电压自然换流	强迫或负载换流,或自关断器件
使用器件数量	多,利用率低	较少,利用率高
调频范围	(1/3 ~ 1/2)电网频率	无限制
输入功率因数	较低	一般相控调压时,低频低压时低;不可控整流时(PWM 逆变)较高
适用场合	低速、大功率交流电机拖动系统	各种交流电机拖动系统,稳压和不停电电源

8.1.2　交—直—交变频器

晶闸管直流电动机传动系统存在一些固有的缺点:①受使用环境条件制约;②需要定期维护;③最高速度和容量受限制等。

交流调速传动系统除克服直流调速传动系统的缺点外还具有:①交流电动机结构简单,可靠性高;②节能;③高精度,快速响应等优点。

采用变频调速方式时,无论电机转速高低,转差功率的消耗基本不变,系统效率是各种交流调速方式中最高的,具有显著的节能效果,是交流调速传动应用最多的一种方式。

笼型异步电动机的定子频率控制方式,有:①恒压频比(U/f)控制;②转差频率控制;③矢量控制;④直接转矩控制等。

8.1.2.1　恒压频比控制

为避免电动机因频率变化导致磁饱和而造成励磁电流增大,引起功率因数和效率的降低,需对变频器的电压和频率的比率进行控制,使该比率保持恒定,即恒压频比控制,以维持气隙磁通为额定值。

恒压频比控制是比较简单、被广泛采用的控制方式。该方式被用于转速开环的交流调速系统,适用于生产机械对调速系统的静、动态性能要求不高的场合。

其工作原理:转速给定既作为调节加减速的频率 f 指令值,同时乘以适当比例作为定子电压 U_1 的指令值。该比例决定了 U/f 比值,由于频率和电压由同一给定值控制,因此可以保证压频比为恒定。图 8-9 是采用恒压频比的变频调速原理框图。

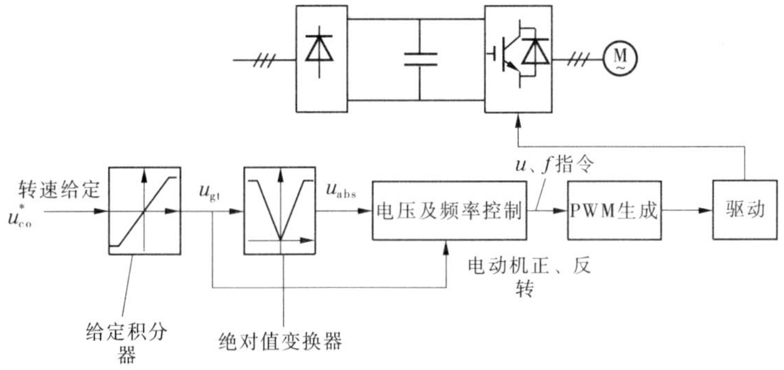

图 8-9　采用恒压频比控制的变频调速系统框图

在给定信号之后设置的给定积分器,将阶跃给定信号转换为按设定斜率逐渐变化的斜坡信号 u_{gt},从而使电动机的电压和转速都平缓地升高或降低,避免产生冲击。

给定积分器输出的极性代表电机转向,幅值代表输出电压、频率。绝对值变换器输出 u_{gt} 的绝对值 u_{abs},电压及频率控制环节根据 u_{abs} 及 u_{gt} 的极性得出电压及频率的指令信号,经 PWM 生成环节形成控制逆变器的 PWM 信号,再经驱动电路控制变频器中 IGBT 的通断,使变频器输出所需频率、相序和大小的交流电压,从而控制交流电机的转速和转向。

8.1.2.2　转差频率控制

在稳态情况下,当稳态气隙磁通恒定时,异步电机电磁转矩近似与转差角频率成正比。因此,控制 ω_s 就相当于控制转矩。采用转速闭环的转差频率控制,使定子频率 $\omega_1 = \omega_r + \omega_s$,则 ω_1 随实际转速 ω_r 增加或减小,得到平滑而稳定的调速,保证了较高的调速范围。

转差频率控制方式可达到较好的静态性能,但这种方法是基于稳态模型的,得不到理想的动态性能。

8.1.3　恒压恒频(CVCF)电源

CVCF 电源主要用作不间断电源(UPS)。UPS 广泛应用于各种对交流供电可靠性和供电质量要求高的场合。

图 8-10 是 UPS 基本结构原理图，UPS 基本工作原理是：市电正常时，由市电供电，市电经整流器整流为直流，再逆变为 50 Hz 恒频恒压的交流电向负载供电。同时，整流器输出给蓄电池充电，保证蓄电池的电量充足。此时负载可得到高质量的交流电压，具有稳压、稳频性能，也称为稳压稳频电源。市电异常乃至停电时，蓄电池的直流电经逆变器变换为恒频恒压交流电继续向负载供电，供电时间取决于蓄电池容量的大小。

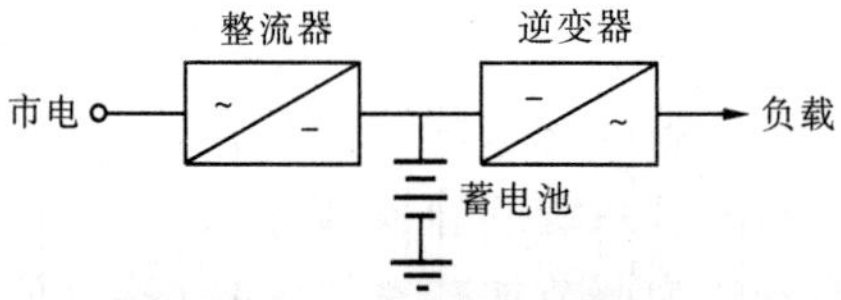

图 8-10　UPS 基本结构原理图

为了保证长时间不间断供电，可采用柴油发电机（简称油机）作为后备电源，如图 8-11所示。图 8-12 是增加了旁路电源系统的 UPS，可使负载供电可靠性进一步提高。

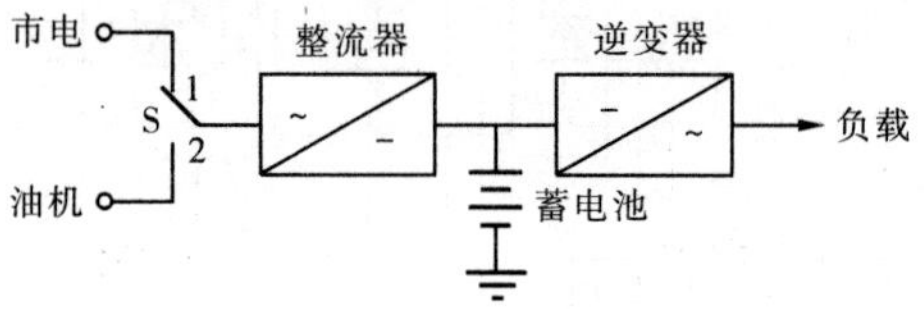

图 8-11　用柴油发电机作为后备电源的 UPS

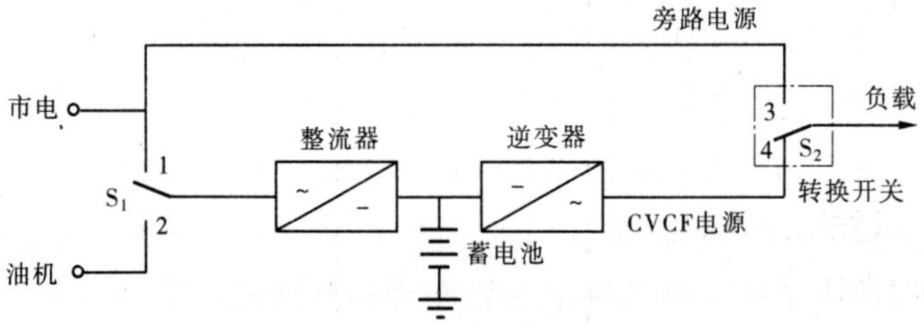

图 8-12　具有旁路电源系统的 UPS

UPS 的容量大小不同，其主电路结构有差异，小容量的 UPS 主电路如图 8-13 所示。整流部分使用二极管整流器和直流斩波器（PFC），可获得较高的输入功率因数；逆变器部分使用 IGBT 并 PWM 控制，可获得良好的控制性能。大容量 UPS 主电路如图 8-14 所示，采用 PWM 控制的逆变器开关频率较低，通过多重化联结降低输出电压中的谐波分量。

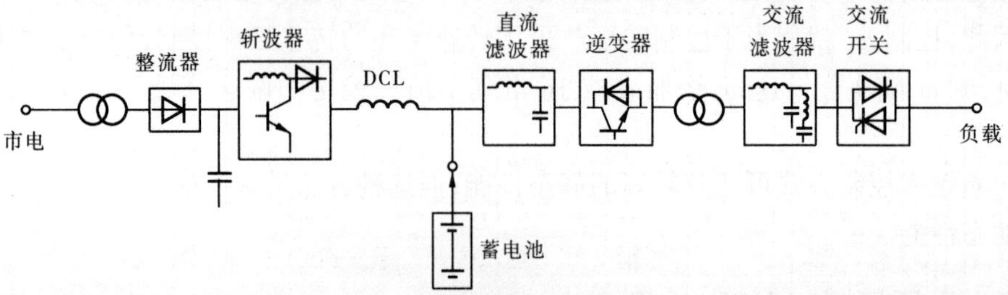

图 8-13　小容量 UPS 主电路

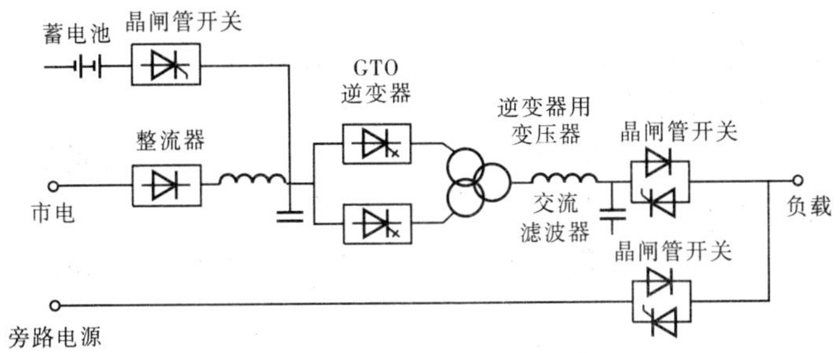

图 8-14　大容量 UPS 主电路

8.2　间接直流变流电路

先将直流逆变为交流，再整流为直流，称为间接直流变流电路，也称为直—交—直电路，如图 8-15 所示。

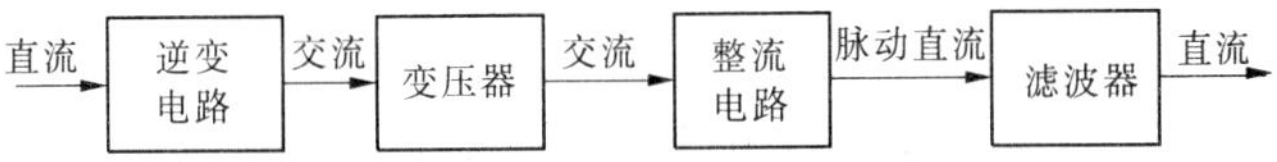

图 8-15　间接直流变流电路的结构

有以下几种情况需要采用这种变换结构：输出端与输入端需要隔离；某些应用中需要相互隔离的多路输出；输出电压与输入电压的比例远小于 1 或远大于 1。

交流环节采用较高的工作频率，可以减小变压器和滤波电感、滤波电容的体积和重量；工作频率高于 20 kHz 这一人耳的听觉极限，可避免变压器和电感产生噪声。

间接直流变流电路分为单端（Single End）和双端（Double End）电路两大类：

变压器中流过的是直流脉动电流，如正激电路和反激电路，称作单端电路。

变压器中的电流为正负对称的交流电流，如半桥、全桥和推挽电路，称作双端电路。

8.2.1　正激电路

图 8-16 是正激电路的原理图，图 8-17 为其理想化波形。开关 S 开通后，变压器绕组 N_1 两端的电压为上正下负，与其耦合的 N_2 绕组两端的电压也是上正下负。因此，VD_1 处于通态，VD_2 为断态，电感 L 的电流逐渐增大。

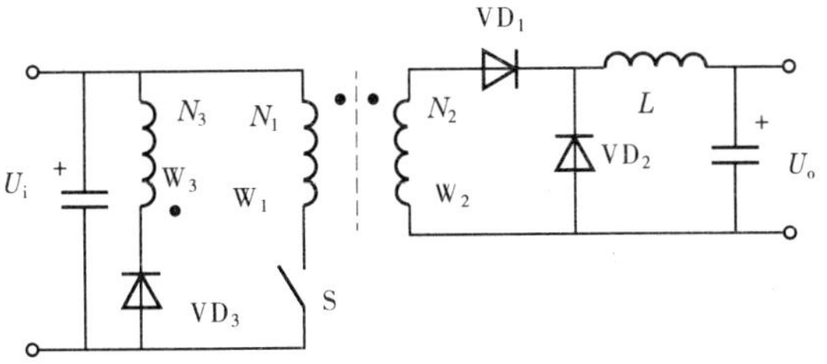

图 8-16　正激电路的原理图

S 关断后，电感 L 通过 VD_2 续流，VD_1 关断。S 关断后变压器的激磁电流经 N_3 绕组和 VD_3 流回电源，所以 S 关断后承受的电压为

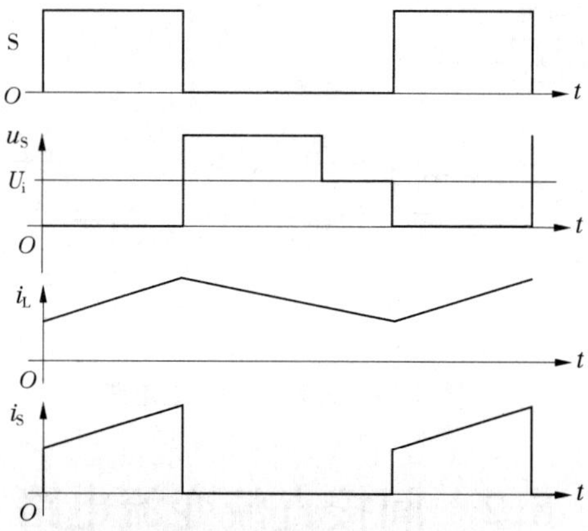

图 8-17 正激电路的理想化波形

$$u_S = \left(1 + \frac{N_1}{N_3}\right)U_i \tag{8-1}$$

8.2.1.1 **变压器的磁芯复位**

开关 S 开通后,变压器的激磁电流由零开始,随着时间的增加而线性增大,直到 S 关断。为防止变压器的激磁电感饱和,必须设法使激磁电流在 S 关断后到下一次再开通的一段时间内降回零,这一过程称为变压器的磁芯复位,见图 8-18。

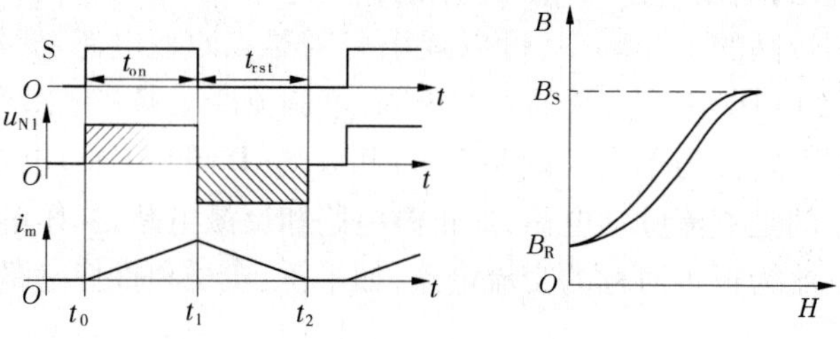

图 8-18 磁芯复位过程

变压器的磁芯复位时间为

$$t_{rst} = \frac{N_3}{N_1}t_{on} \tag{8-2}$$

8.2.1.2 **输出电压**

输出滤波电感电流连续的情况下

$$\frac{U_o}{U_i} = \frac{N_2}{N_1}\frac{t_{on}}{T} \tag{8-3}$$

输出电感电流不连续时,输出电压 U_o 将高于式(8-3)的计算值,并随负载减小而升高,在负载为零的极限情况下

$$U_o = \frac{N_2}{N_1}U_i \tag{8-4}$$

8.2.2 反激电路

图8-19是反激电路原理图，其理想化波形见图8-20。

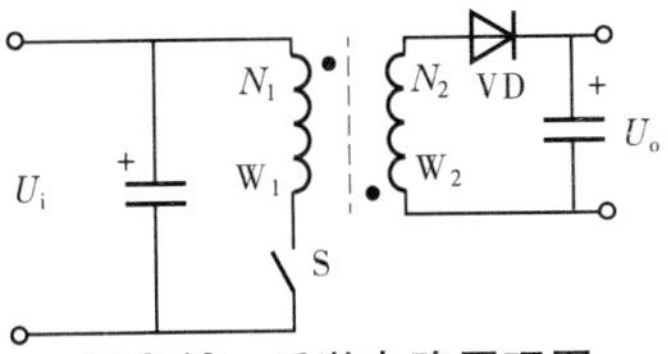

图8-19 反激电路原理图

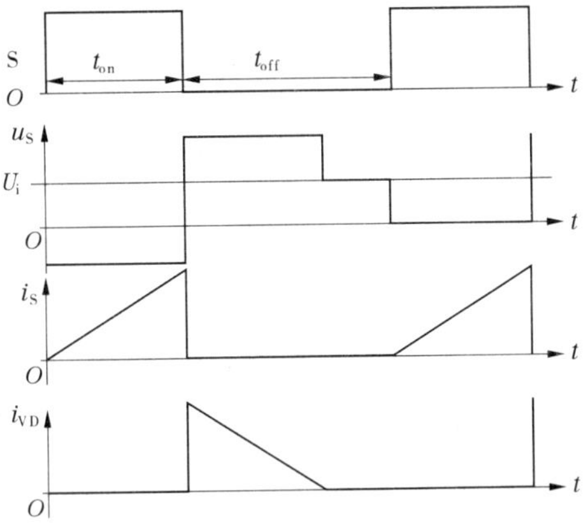

图8-20 反激电路的理想化波形

反激电路中的变压器起着储能元件的作用，可以看作是一对相互耦合的电感。

8.2.2.1 工作过程

S开通后，VD处于断态，N_1绕组的电流线性增长，电感储能增加；

S关断后，N_1绕组的电流被切断，变压器中的磁场能量通过N_2绕组和VD向输出端释放。

8.2.2.2 反激电路的工作模式

1. 电流连续模式

当S开通时，N_2绕组中的电流尚未下降到零。

输出电压关系

$$u_S = U_i + \frac{N_1}{N_2}U_o \tag{8-5}$$

2. 电流断续模式

S开通前，N_2绕组中的电流已经下降到零。

输出电压高于式(8-5)的计算值，并随负载减小而升高，在负载为零的极限情况下

$$\frac{U_o}{U_i} = \frac{N_2}{N_1}\frac{t_{on}}{t_{off}} \tag{8-6}$$

因此，反激电路不应工作于负载开路状态。

8.2.3 半桥电路

图 8-21 是半桥电路原理图，其理想化波形见图 8-22。

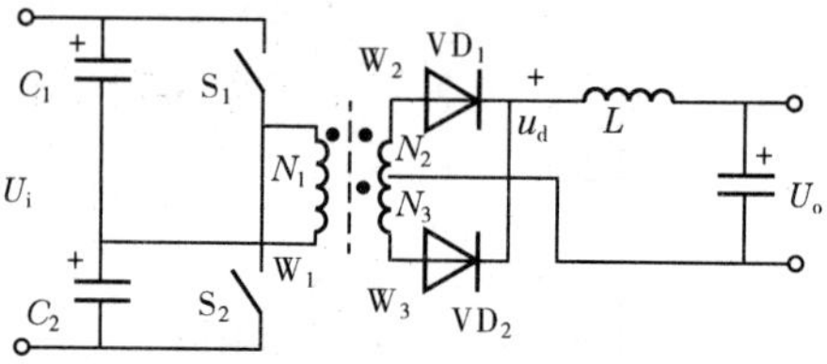

图 8-21 半桥电路原理图

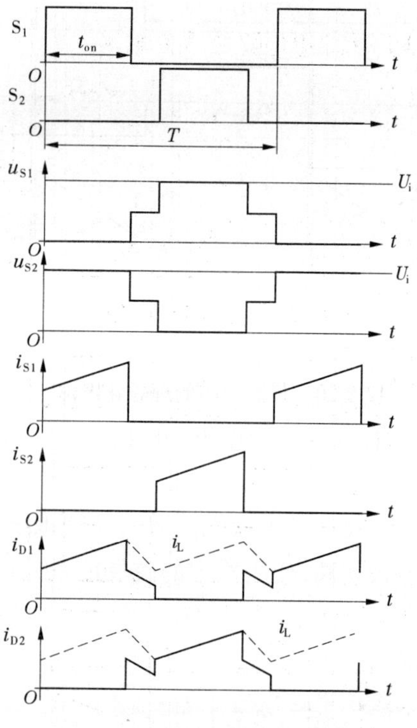

图 8-22 半桥电路的理想化波形

8.2.3.1 工作过程

S_1 与 S_2 交替导通，使变压器一次侧形成幅值为 $U_i/2$ 的交流电压。改变开关的占空比，就可以改变二次侧整流电压 u_d 的平均值，也就改变了输出电压 U_o。

S_1 导通时，二极管 VD_1 处于通态；S_2 导通时，二极管 VD_2 处于通态。当两个开关都关断时，变压器绕组 N_1 中的电流为零，VD_1 和 VD_2 都处于通态，各分担一半的电流。

S_1 或 S_2 导通时，电感 L 的电流逐渐上升；两个开关都关断时，电感 L 的电流逐渐下降。S_1 和 S_2 断态时承受的峰值电压均为 U_i。

由于电容的隔直作用，半桥电路对由于两个开关导通时间不对称而造成的变压器一次侧电压的直流分量有自动平衡作用，因此不容易发生变压器的偏磁和直流磁饱和。

8.2.3.2　输出电压

当滤波电感 L 的电流连续时

$$\frac{U_o}{U_i}=\frac{N_2}{N_1}\frac{t_{on}}{T} \tag{8-7}$$

如果输出电感电流不连续，输出电压 U_o 将高于式(8-7)的计算值，并随负载减小而升高，在负载为零的极限情况下

$$U_o=\frac{N_2}{N_1}\frac{U_i}{2} \tag{8-8}$$

8.2.4　全桥电路

图8-23为全桥电路原理图，其理想化波形见图8-24。

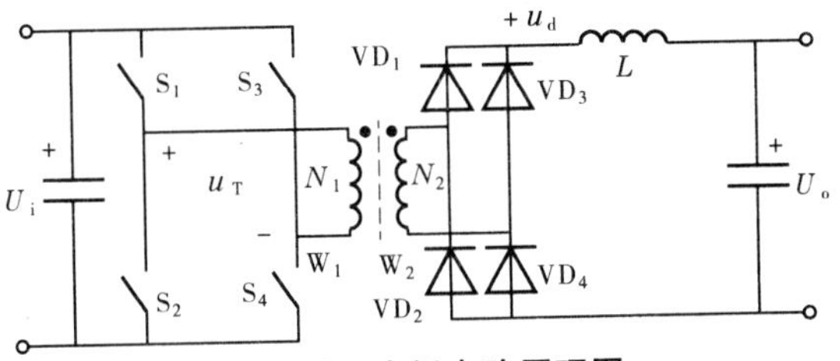

图8-23　全桥电路原理图

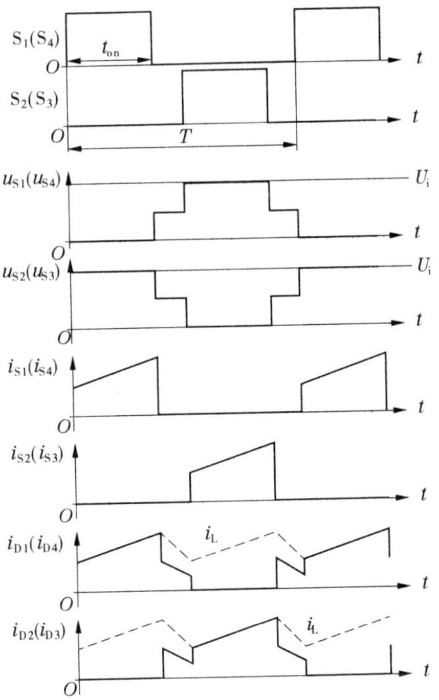

图8-24　全桥电路的理想化波形

8.2.4.1　工作过程

全桥逆变电路中，互为对角的两个开关同时导通，同一侧半桥上下两开关交替导通，使变压器一次侧形成幅值为 U_i 的交流电压，改变占空比就可以改变输出电压。

当 S_1 与 S_4 导通后，二极管 VD_1 和 VD_4 处于通态，电感 L 的电流逐渐上升。

S_2 与 S_3 导通后，二极管 VD_2 和 VD_3 处于通态，电感 L 的电流也上升。

当4个开关都关断时，4个二极管都处于通态，各分担一半的电感电流，电感 L 的电流逐渐下降。S_1 和 S_2 断态时承受的峰值电压均为 U_i。

如果 S_1、S_4 与 S_2、S_3 的导通时间不对称，则交流电压 u_T 中将含有直流分量，会在变压器一次侧产生很大的直流电流，造成磁路饱和。因此，全桥电路应注意避免电压直流分量的产生，也可以在一次侧回路串联一个电容，以阻断直流电流。

8.2.4.2 输出电压

滤波电感电流连续时

$$\frac{U_o}{U_i} = \frac{N_2}{N_1}\frac{2t_{on}}{T} \tag{8-9}$$

输出电感电流断续时，输出电压 U_o 将高于式(8-9)的计算值，并随负载减小而升高，在负载为零的极限情况下

$$U_o = \frac{N_2}{N_1}U_i \tag{8-10}$$

8.2.5 推挽电路

图8-25为推挽电路原理图，其理想化波形见图8-26。

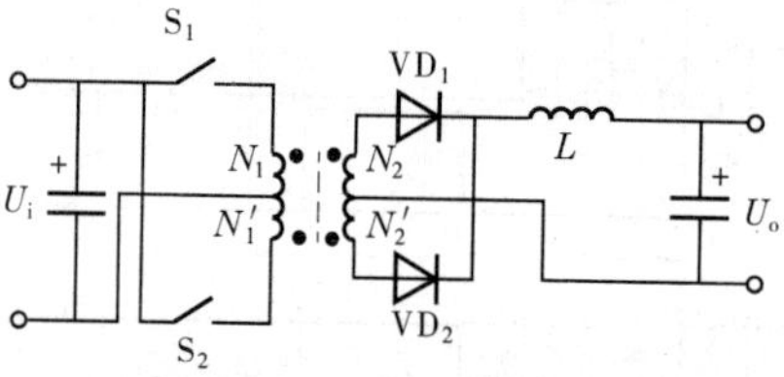

图8-25 推挽电路原理图

8.2.5.1 工作过程

推挽电路中两个开关 S_1 和 S_2 交替导通，在绕组 N_1 和 N'_1 两端分别形成相位相反的交流电压，改变占空比就可以改变输出电压。

S_1 导通时，二极管 VD_1 处于通态，电感 L 的电流逐渐上升。

S_2 导通时，二极管 VD_2 处于通态，电感 L 的电流也逐渐上升。

当两个开关都关断时，VD_1 和 VD_2 都处于通态，各分担一半的电流。S_1 和 S_2 断态时承受的峰值电压均为 $2U_i$。

S_1 和 S_2 同时导通，相当于变压器一次侧绕组短路，因此应避免两个开关同时导通。

8.2.5.2 输出电压

滤波电感电流连续时

$$\frac{U_o}{U_i} = \frac{N_2}{N_1}\frac{2t_{on}}{T} \tag{8-11}$$

输出电感电流不连续时，输出电压 U_o 将高于式(8-11)的计算值，并随负载减小而升高，在负载为零的极限情况下

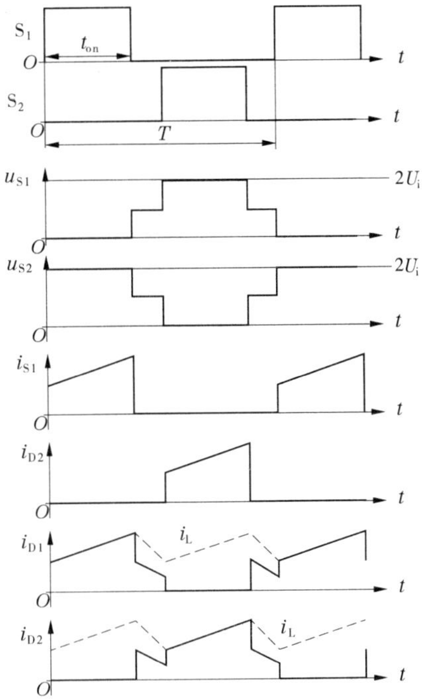

图 8-26　推挽电路的理想化波形

$$U_o = \frac{N_2}{N_1}U_i \tag{8-12}$$

上述几种间接直流变流电路的比较见表 8-2。

表 8-2　各种不同的间接直流变流电路的比较

电路优缺点	功率范围	应用领域
正激电路较简单,成本低,可靠性高,驱动电路简单;变压器单向激磁,利用率低	几百瓦至几千瓦	各种中、小功率电源
反激电路非常简单,成本很低,可靠性高,驱动电路简单,难以达到较大的功率;变压器单向激磁,利用率低	几瓦至几十瓦小功率	电子设备、计算机设备、消费电子设备电源
全桥变压器双向激磁,容易达到大功率;结构复杂,成本高,有直通问题,可靠性低,需要复杂的多组隔离驱动电路	几百瓦至几百千瓦	大功率工业用电源、焊接电源、电解电源等
半桥变压器双向激磁,没有变压器偏磁问题,开关较少,成本低;有直通问题,可靠性低,需要复杂的隔离驱动电路	几百瓦至几千瓦	各种工业用电源、计算机电源等
推挽变压器双向激磁,变压器一次侧电流回路中只有一个开关,通态损耗较小,驱动简单,有偏磁问题	几百瓦至几千瓦	低输入电压的电源

8.2.6　全波整流和全桥整流

双端电路中常用的整流电路形式为全波整流和全桥整流,见图 8-27。

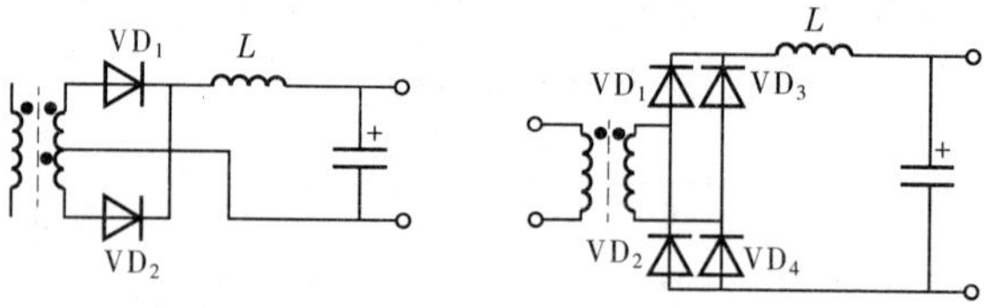

(a)全波整流电路　　(b)全桥整流电路

图 8-27　全波整流电路和全桥整流电路原理图

8.2.6.1　全波整流电路的特点

优点：电感 L 的电流只流过 1 个二极管，回路中只有 1 个二极管压降，损耗小；而且整流电路中只需要 2 个二极管，元件数较少。

缺点：二极管断态时承受的反压是二倍的交流电压幅值，对器件耐压要求较高，而且变压器二次侧绕组有中心抽头，结构较复杂。

适用场合：输出电压较低(<100 V)的情况。

8.2.6.2　全桥整流电路的特点

优点：二极管在断态时承受的电压仅为交流电压幅值，变压器的绕组结构较为简单。

缺点：电感 L 的电流流过 2 个二极管，回路中存在 2 个二极管压降，损耗较大；而且电路中需要 4 个二极管，元件数较多。

适用场合：高压输出的情况。

8.2.6.3　同步整流电路

当电路的输出电压非常低时，可以采用同步整流电路，见图 8-28，利用低电压 MOSFET 具有非常小的导通电阻的特性降低整流电路的导通损耗，进一步提高效率。

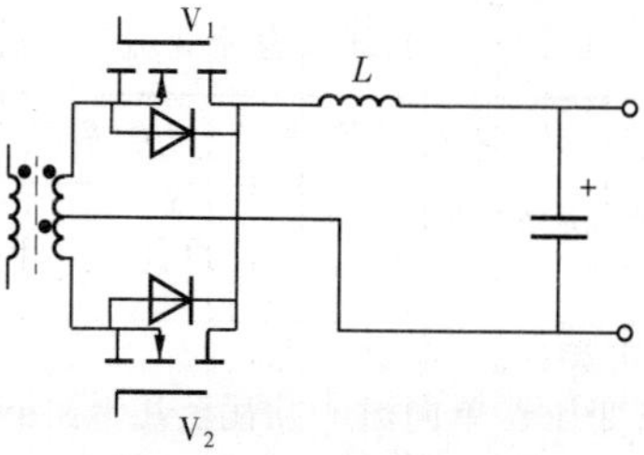

图 8-28　同步整流电路原理图

8.2.7　开关电源

如果间接直流变流电路输入端的直流电源是由交流电网整流得来的，所构成的交—直—交—直电路，通常被称为开关电源。

由于开关电源采用了工作频率较高的交流环节，变压器和滤波器都大大减小，体积和重量都远小于相控整流电源。此外，其工作频率的提高还有利于控制性能的提高。

本章小结

(1)间接交流变流电路可分为电压型和电流型，应掌握它们的各种构成方式及特点。

(2)交—直—交变频器与交流电机构成变频调速系统,重点理解恒压频比控制方法,并了解转差频率控制、矢量控制、直接转矩控制等其他控制方法。

(3)CVCF变流电路主要用于UPS,掌握其基本构成方式、特点及主电路结构。

(4)间接直流变流电路中的能量转换过程为直流—交流—直流,交流环节含有变压器。

(5)常见的间接直流变流电路可以分为单端和双端电路两大类。单端电路包括正激和反激两类,双端电路包括全桥、半桥和推挽三类。每一类电路都可能有多种不同的拓扑形式或控制方法,本章仅介绍了其中最具代表性的拓扑形式和控制方法。

(6)双端电路的整流电路可以有多种形式,本章介绍了常用的全桥和全波两种,它们具有各自的特点和不同的应用场合。

习题与思考题

8-1 什么是组合变流电路?

8-2 试阐明图8-1所示间接交流变流电路的工作原理,并说明该电路有何局限性。

8-3 试分析图8-2所示间接交流变流电路的工作原理,并说明其局限性。

8-4 试说明图8-3所示间接交流变流电路是如何实现负载能量回馈的。

8-5 什么是变频调速系统的恒压频比控制?

8-6 何为UPS?试说明图8-11所示UPS系统的工作原理。

8-7 试分析正激电路和反激电路中的开关和整流二极管在工作时承受的最大电压。

8-8 试分析全桥、半桥和推挽电路中的开关和整流二极管在工作中承受的最大电压、最大电流和平均电流。

8-9 全桥和半桥电路对驱动电路有什么要求?

第 9 章 典型电力电子装置介绍

9.1 开关电源

9.1.1 稳压电源

稳压电源通常分为线性稳压电源和开关稳压电源。

9.1.1.1 线性稳压电源

电子技术课程中所介绍的直流稳压电源一般是线性稳压电源，它的特点是起电压调整功能的器件始终工作在线性放大区,其原理框图如图 9-1 所示，由 50 Hz 工频变压器、整流器、滤波器和串联调整稳压器组成。

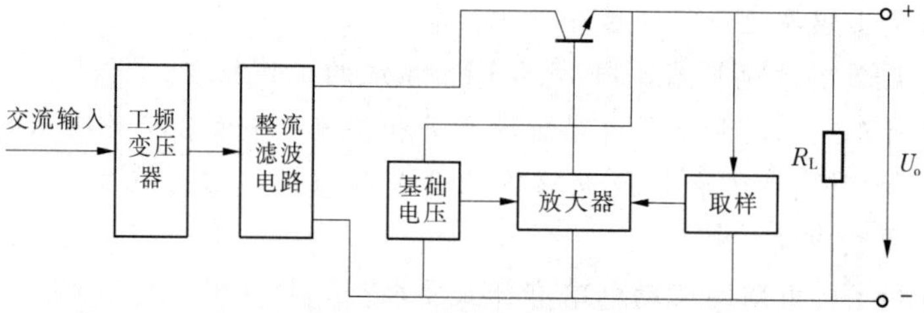

图 9-1 线性稳压电源

它的基本工作原理为:工频交流电源经过变压器降压、整流、滤波后成为一稳定的直流电。图 9-1 中其余部分是起电压调节,实现稳压作用的控制部分。电源接上负载后,通过取样电路获得输出电压,将此输出电压与基准电压进行比较。如果输出电压小于基准电压,则将误差值经过放大电路放大后送入调节器的输入端,通过调节器调节使输出电压增加,直到与基准值相等;如果输出电压大于基准电压,则通过调节器使输出减小。

这种稳压电源具有优良的纹波及动态响应特性,但同时存在以下缺点:

(1)输入采用 50 Hz 工频变压器，体积庞大。

(2)电压调整器件(如图 9-1 所示的三极管)工作在线性放大区内,损耗大,效率低。

(3)过载能力差。

9.1.1.2 开关稳压电源

1. 开关稳压电源的基本工作原理

开关稳压电源简称开关电源(Switching Power Supply),这种电源中,起电压调整,实现稳压控制功能的器件始终以开关方式工作。图 9-2 所示为输入/输出隔离的开关电源原理框图。

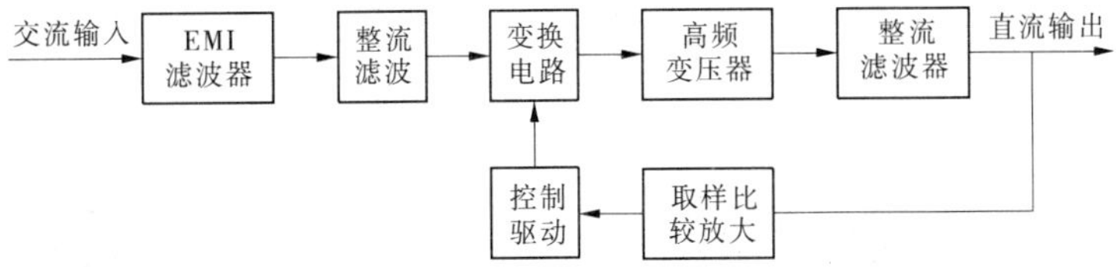

图 9-2 开关电源原理框图

其主电路的工作原理为:50 Hz 单相交流 220 V 电压或三相交流 220 V/380 V 电压首先经 EMI 防电磁干扰的电源滤波器滤波(这种滤波器主要滤除电源的高次谐波),直接整流滤波(不经过工频变压器降压,滤波电路主要滤除整流后的低频脉动谐波),获得一直流电压;然后再将此直流电压经变换电路变换为数十或数百千赫的高频方波或准方波电压,通过高频变压器隔离并降压(或升压)后,再经高频整流、滤波电路,最后输出直流电压。

控制电路的工作原理是:电源接上负载后,通过取样电路获得其输出电压,将此电压与基准电压做比较后,将其误差值放大,用于控制驱动电路,控制变换器中功率开关管的占空比,使输出电压升高(或降低),以获得一稳定的输出电压。

2. 开关稳压电源的控制原理

开关电源中,变换电路起着主要的调节稳压作用,这是通过调节功率开关管的占空比来实现的。设开关管的开关周期为 T, 在一个周期内,导通时间为 t_{on},则占空比定义为 $D=t_{on}/T$。在开关电源中,改变占空比的控制方式有两种,即脉冲宽度调制(PWM)和脉冲频率调制(PWF)。在脉冲宽度控制中,保持开关频率(开关周期 T)不变,通过改变 t_{on} 来改变占空比 D, 从而达到改变输出电压的目的。即 D 越大,滤波后输出电压也就越大;D 越小,滤波后输出电压越小, 如图 9-3 所示。

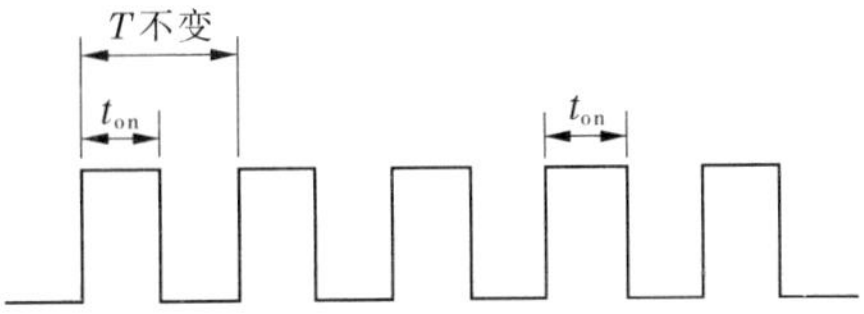

图 9-3 PWM 控制方式

脉冲频率控制方式中,保持导通时间 t_{on} 不变,通过改变频率(开关周期 T)而达到改变占空比。由于频率控制方式的工作频率是变化的,造成后续电路滤波器的设计比较困难,因此目前绝大部分的开关电源均采用 PWM 控制。

3. 开关稳压电源的特点

开关稳压电源具有如下的优点:

(1)功耗小、效率高。

开关管中的开关器件交替工作在导通—截止—导通的开关状态,转换速度快, 这使得功率损耗小,电源的效率可以大幅度提高,可达 90% ~95% 。

(2)体积小、重量轻。

开关电源效率高, 损耗小,可以省去较大体积的散热器; 用起隔离作用的高频变压器取代工频变压器,可大大减小体积,降低重量;因为开关频率高,输出滤波电容的容量和体积也可大为减小。

(3)稳压范围宽。

开关电源的输出电压由占空比来调节,输入电压的变化可以通过占空比的大小来补偿。这样,在工频电网电压变化较大时,它仍能保证有较稳定的输出电压。

(4)电路形式灵活多样。

设计者可以发挥各种类型电路的特长,设计出能满足不同应用场合的开关电源。

开关电源的缺点主要是存在开关噪声干扰。

在开关电源中,开关器件工作在开关状态,它产生的交流电压和电流会通过电路中的其他元器件产生尖峰干扰和谐振干扰,对这些干扰如果不采取一定的措施进行抑制、消除和屏蔽,就会严重影响整机正常工作。此外,这些干扰还会串入工频电网,使电网附近的其他电子仪器、设备和家用电器受到干扰。因此,设计开关电源时,必须采取合理的措施来抑制其本身产生的干扰。

9.1.2 隔离式高频变换电路

在开关稳压电源的主电路中,高频变换电路是核心部分,其电路形式多种多样,下面介绍输入/输出隔离的开关电源常用的几种高频变换电路的结构和工作原理。

9.1.2.1 正激式变换电路

所谓正激式变换电路,是指开关电源中的变换器不仅起着调节输出电压使其稳定的作用,还作为振荡器产生恒定周期 T 的方波,后续电路中的脉冲变压器也具有振荡器的作用。

该电路的结构如图 9-4(a)所示。工频交流电源通过电源滤波器、整流滤波器后转换成图中所示的直流电压 U_i;V_1 为功率开关管,多为绝缘栅双极型晶体管 IGBT(其基极的驱动电路图中未画出);T 为高频变压器;L 和 C_1 组成 LC 滤波器;二极管 VD_1 为半波整流元件,VD_2 为续流二极管;R_L 为负载电阻;U_o 为输出稳定的直流电压。

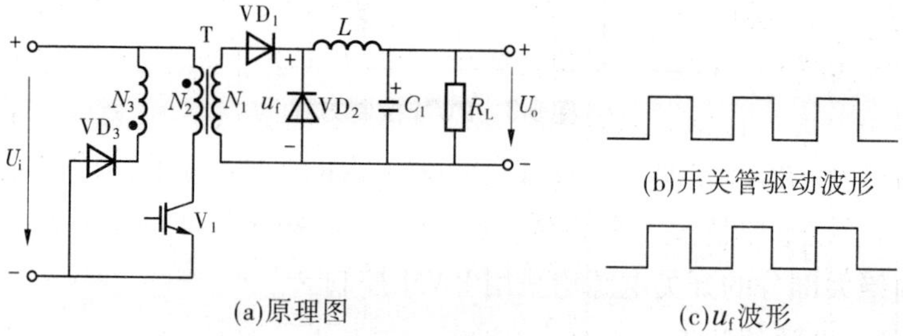

(a)原理图

图 9-4 正激式变换电路

当控制电路使 V_1 导通时,变压器原、副边均有电压输出且电压方向与图示参考方向一致,所以二极管 VD_1 导通,VD_2 截止,此时电源经变压器耦合向负载传输能量,负载上获得电压,滤波电感 L 储能。

当控制电路使 V_1 截止时,变压器原、副边输出电压为零。此时,变压器原边在 V_1 导通时储存的能量经过线圈 N_3 和二极管 VD_3 反送回电源。变压器的副边由于输出电压为零,所以二极管 VD_1 截止,电感 L 通过二极管 VD_2 续流并向负载释放能量,由于电容 C_1

的滤波作用,此时负载上所获得的电压保持不变,其输出电压为

$$U_o = \frac{N_2}{N_1} D U_i = kDU_i \tag{9-1}$$

式中 k——变压器的变压比;

D——方波的占空比;

N_1、N_2——变压器原、副边绕组的匝数。

由式(9-1)可看出,输出电压 U_o 仅由电源电压 U_i 和占空比 D 决定。

9.1.2.2 半桥变换电路

半桥变换电路又可称为半桥逆变电路,如图 9-5(a)所示。工频交流电源通过电源滤波器、整流滤波器后转换成图中所示的直流电压 U_i;V_1、V_2 为功率开关管 IGBT;T 为高频变压器,L、C_3 组成 LC 滤波电路,二极管 VD_3、VD_4 组成全波整流元件。

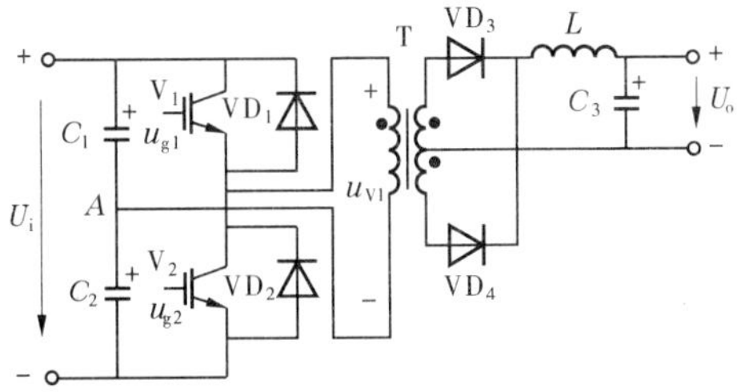

(a)电路

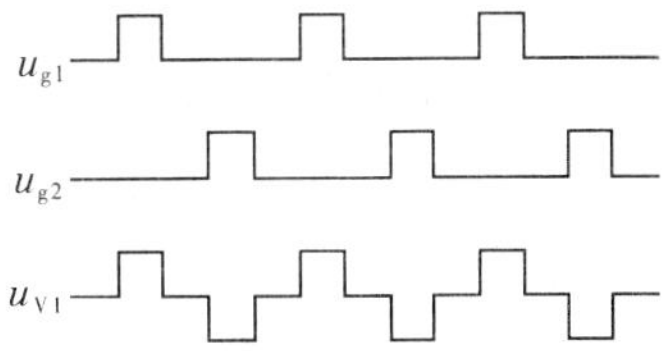

(b)波形

图 9-5 半桥变换电路及波形

半桥变换电路的工作原理:两个输入电容 C_1、C_2 的容量相同,其中 A 点的电压 U_A 是输入电压 U_i 的一半,即有 $U_{C1} = U_{C2} = U_i/2$。开关管 V_1 和 V_2 的驱动信号分别为 u_{g1} 和 u_{g2},由控制电路产生两个互为反相的 PWM 信号,如图 9-5(b)所示。当 u_{g1} 为高电平时,u_{g2} 为低电平,V_1 导通,V_2 关断。电容 C_1 两端的电压通过 VD_1 施加在高频变压器的原边,此时 $u_{V1} = U_i/2$,在 V_1 和 V_2 共同关断期间,原边绕组上的电压为零,即 $u_{V1} = 0$。当 u_{g2} 为高电平期间,V_2 导通,V_1 关断,电容 C_2 两端的电压施加在高频变压器的原边,此时 $u_{V1} = -U_i/2$。其波形如图 9-5(b)所示。可以看出,在一个开关周期 T 内,变压器上的电压分别为正、负、零值,这一点与正激变换电路不同。为了防止开关管 V_1、V_2 同时导通造成电源短路,驱动信号 u_{g1}、u_{g2} 之间必须具有一定的死区时间,即二者同时为零的时间。

当 $u_{V1} = U_i/2$ 时,变压器副边所接二极管 VD_3 导通,VD_4 截止,整流输出电压的方向与图示 U_o 方向相同;当 $u_{V1} = -U_i/2$ 时,二极管 VD_4 导通,VD_3 截止,整流输出电压的方向也与图示 U_o 方向相同;在二极管 VD_3、VD_4 导通期间,电感 L 开始储能。在开关管 V_1、V_2 同时截止期间,虽然变压器副边电压为零,但此时电感 L 释放能量,又由于电容 C_3 的作用使输出电压恒定不变。

半桥变换电路的特点为,在一个开关周期 T 内,前半个周期流过高频变压器的电流与后半个周期流过的电流大小相等,方向相反。因此,变压器的磁芯工作在磁滞回线 B—H 的两端,磁芯得到充分利用。在一个开关管导通时,处于截止状态的另一个开关管所承受的电压与输入电压相等,开关管由导通转为关断的瞬间,漏感引起的尖峰电压被二极管 VD_1 或 VD_2 箝位,因此开关管所承受的电压绝对不会超过输入电压,二极管 VD_1、VD_2 还

作为续流二极管具有续流作用，施加在高频变压器上的电压只是输入电压的一半。欲得到与下面介绍的全桥变换电路相同的输出功率，开关管必须流过两倍的电流，因此半桥式电路是通过降压扩流来实现大功率输出的。另外，驱动信号 u_{g1} 和 u_{g2} 需要彼此隔离的 PWM 信号。半桥变换电路适用于数百瓦至数千瓦的开关电源。

9.1.2.3 全桥变换电路

将半桥电路中的两个电解电容 C_1 和 C_2 换成另外两只开关管，并配上相应的驱动电路即可组成图 9-6 所示的全桥变换电路。

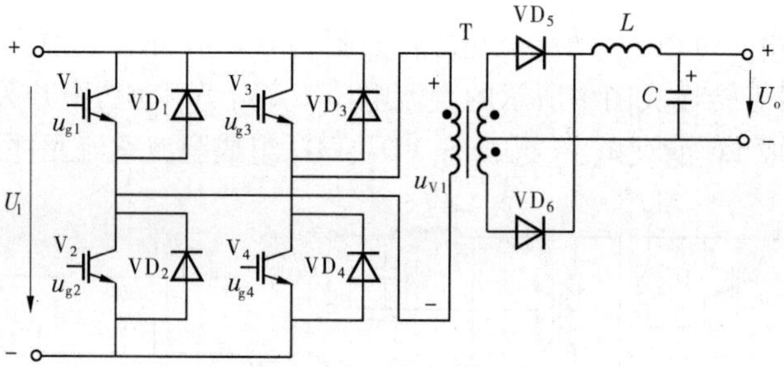

图 9-6 全桥变换电路

驱动信号 u_{g1} 与 u_{g4} 相同，u_{g2} 与 u_{g3} 相同，而且 u_{g1}、u_{g4} 与 u_{g2}、u_{g3} 互为反相。其工作原理如下：

当 u_{g1} 与 u_{g4} 为高电平，u_{g2} 与 u_{g3} 为低电平时，开关管 V_1 和 V_4 导通，V_2 和 V_3 关断，电源电压通过 V_1 和 V_4 施加在高频变压器的原边，此时变压器原边电压为 $u_{V1}=U_i$。当 u_{g1} 和 u_{g4} 为低电平，u_{g2} 与 u_{g3} 为高电平时，开关管 V_2 和 V_3 导通，V_1、V_4 关断，变压器原边电压为 $u_{V1}=-U_i$。与半桥电路相比，初级绕组上的电压增加了一倍，而每个开关管的耐压仍为输入电压。

图 9-6 中变压器副边所接二极管 VD_5、VD_6 为整流二极管，用于实现全波整流。电感 L、电容 C 组成 LC 滤波电路，实现对整流输出电压的滤波。

开关管 V_1、V_2、V_3 和 V_4 的集电极与发射极之间反接有箝位二极管 VD_1、VD_2、VD_3 和 VD_4，由于这些箝位二极管的作用，当开关管从导通到截止时，变压器初级磁化电流的能量以及漏感储能引起的尖峰电压的最高值不会超过电源电压 U_i，同时还可将磁化电流的能量反馈给电源，从而提高整机的效率。全桥变换电路适用于数百瓦至数千瓦的开关电源。

除上述变换电路外，常用的隔离式高频变换电路还有反激型变换电路、推挽型变换电路和双正激型变换电路。

9.1.3 开关电源的应用

以图 9-7 所示直流操作电源电路为例进行说明。

9.1.3.1 交流进线 EMI 滤波器

电磁干扰 EMI 为英文 Electro Magnetic Interference 的缩写。为了防止开关电源产生的噪声进入电网或者防止电网的噪声进入开关电源内部，干扰开关电源的正常工作，必须

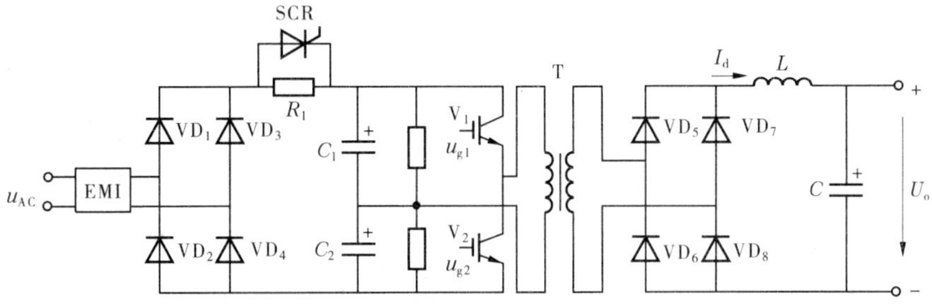

(a)主电路

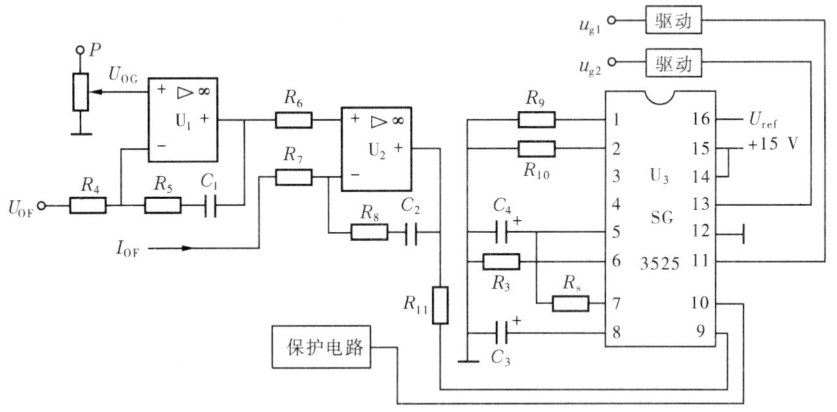

(b)控制电路

图 9-7　直流操作电源电路

在开关电源的输入端施加 EMI 滤波器,有时又称此滤波器为电源滤波器,用于滤除电源输入/输出中的高频噪声(150 kHz ~ 30 MHz)。图 9-8 给出了一种常用的高性能 EMI 滤波器，该滤波器能同时抑制共模和差模干扰信号。

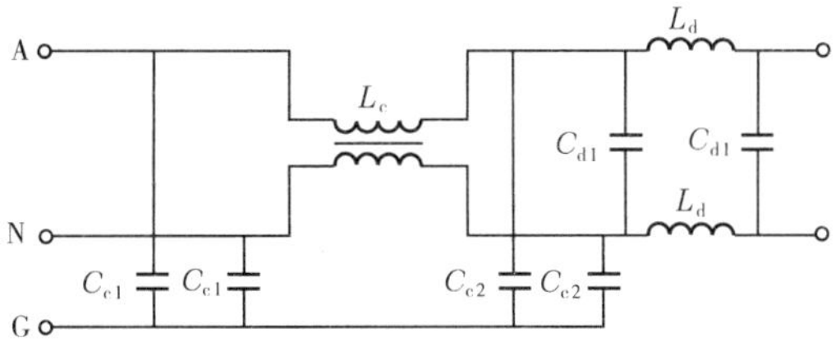

图 9-8　交流进线 EMI 滤波器

图 9-8 中 A、N 间为电源的相电压,G 为电源的接地线。由 C_{c1}、C_{c2} 和 L_c 构成的低通滤波器用来抑制共模干扰信号。所谓共模干扰信号,通常是指与电源电压并联且极性相同的干扰信号。由于电源干扰信号的频率远大于工频 50 Hz,因此它们通过电容 C_{c1}、C_{c2} 接入地消除干扰。

图 9-8 中 L_c 为磁芯电感,它与普通电感相比具有体积小、电感值大的特点,在此电路中称为共模电感,其两组线圈的匝数相等,绕向相反。共模干扰信号的极性相同,在 L_c 上产生很大的阻抗,从而抑制了共模信号进入后续整流电路。对于极性相反，串接在电源

内的差模干扰信号，L_c 产生的阻抗为零，则由 C_{d1}、L_d 组成的低通滤波器来抑制干扰信号。

9.1.3.2　启动浪涌抑制电路

开启电源时，由于将对滤波电容 C_1 和 C_2 充电，接通电源瞬间电容相当于短路，因而会产生很大的浪涌电流，其大小取决于启动时的交流电压的相位和输入滤波器的阻抗。抑制启动浪涌电流最简单的办法是在整流桥的直流侧和滤波电容之间串联具有负温度系数的热敏电阻。启动时电阻处于冷态，呈现较大的电阻，从而可抑制启动电流。启动后，电阻温度升高，阻值降低，以保证电源具有较高的效率。虽然启动后电阻已较小，但电阻在电源工作的过程中仍具有一定的损耗，降低了电源的效率，因此该方法只适合小功率电源。

对于大功率电路，将上述热敏电阻换成普通电阻，同时在电阻的两端并接晶闸管，电源启动时晶闸管关断，由电阻限制启动浪涌电流。滤波电容的充电过程完成后，触发晶闸管，使之导通，从而既达到了短接电阻降低损耗的目的，又可限制启动浪涌电流。

9.1.3.3　输出控制电路

控制电路是开关电源的核心，它决定开关电源的动态稳定性。图 9-7 所示开关电源采用双闭环控制方式，如图 9-9 所示。电压环为外环控制，起着稳定输出电压的作用。电流环为内环控制，起稳定输出电流的作用。交流电源经过电源滤波、整流后得到电压的给定信号 U_{OG}，输出电压经过取样电路获得一反馈电压 U_{OF}。U_{OF} 通过反馈电路送到给定端与给定信号 U_{OG} 比较，其误差信号经 PI 电压调节器调节后形成输出电感电流的给定信号 I_{OG}。将 I_{OG} 与电感电流的反馈信号 I_{OF} 比较，其误差信号经 PI 电流调节器（比例积分调节器）调节后送入 PWM 控制器 SG3525，然后与控制器内部三角波比较形成 PWM 信号，该信号再通过驱动电路去驱动变换电路中的 IGBT。

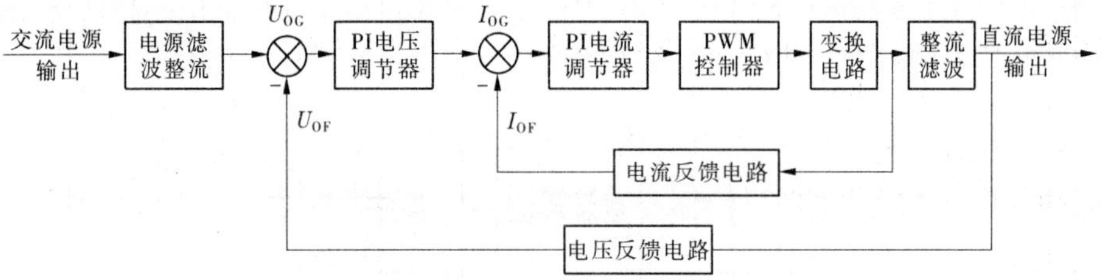

图 9-9　直流开关电源控制系统原理框图

如果输出电压因种种原因在给定电压没有改变的情况下有所降低，即反馈电压 U_{OF} 小于给定电压 U_{OG}，则电压调节器将误差放大后使输出电压升高，即电感电流的给定信号 I_{OG} 增大。电感电流给定信号增大又导致电流调节器的输出电压增大，使得 PWM 信号的占空比增大，最后达到增大输出电压的目的。当输出电压达到给定电压所要求的值时，调节器停止调节，输出电压稳定在所要求的值。

9.1.3.4　SG3525 的管脚功能

SG3525 系列开关电源 PWM 控制集成电路是美国硅通用公司设计的第二代 PWM 控制器，工作性能好，外部元件用量小，适用于各种开关电源。图 9-10 给出了 SG3525 的内部结构，其管脚功能如下：

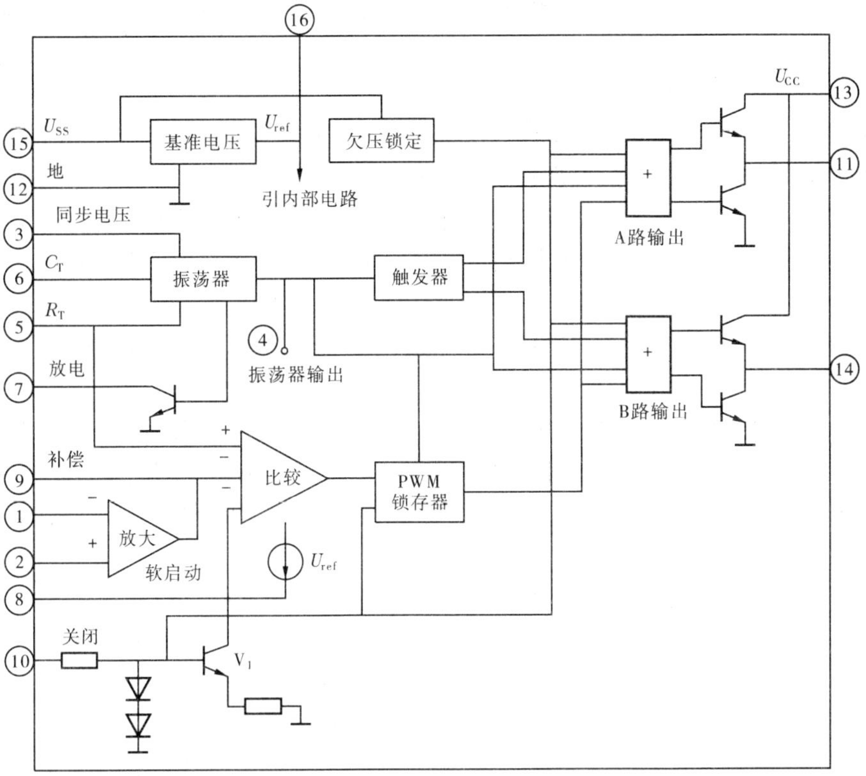

图 9-10 SG3525 内部结构框图

①脚：误差放大器的反相输入端；

②脚：误差放大器的同相输入端；

③脚：同步信号输入端，同步脉冲的频率应比振荡器频率 f_S 低一些；

④脚：振荡器输出端；

⑤脚：振荡器外接定时电阻 R_T 端，R_T 值为 2 ~ 150 kΩ；

⑥脚：振荡器外接电容 C_T 端，振荡器频率 $f_s = 1/[C_T(0.7R_T + 3R_0)]$，$R_0$ 为⑤脚与⑦脚之间跨接的电阻，用来调节死区时间，定时电容范围为 0.001 ~ 0.1 μF；

⑦脚：振荡器放电端，用外接电阻来控制死区时间，电阻范围为 0 ~ 500 Ω；

⑧脚：软启动端，外接软启动电容，该电容由内部 U_{ref} 的 50 μA 恒流源充电；

⑨脚：误差放大器的输出端；

⑩脚：PWM 信号封锁端，当该脚为高电平时，输出驱动脉冲信号被封锁，该脚主要用于故障保护；

⑪脚：A 路驱动信号输出；

⑫脚：接地；

⑬脚：输出集电极电压；

⑭脚：B 路驱动信号输出；

⑮脚：电源，其范围为 8 ~ 35 V；

⑯脚：内部 +5 V 基准电压输出。

9.1.3.5 IGBT 驱动电路

驱动电路采用日本三菱公司生产的驱动模块 M57962L。该驱动模块为混合集成电路，将 IGBT 的驱动和过流保护集于一体，能驱动电压为 600 V 和 1 200 V、电流容量不大于 400 A 的 IGBT。驱动电路的接线图如图 9-11 所示。

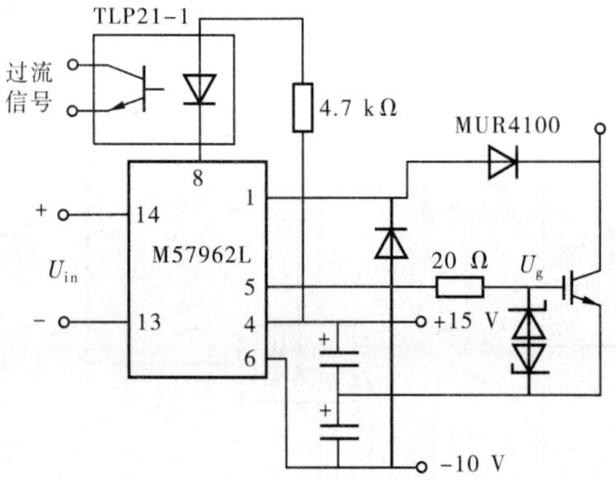

图 9-11 IGBT 驱动电路

9.2 不间断电源(UPS)

9.2.1 UPS 的分类

9.2.1.1 离线式 UPS

该电源的基本结构如图 9-12 所示，它由充电器、蓄电池组、逆变器、交流稳压器和转换开关等部分组成。市电存在时，逆变器不工作，市电经交流稳压器稳压后，通过转换开关向负载供电，同时充电器工作，对蓄电池组充电；市电掉电时，逆变器工作，将蓄电池组提供的直流电压变换成稳压、稳频的交流电压，转换开关同时断开市电通路，接通逆变器，继续向负载供电。因此，离线式 UPS 也常被称为后备式 UPS。

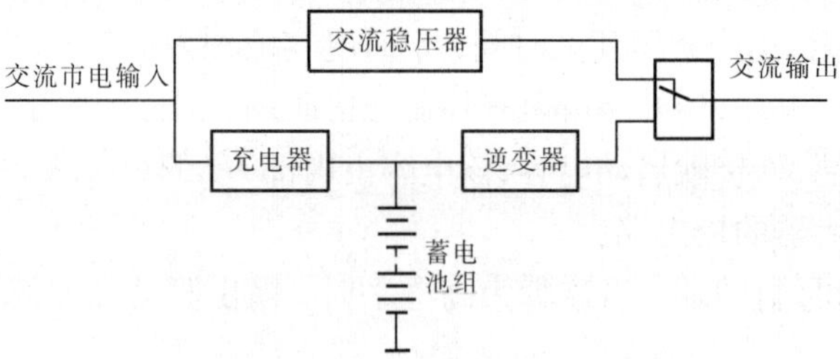

图 9-12 离线式 UPS 的结构框图

对离线式 UPS，当市电掉电时，输出有转换时间。目前市场上销售的这种电源均为小功率，一般在 2 kVA 以下。

这种电源的特点为：

(1) 当市电正常时，只是通过交流稳压后直接输出至负载，因此电路对市电噪声以及浪涌的抑制能力较差。

(2)存在转换时间。

(3)保护性能较差。

(4)结构简单,体积小，重量轻，控制容易，成本低。

9.2.1.2 在线式 UPS

在线式 UPS 的基本结构如图 9-13 所示,它由整流器、逆变器、蓄电池组以及静态转换开关等部分组成。正常工作时，市电经整流器变成直流后，再经逆变器变换成稳压、稳频的正弦波交流电压供给负载。当市电掉电时,由蓄电池组向逆变器供电，以保证负载不间断供电。如果逆变器发生故障，UPS 则通过静态开关切换到旁路,直接由市电供电。故障消失后,UPS 又重新切换到由逆变器向负载供电。由于在线式 UPS 总是处于稳压、稳频供电状态,输出电压动态响应特性好,波形畸变小,因此其供电质量明显优于离线式 UPS。目前大多数 UPS，特别是大功率 UPS 均为在线式。

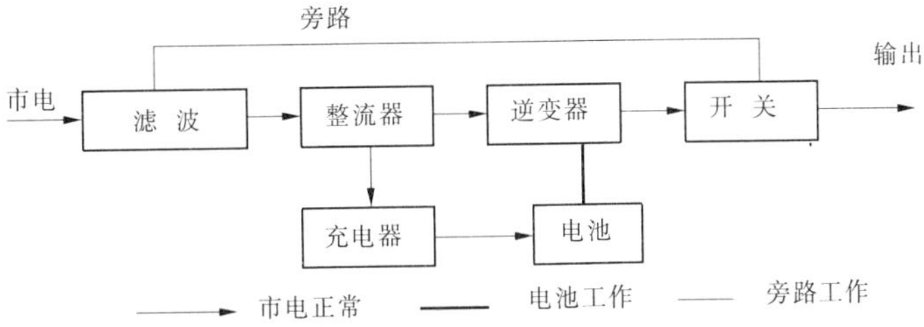

图 9-13 在线式 UPS 的基本结构

在线式 UPS 的特点是:

(1)输出的电压经过 UPS 处理，输出电源品质较高。

(2)无转换时间。

(3)结构复杂，成本较高。

(4)保护性能好，对市电噪声以及浪涌的抑制能力强。

9.2.1.3 在线交互式 UPS

它由交流稳压器、交流开关、逆变器、充电器、蓄电池组和双向转换器组成。市电正常时经交流稳压器后直接输出给负载。此时,通过双向转换器,逆变器工作在整流状态,作为充电器向蓄电池组充电。当市电掉电时,逆变器则将电池能量转换为交流电输出给负载。

在线交互式 UPS 的特点如下:

(1)具有双向转换器，UPS 电池充电时间较短。

(2)存在转换时间。

(3)控制结构复杂，成本较高。

(4)保护性能介于在线式与离线式 UPS 之间，对市电噪声和浪涌的抑制能力较差。

9.2.2 UPS 中的整流器

对于小功率 UPS,整流器一般采用二极管整流电路,它的作用是向逆变器提供直流电源,蓄电池充电由专门的充电器来完成。而对于中、大功率 UPS,它的整流器具有双重功能,在向逆变器提供直流电源的同时还要向蓄电池进行充电，因此整流器的输出电压必须是可控的。

中、大功率 UPS 的整流器一般采用相控式整流电路。相控式整流电路结构简单,控制技术成熟,但交流输入功率因数低并向电网注入大量的谐波电流。目前,对于大容量 UPS,大多采用 12 相或 24 相整流电路。因为整流电路的相数越多,交流输入功率因数越高,入电网的谐波含量也就越低。除增加整流电路的相数外,还可以通过在整流器的输入侧增加有源或无源滤波器滤去 UPS 注入电网的谐波电流。目前,比较先进的 UPS 采用 PWM 整流电路,可使注入电网的电流基本接近正弦波,且功率因数接近 1,即整流电路交流侧的电流、电压的相位基本同相，这样大大降低了 UPS 对电网的谐波污染。现以单相电路为例,说明 PWM 整流电路的工作原理。

图 9-14 所示是单相桥式全控 PWM 整流电路结构,其中起整流作用的开关器件采用全控器件 IGBT。电路的工作原理为:在交流电源 u_s 的正半周,控制电路关断 V_2、V_3，而在 V_1、V_4 的控制极输入 SPWM 控制脉冲序列,则在 A、B 两点间获得正半周的 SPWM 波形,如图 9-15 所示。同理，在交流电源 u_s 的负半周，控制电路关断 V_1、V_4，而在 V_2、V_3 的控制极输入 SPWM 控制脉冲序列,则在 A、B 两点间获得负半周的 SPWM 波形。通过电容 C 滤波,在负载上可获得稳定的直流电压。调节加在 V_1、V_2、V_3、V_4 控制极上的脉冲序列的宽度,即可调节整流电路输出直流电压的大小，实现可控整流。

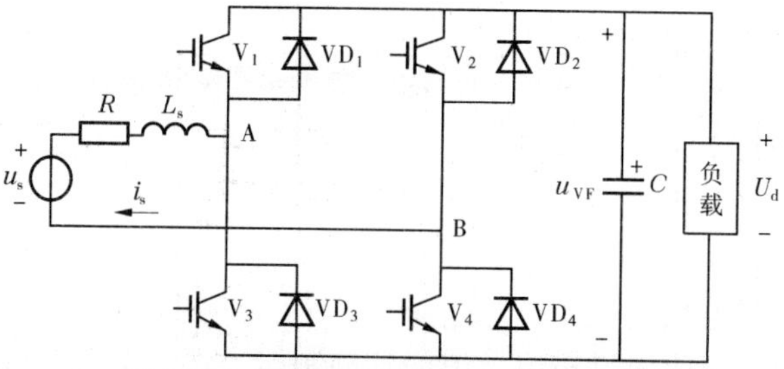

图 9-14　单相桥式全控 PWM 整流电路

可见,在 PWM 整流电路的交流端 A、B 之间产生了一个正弦波调制的电压 u_{AB},u_{AB}中除含有与电源同频率的基波分量外,还含有与开关频率有关的高次谐波。图 9-14 中在整流电路的交流侧串有电感 L_s,它的作用就是将交流侧电流中的高次谐波滤除,使交流侧电流 i_s 产生很小的脉动。如果忽略这些脉动成分,i_s 为频率与电源电压 u_s 频率相同的正弦波。

在交流电源电压 u_s 一定时,i_s 的幅值和相位由 u_{AB} 中基波分量的幅值及其与 u_s 的相位差决定,改变 u_{AB} 中基波分量的值和相位即改变加在 V_1、V_2、V_3、V_4 控制极上 SPWM 脉冲序列的幅值和相位,就可使电源电流 i_s 与电压 u_s 相位相同,从而使整流电路交流侧的输入功率因数为 1,彻底解决 UPS 电力电子装置造成的电网谐波污染的问题。

图 9-16 给出了实现电源电流 i_s 与电压 u_s 同相位的控制系统结构示意图。该控制系统为双闭环控制系统。电压环为外环,其作用是调节和稳定整流输出电压。电流环为内环,其作用是使整流电路交流侧的电流 i_s 与电压 u_s 相位相同。

图 9-16 中电压给定控制信号为直流电压 U_d^*,调节 U_d^* 可以调节 PWM 调制波的幅

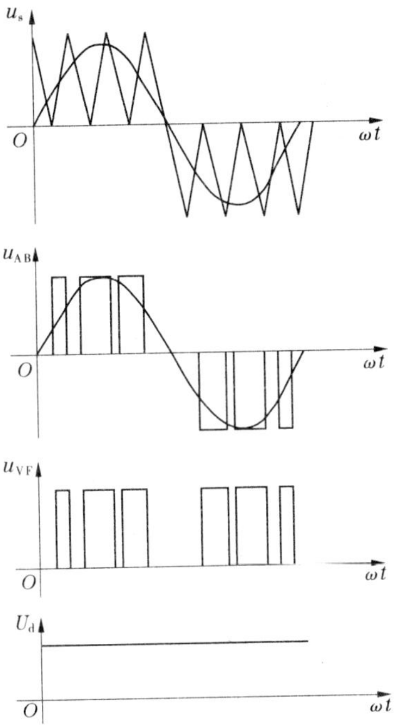

图 9-15 单相全桥 PWM 整流电路波形

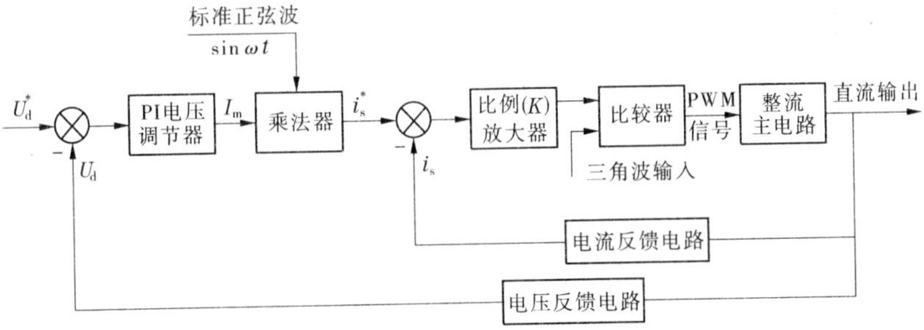

图 9-16 电流电压同相位控制系统结构图

值，即可调节 PWM 控制脉宽，使整流输出电压增大或减小。U_d 为整流输出的实际电压的反馈信号，如果整流输出电压与给定控制信号所希望的电压值相同，即 $U_d = U_d^*$，则图中比例积分调节器 PI 不起调节作用，整流输出电压 U_d 保持不变。在 U_d^* 不变的情况下，因为其他原因使实际输出电压 U_d 与希望电压值不相等时，U_d^* 与反馈的实际电压信号 U_d 相比较后，可使控制电路输出的 PWM 脉冲宽度根据误差值（U_d 大于或小于 U_d^*）增大或减小，从而使输出电压增大或减小，使输出电压稳定在希望值。

图 9-16 中直流输出电压给定信号和实际的直流电压反馈信号比较后送入比例积分 PI 调节器，PI 电压调节器的输出即为整流器交流输入电流的幅值 I_m，这是一直流信号，它的大小反映了整流输出电压的实际值与希望值之间的差异。它与标准的正弦波相乘后形成交流输入电流的给定信号 i_s^*。标准的正弦波就是与电源电压 u_s 同相位的电压信号，当它与信号 I_m 相乘后，只增加或减小其幅值，而不会改变它的相位，即 i_s^* 的相位始终与电源电压 u_s 的相位相同，其幅值则随着 PI 调节的差值而变化。这个幅值的变化就是后续

PWM 控制电路的电压幅值变化的控制信号。因此,可以根据实际输出的电压来调节 PWM 的脉宽,使输出电压达到希望值。

图 9-16 中 i_s 为整流电路交流侧实际电流的反馈信号,当这个电流与给定电流的相位相同时,图中比例(K)放大器不起作用, PWM 控制信号保持不变;当反馈电流信号 i_s 与电源电压 u_s 相位有差异时,即 i_s 与 i_s^* 有相位差时,比例(K)放大器起调节作用,它可以调节后续比较器电路,从而调整 PWM 脉冲的相位,直到反馈信号 i_s 与给定信号 i_s^* 的相位相同,这样就达到了整流电路交流侧电流、电压同相位的目的。

9.2.3 UPS 中的逆变器

正弦波输出的 UPS 通常采用 SPWM 逆变器,这是一种抑制谐波分量的最有效的方法,有单相输出,也有三相输出。下面以单相桥式脉宽调制逆变器为例,说明它的基本工作原理, 如图 9-17 所示。对于小功率的 UPS,电路中的开关器件一般采用 MOSFET 管;而对于大功率的 UPS, 则采用 IGBT 管。

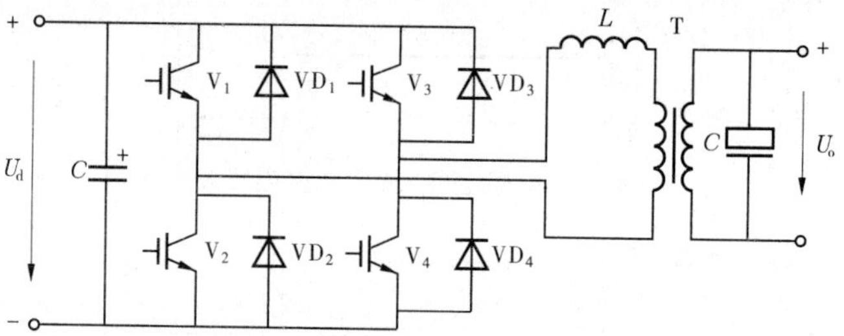

图 9-17　UPS 单相逆变电路

图 9-17 中,V_1、V_2 和 V_3、V_4 不能同时导通, 否则将使输入直流电源短路,这个电路只在 V_1、V_4 和 V_2、V_3 间交替导通与关断,负载上才有连续的交流矩形波。如果在输出电压的半个周期内 V_1 和 V_4 导通和关断许多次,在另外半个周期内 V_2 和 V_3 也导通和关断同样的次数,并且在每半周内开关器件的导通时间按正弦规律变化,那么输出波形如图 9-18 所示。这种波的基波分量按正弦规律变化,而谐波成分最小。当需要调节逆变器输出电压时,控制每个矩形波均按某一比例加宽或减窄,则可实现对输出电压的调节。

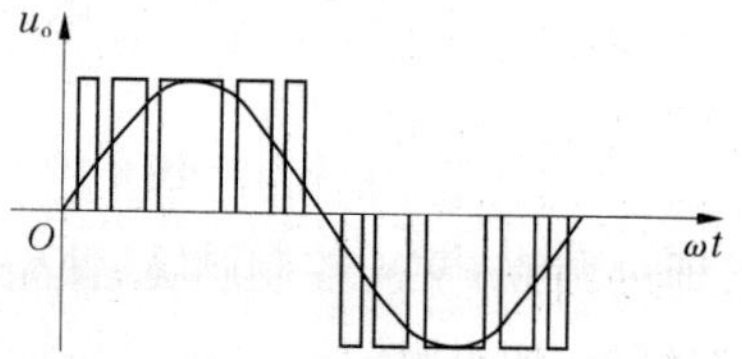

图 9-18　UPS 单相逆变电路输出波形

为了滤去开关频率噪声,输出采用 LC 滤波电路,因为开关频率较高,一般大于 20 kHz,因此采用较小的 LC 滤波器便能滤去开关频率噪声。输出隔离变压器实现逆变器与负载之间的隔离,避免了它们之间电路上的直接联系,从而减少了干扰。另外,为了节约成本,绝大多数 UPS 利用隔离变压器的漏感来充当输出滤波电感, 从而可省去图 9-17 中的电感 L。

逆变器是 UPS 的核心部分,这不仅由它的功能所决定,也可从它的控制电路的复杂程度看出来。逆变器的主电路目前已比较完善,但是逆变器的控制电路却千变万化,差别很大。一般而言,UPS 逆变器的控制电路除与整流电路一样, 通过电压闭环控制实现输出电压的自动调节和自动稳压外,还要实现相位跟踪。图 9-19 中所示的电压给定信号 U_d^*、电压反馈信号 u_F、PI 调节器即可完成这项功能。

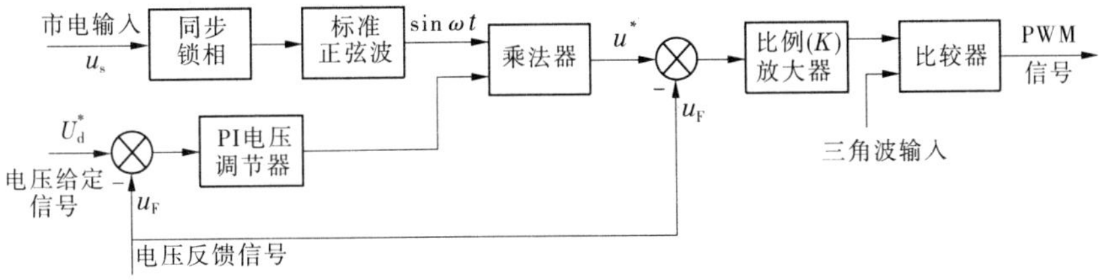

图 9-19 UPS 逆变控制系统结构框图

9.2.4 UPS 中的锁相技术

在线式 UPS 中,有时要求变频器输出的电压与市电电压保持同频、同相、同幅度,即变频器的输出必须跟踪市电的变化,这就需要锁相技术。

锁相就是利用两个信号的相位差,通过转换装置形成控制信号,以强迫两个信号相位同步的一种自动控制系统,称为锁相环或环路。

基本的锁相环路由鉴相器、低通滤波器和压控振荡器组成, 如图 9-20 所示。鉴相器也叫相位比较器,它将周期性变化的输入信号的相位(从市电或本机振荡获得)与反馈信号的相位(从压控振荡器的输出获得)进行比较,产生与两信号相位差成正比的直流误差电压信号 $u(t)$,该信号可以调整压控振荡器的频率, 以达到与输入信号同步的目的。

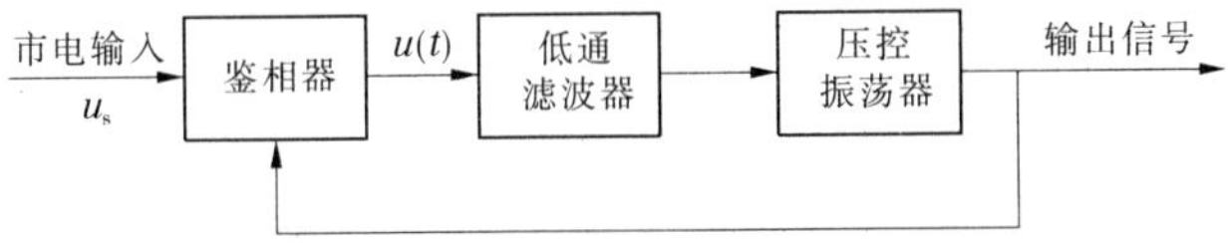

图 9-20 基本锁相环路的方框图

低通滤波器用来滤除鉴相器输出电压中的高频分量和噪声, 只有直流分量才对压控振荡器起控制作用。为了提高系统的动态特性即改善动态跟踪性,在低通滤波器之后加一个由比例积分放大器组成的调节器可改善捕捉过程中的调节性能。

压控振荡器是一个由电压来控制振荡频率的器件,振荡器在未加控制电压时的振荡频率称为固有振荡频率,用 ω_0 表示。当振荡器的瞬时频率 ω_v 与输入信号的频率 ω_i 不相同时,由于电压的相位值是频率变化值的积分,因而频率的变化会引起电压相位差的变化,而有相位差的变化就有误差电压产生,该误差电压经低通滤波器去控制压控振荡器的输出频率,使其朝着输入频率变化的方向变化,使二者同步。

9.2.5 UPS 中的静态开关

所谓静态开关,是一种以双向晶闸管为基础构成的无触点通断组件。图 9-21(a)所示为光电双向晶闸管耦合的非零电压开关,输入端 1、2 加输入信号时,光电双向晶闸管耦合器 B 导通,门极由 R_2、B 形成通路触发双向晶闸管。这种电路相对于输入信号的交流电源的任意相位均可同步接通,称为非零电压开关。

图 9-21(b)所示为光电晶闸管耦合的零电压开关,1、2 端加输入信号,V_1 管截止,即

光控晶闸管门极不短接时，耦合器 B 中的光控晶闸管导通，电流经整流桥和导通的光控晶闸管一起为双向晶闸管 V 提供门极电流，使 V 导通。由 R_3、R_2、V_1 组成零电压开关电路，适当地选择 R_3、R_2 的参数，使当电源电压过零并升至一定幅值时 V_1 导通，光控晶闸管被关断，这时双向晶闸管截止。

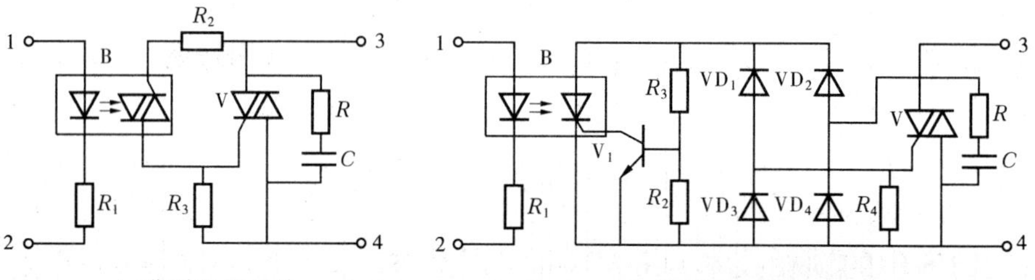

图 9-21　两种静态开关

为了进一步提高 UPS 的可靠性，在线式 UPS 均装有静态开关，将市电作为 UPS 的后备电源，在 UPS 发生故障或维护检修时，无间断地将负载切换到市电上，由市电直接供电。

静态开关的主电路比较简单，一般由两只晶闸管或一只双向晶闸管组成，单相输出 UPS 的静态开关如图 9-22 所示。

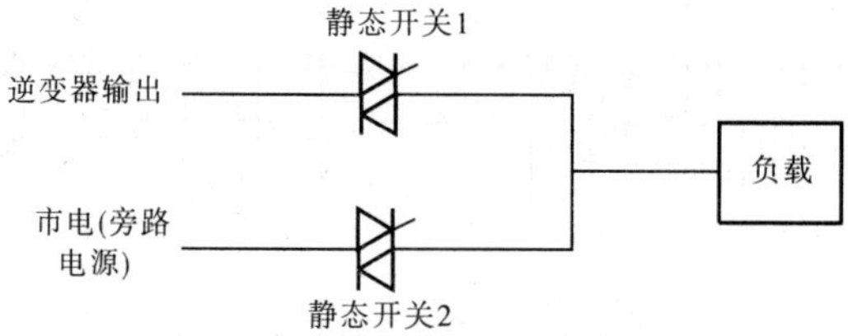

图 9-22　单相输出 UPS 静态开关原理图

静态开关的切换有两种方式：同步切换和非同步切换。在同步切换方式中，为了保证在切换过程中供电不间断，静态开关的切换为先通后断。假设负载由逆变器供电，由于某种故障，例如蓄电池电压太低，需要由逆变器供电转向旁路市电供电，切换时首先触发静态开关 2，使之导通，然后再封锁静态开关 1 的触发脉冲。由于晶闸管导通以后，即使除去触发脉冲，它仍然保持导通，只有等到下半个周期到来时，使其承受反压，才能将其关断，因此存在静态开关 1 和 2 同时导通的现象，此时市电和逆变器同时向负载供电。为了防止环流的产生，逆变器输出电压必须与市电同频、同相、同幅度。这就要求在切换的过程中，逆变器必须跟踪市电的频率、相位和幅值，即上面所说的锁相，否则，环流会使逆变器烧坏。

绝大部分在线式 UPS 除具有同步方式外，还具有非同步切换方式。当需要切换时，如果 UPS 的逆变器输出电压不能跟踪市电，则采用非同步切换方式，即先断后通切换方式，首先封锁正在导通的静态开关触发脉冲，延迟一段时间，待导通的静态开关关断后，再触发另外一路静态开关。很明显，非同步切换方式会造成负载短时间断电。

9.3 有源功率因数校正器

9.3.1 有源电力滤波器和有源功率因数校正

消除电力系统的谐波有无源技术和有源技术两种办法。无源技术是指在电路中接入LC网络,这种技术只能对某些特定的谐波进行抑制和基波移相补偿。这种方法最早用于电力系统,其电路体积和重量都很大。随着电力电子技术的发展,人们又提出了两种对策:一种是在电网的公用负载端并接一个专用的功率变换器,对无功及谐波电流进行补偿,这就是有源滤波器(Active Filter),如图9-23所示。它能将电网电流补偿成为与电网电压同相的正弦电流。另一种是在负载即电力电子装置本身的整流器和滤波电容之间增加一个功率变换电路,这就是有源功率因数校正(Active Power Factor Correction——APFC)电路。它能将整流器的输入电流校正成与电网电压同相位的正弦波,消除了谐波和无功电流,将电网功率因数提高到近似为1,其原理框图如图9-24所示。

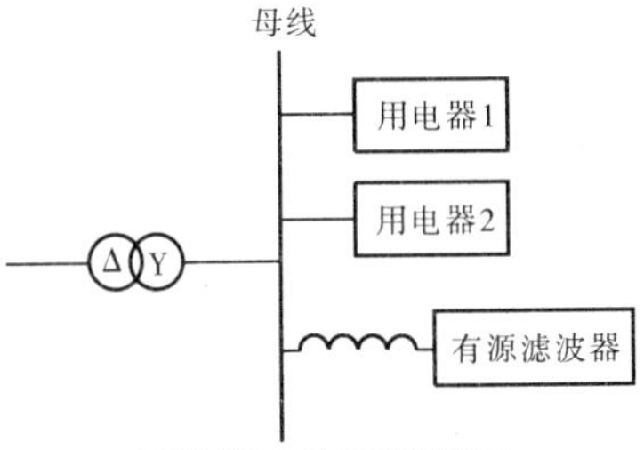

图9-23 有源滤波器

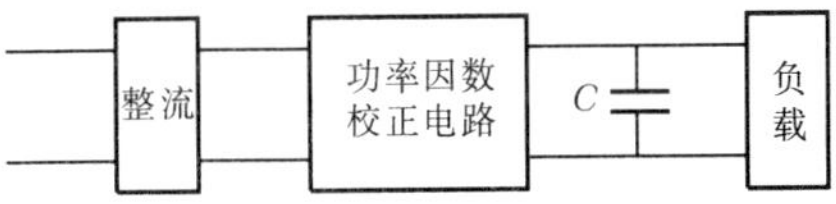

图9-24 APFC的基本原理框图

9.3.2 畸变电流的产生与APFC的基本原理

图9-25(a)是传统的整流滤波电路,整流二极管只有在输入电压 u_i 大于负载电压 u_o 时才导通。也就是说,只有在电容 C 充电期间才有电网的输入电流 i_i,该电流为峰值很高的脉冲电流,如图9-25(b)所示。由于输入电流存在波形畸变,因而会导致功率因数下降并产生高次谐波分量,污染电网。

采用有源功率因数校正技术是解决上述问题的有效途径。APFC技术的基本思想是将输入交流电进行全波整流,在整流电路与滤波电容之间加入DC/DC变换电路,通过适当控制使输入电流的波形自动跟随输入电压的波形,即使整流器的输出电流跟随它输出的直流脉动电压波形且要保持储能电容电压稳定,从而实现稳压输出和单位功率因数输入,其原理如图9-26所示。

从原理框图来看,这就是一种开关电源,但它与传统的开关电源不同,DC/DC变换电路之前没有滤波电容,电压是全波整流器输出的半波正弦脉动电压,而不像开关电源那样是方波。这个正弦半波脉动直流电压和整流器的输出电流与输出的负载电压都受到实时检测与监控,控制结果是使全波整流器的输入功率因数近似为1。

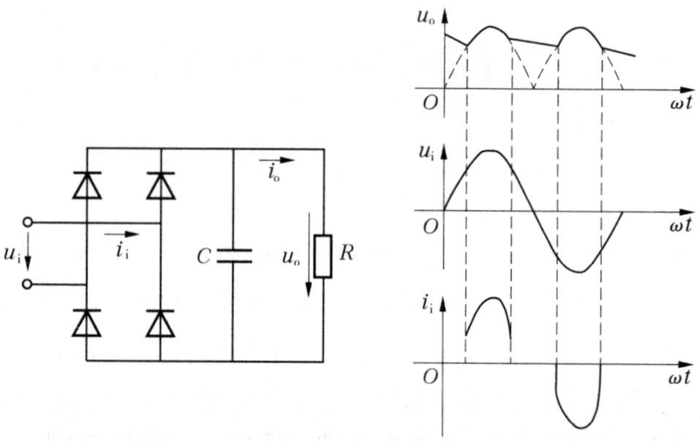

(a)整流滤波电路　　　　(b)波形图

图 9-25　传统整流电路及波形图

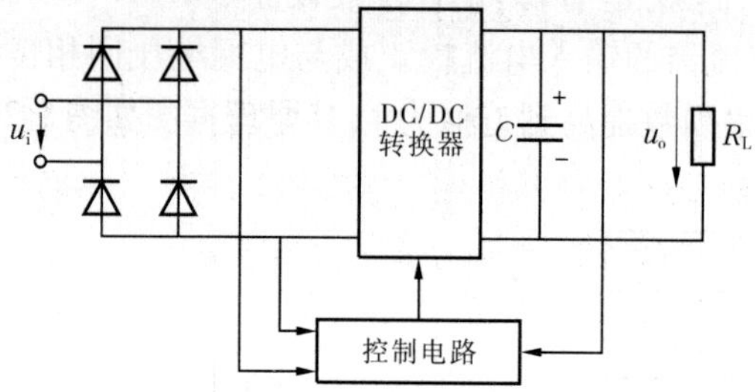

图 9-26　APFC 基本电路

9.3.3　APFC 技术的应用

由第 4 章内容可知，Boost 变换器的输出电压 U_o 是稳定的直流电压，一般为 400 V。交流电网电压在一个很大的范围内变化，通过功率因数校正后的直流电压为一稳压的电压源，随后再经过变换满足各种不同应用的要求。由于 APFC 使得电网端的功率因数为 1，减小了输入电流，降低了配电输电线的损耗，消除了用电装置的谐波分量对电网的污染，因此凡是本身的工作会产生非线性，引起电网电压、电流畸变的电力电子装置，如果增加功率因数校正部分，给电网带来的效益是明显的，但对于用电器本身则会增大体积，提高成本。不过随着电力电子器件的发展和微电子技术的发展，第四代 IGBT 的工作频率已达 150 kHz，完全可以取代功率 MOSFET，而且用于功率因数校正的集成控制器已先后研制并涌入市场，因此 APFC 的成本增加不大，而可靠性却大大提高了。

同时，由于 APFC 增加了一级功率调节环节，它既要使输入电流波形呈正弦波，又要能够稳定输出电压，要同时具有这两个互相矛盾的特性，势必会造成动态响应的恶化。例如，传统的 PWM 技术使用 Boost 变换器时，在负载和电网电压变化时改变脉冲宽度，使输出电压保持稳定，而 APFC 电路则必须将输入电流波形调整成正弦波，所以至少要有半个周期时间保持同一控制方式，其结果会造成输出电压稳定时间的恶化和脉动电压增大。这种影响会因电路方式的不同而有差异，但如果合理设计输出滤波电容 C，就可得到适当补偿。增大输出滤波电容 C 的容量，使之同时满足电压纹波和交流突然断电时维持时间的要求。很显然，如果电容 C 是一个蓄电池，像 UPS 那样，那么负载变化时，快速响应由电池和级联的 DC/DC 变换解决，而前面的 APFC 保证电流波形的跟随，这样就可获得功率因数高、动态响应好的输出结果。

因此，只要是双级式的 APFC，系统的动态响应就由级联的 DC/DC 变换器的后级承担，这样就可以改善系统的动态响应，满足各种不同电器的需要。

本章小结

电力电子技术的应用非常广泛，在今天，已经遍布工业到居民生活的方方面面。本章仅介绍了电力电子技术在各种交直流电源、电力传动以及电力系统中的一些典型应用。上述介绍只能属于电力电子技术应用的冰山一角。

习题与思考题

9-1 何为 UPS？试说明在线式 UPS 和离线式 UPS 的差异性。

9-2 什么是无源和有源功率因数校正？有源功率因数校正有什么优点？

9-3 试说明为什么开关电源的效率高于线性电源？

9-4 与高压交流输电相比，高压直流输电有哪些优势？高压直流输电的系统结构怎样？

参考文献

[1] 王兆安,黄俊. 电力电子技术[M].5版. 北京:机械工业出版社,2009.
[2] 莫正康. 电力电子应用技术[M].3版. 北京:机械工业出版社,2010.
[3] 陈伯时. 电力拖动自动控制系统[M].2版. 北京:机械工业出版社,2005.
[4] Bimal K Bose. Modern Power Electronics and AC Drives[M]. 北京:机械工业出版社,2011.
[5] 胡寿松. 自动控制原理[M].4版. 北京:科学出版社,2005.
[6] 刘志刚,叶斌,梁晖. 电力电子学[M]. 北京:清华大学出版社,2004.
[7] 阮新波,严仰光. 直流开关电源的软开关技术[M]. 北京:科学出版社,2000.
[8] 陈坚. 电力电子学——电力电子变换和控制技术[M]. 北京:高等教育出版社,2004.
[9] 林渭勋. 现代电力电子技术[M]. 北京:机械工业出版社,2005.
[10] 王兆安,黄俊. 电力电子技术[M]. 北京:机械工业出版社,2000.
[11] 贾正春,马志源. 电力电子学[M]. 北京:中国电力出版社,2002.
[12] 张加胜,张磊. 电力电子技术[M]. 东营:石油大学出版社,2004.
[13] 蒋瑾瑾. 交流调速技术[M]. 北京:中国水利水电出版社,2009.
[14] 姜久超,王伟,蒋瑾瑾,等. 电力电子技术[M]. 北京:中国水利水电出版社,2014.
[15] 汪永华,陈化钢,何强,等. 常用电气设备故障诊断技术手册[M]. 北京:中国电力出版社,2014.
[16] 汪永华,蒋瑾瑾,等. 常用电气故障诊断300问[M]. 北京:中国电力出版社,2010.